ADRIANO SOFRI
DER KNOTEN & DER NAGEL

DIE
ANDERE
BIBLIOTHEK

Herausgegeben
von Hans Magnus
Enzensberger

ADRIANO

SOFRI

DER KNOTEN UND DER NAGEL

EIN BUCH ZUR LINKEN HAND

Mit einem biographischen Essay von CARLO GINZBURG

Aus dem Italienischen von Walter Kögler

Eichborn Verlag
Frankfurt am Main
1998

ISBN 3-8218-4160-5

Im Oktober 1994 erschien eine neue italienische Ausgabe der Schriften des französischen Anthropologen Robert Hertz, der im Ersten Weltkrieg verfrüht ums Leben gekommen war. Sie enthielt die berühmte kurze Abhandlung über dualistische Systeme in den Kulturen anhand einer Untersuchung zum Verhältnis zwischen linker und rechter Seite: La preminenza della mano destra: studio sulla polarità religiosa (*1909*). *Der Band selbst trug die Überschrift* La preminenza della destra; *ohne die »Hand«, was mancher als hinterlistigen Versuch auffaßte, Leser zu ködern, die sich für linke und rechte Politik interessieren. Die Herausgeber des Buches beeilten sich zu erklären, bei der Überschrift handele es sich um eine arglose Vereinfachung ohne jede Absicht, mit der Zweideutigkeit zu spekulieren. Diese Erläuterungen amüsierten mich, wunderten mich aber auch, da ich den Eindruck hatte, das Hertzsche Thema – dualistische Darstellungen, die Symbolik von rechts und links, die Vorliebe für die rechte Hand – habe sehr wohl auch mit der politischen Spaltung in rechts und links zu tun, so daß der gekürzte Titel durchaus seine Berechtigung hatte.*

Ich saß am Schreibtisch, um dieses Buch zu schreiben, als mich wie so oft ein Schmerz im Nacken überkam. Man empfahl mir eine chinesische Ärztin, eine ältere, etwas schroffe, wie man mir sagte. Kaum hatte sie mich gemustert, bemerkte sie abfällig: »Total rechts.« Ich war immer ein Linker gewesen und wollte protestieren.

Bei Norberto Bobbio lese ich: »Wie ich bereits mehrmals wiederholt habe, gibt es keine Rechte ohne eine Linke und umgekehrt.« Wenn es nötig ist, eine Selbstverständlichkeit »mehrmals« zu wiederholen, stimmt irgend etwas nicht. Die Rechte vielleicht nicht, aber die Linke hatte bestimmt einen starken Hang zur Selbstgefälligkeit. In der Jugend mag man das Unsymmetrische, oder vielmehr, man weiß mit der Symmetrie nichts anzufangen. Ein Freund von mir ist überzeugt, daß der Reiz Venedigs – die Gondeln ebenso wie die Fassaden der Paläste – von einem nüchternen und wohlkalkulierten Maß an Asymmetrie herrührt. Um als Kind rechts und links auseinanderhalten zu können, half ich mir mit der Frage, mit welcher Hand ich boxen würde. Kein Wunder, daß mir später die andere sympathischer war; daß ich mir dann vornahm, Wahl-Linkshänder zu werden.

I

Wenn es früher hieß oder wir heute noch sagen: »Ich bin links« oder »Ich bin rechts«, meinen wir damit weniger eine vorübergehende Orientierung bei einer Wahl. Wir weisen vielmehr auf unsere allgemeine Grundhaltung hin. Wir teilen diese im großen und ganzen mit einem Teil der Gesellschaft, in der wir leben, und unterscheiden uns damit vom anderen Teil. Wenige so knapp gefaßte Bezeichnungen enthalten eine ähnliche Identifikationskraft. Sogar solche, die sich auf die Glaubenszugehörigkeit beziehen (»Ich glaube an Gott« oder »Ich glaube nicht an Gott«), drücken intuitiv weniger aus als die oben genannten; sie gewinnen womöglich an Ausdruckskraft, wenn man sie durch obige ergänzt: »Ich bin Rechtskatholik«, »Ich bin Linkskatholik«. Gewiß, andere Begriffspaare drücken mehr aus: »Ich bin ein Mann« oder »Ich bin eine Frau«; oder alt oder jung; oder arm oder reich. Sie stellen allerdings, auf den ersten Blick zumindest, eine biologische Voraussetzung dar; oder – was arm und reich betrifft – eine ziemlich in Vergessenheit geratene Art, die Welt sozial zu unterscheiden (bestenfalls die reiche von der armen Welt), trotz des Evangeliums und des Nadelöhrs. Von den kulturellen Bezeichnungen, mit denen wir umgehen, wenn wir die Welt in zwei Hälften teilen, bleibt die Unterscheidung in rechts und links die einflußreichste. Auch aus Zeiten wie den letzten drei Jahren in Italien, als die angebliche italienische Revolution

Zugehörigkeiten und Attribute radikal vom Tisch gewischt hat, ging das Begriffspaar rechts-links gestärkt hervor, wenn auch in einer heillosen sprachlichen Verwirrung. Es hielt sogar dem Ansturm eines anderen Begriffspaares stand, das drauf und dran war, es zu verdrängen: alt und neu. Nicht etwa deshalb, weil man sich daran erinnerte, daß es auch das gute Alte und das schlechte Neue gibt, sondern eher weil das Neue, das unter Beifall in einer Staubwolke dahergaloppiert, nach einer Weile verlangt, erkannt und benannt zu werden, und der einfachste Weg dazu ist immer noch dieser: Neue Rechte, Neue Linke ... Um die Begeisterung zu dämpfen, sei daran erinnert, daß auch bei den sogenannten primitiven Völkern, die dazu neigen, die Welt über Gegensatzpaare zu interpretieren, der Kontrast zwischen Alt und Neu mit an erster Stelle steht.

Die primitiven Völker haben ebenso wie die klassischen Kulturen genaue Tabellen jener dualistischen Prinzipien geschaffen, die das Leben der Menschen auf Erden bestimmen. Diese weisen (trotz einiger auffälliger Abweichungen) auf der ganzen Welt eine verblüffende Übereinstimmung auf. In der Tabelle der Pythagoreer sind die wichtigsten so aufgelistet:

endlich / unendlich
ungleich / gleich
Einzahl / Mehrzahl
rechts / links
männlich / weiblich
ruhig / bewegt
gerade / krumm
hell / dunkel
gut / böse
viereckig / länglich.

Diese Gegensatzpaare (man könnte die Liste beliebig fortsetzen) lassen sich weitgehend zur Deckung bringen. So sind etwa die Rechte, das Männliche, das Licht, das Gute, die Kraft, das Leben einer Seite zuzuordnen; die Linke, das Weibliche, das Dunkel, das Böse, die Schwäche, der Tod stehen auf der anderen Seite. Je radikaler in einer Kultur der Kontrast zwischen zwei Gegensätzen ausfällt, um so positiver wird die eine Eigenschaft bewertet und entsprechend die andere um so negativer. Eine Kultur, in der die rechte Hand nicht nur von Natur aus besser ausgestattet ist, sondern auch noch Kraft, Mut und Leben verkörpert, während die linke Hand das Gegenteil darstellt, wird die Verachtung und den Exorzismus gegenüber der linken Hand so weit treiben, daß sie schließlich ihre Benutzung untersagt, sie einschnürt und lahmlegt. Einer Hagiographie zufolge, die schon zum geflügelten Wort geworden ist, weigerte sich ein Heiliger als Säugling, von der linken Brust zu trinken. Im übrigen war die Bestrafung der Linkshändigkeit bis vor wenigen Jahren ein Eckpunkt der Erziehung. Pädagogik bestand im wesentlichen in einer Art Orthopädie. Statt auf die schwache Seite einzugehen oder einen Ausgleich zwischen beiden Seiten zu suchen, sieht ein großer Teil der traditionellen (und natürlich männlich dominierten) Kulturen den höchsten Wert darin, sich soweit wie möglich auf die Seite des Starken zu schlagen, sich zur Einseitigkeit zu bekennen. »Geteilte Menschen« – solche beispielsweise, deren zwei Körperhälften rechts und links mit unterschiedlichen Farben bemalt sind, wie sie in vielen weit voneinander entfernten Kulturen vorkommen – sind ihre Helden.

Es ist nicht an den Haaren herbeigezogen, wenn ich behaupte, daß unsere Art, uns als »Linke« oder als »Rechte« zu fühlen und zu bezeichnen (vor allem als

»Linke«), uns zu modernen »geteilten Menschen« gemacht hat oder immer noch macht. Italo Calvino, der sich ebenso eingehend mit den Berichten der Ethnologen wie mit den Ritualen der politischen Linken beschäftigt hat, muß wohl daran gedacht haben, als er seinen *Geteilten Visconte* (München 1957) schuf. Wir waren geteilt und waren froh darüber. Unsere war die linke Hälfte.

Dies bedeutet zunächst einmal, daß bestimmte tief verwurzelte und urtümliche Neigungen wie die dualistische Darstellung sich in unserer extrem modernen Lebensweise behaupten und manchmal sogar neuen Auftrieb bekommen. Die materiellen Voraussetzungen bleiben bestehen: wir haben zwei Hände und zwei Füße; die Sonne geht im Osten auf und im Westen unter; auf den Tag folgt die Nacht, auf das Leben der Tod. Ebenso bleiben psychologische und kulturelle Voraussetzungen bestehen. Unsere politischen Heilslehren sahen die Gesellschaft materiell in zwei Hauptklassen unterteilt – Bürgertum und Proletariat, Ausbeuter und Ausgebeutete, Reiche und Arme – und moralisch in zwei Hauptlager. Die Linke war das Lager der Proletarier, der Ausgebeuteten, der Armen. Die zunehmend komplexere soziale Schichtung reichte nicht aus, dieses Muster in Frage zu stellen, ebensowenig wie die Konkurrenz durch abweichende, ebenfalls rigoros dualistische Muster: dritte Welt gegen industrialisierte Welt, Stadt gegen Land. Weitaus gewaltiger wirkte da der Einbruch der Frauenbewegung. Auch hierbei sah es so aus, als stritten zwei konträre, völlig unvereinbare Gegensatzpaare um den Vorrang: die Spaltung in Klassen und jene zwischen Männern und Frauen. Es wurde nach Auswegen gesucht. Schon Engels hatte es versucht (der Proletarier ist, wenn er zu seiner Frau nach

Hause kommt, der Bourgeois), aber das war nichts Ernstes. Es wurde die bitterste Lektion, die die Linke je hinzunehmen hatte, auch die Linke, die sich selbst als libertär verstand, genaugenommen gerade sie. Es besteht – man spürte es – in der Mentalität und im Verhalten der Männer den Frauen gegenüber eine Solidarität, die tiefergehend und stärker ist als die Trennung zwischen den Klassen. Nicht nur das: erstmals konnten sich Intellektuelle und Freiwillige der Politik nichtsozialer Tarnungen bedienen. Sie hatten sich – mehr oder weniger begeistert und mehr oder weniger erfolgreich – in Arbeiter, in Süditaliener, in Werkstudenten oder Bauern verwandeln können, aber sie konnten nicht zu Frauen werden. Sie konnten nicht mehr die Rollen tauschen. Sie waren aus dem Spiel.

Manche klammerten sich eng an ihre Zweiteilung, wie Schiffbrüchige. Andere kehrten sich davon ab und ersetzten sie durch die nächste. Wieder andere sahen die Komplikation und die möglichen positiven Auswirkungen ein. Viele Frauen widmeten sich vorbehaltlos dem Widerspruch, in dem sie steckten. Es lag nun an ihnen, aus ihrem Zwiespalt das Beste zu machen. Im übrigen waren sie ja die andere Hälfte des Himmels.

Keine Verschiebung des Standpunkts war so revolutionär wie die feministische, obwohl sie kaum zehn Jahre zur Verfügung hatte, nachdem jahrtausendelang der andere Standpunkt den Ton bestimmt hatte. Dabei betraf diese Erschütterung vor allem die Linke, und zwar am radikalsten ihren empfindlichsten und exponiertesten Teil. Heute, nach gut zwanzig Jahren, ließe sich das vorläufig erreichte Gleichgewicht zwischen dem Paar rechts/links und dem Paar Mann/Frau ausloten. (Siehe die oft peinlichen Diskussionen über »rechte Frauen«.)

In unserem Jahrhundert erscheint uns die Tarnung – einstmals den Göttern, vor allem den Göttinnen vorbehalten – in der Gestalt einer Frau, Simone Weil: »Ich spüre das grundlegende Bedürfnis, ich meine sogar sagen zu können, die Berufung, mich unter den Menschen und in den verschiedenen menschlichen Bereichen zu bewegen und darin aufzugehen ... damit sie sich mir ... ohne Verkleidungen offenbaren.« In Amerika »wäre sie zur Schwarzen geworden«. Rührend ist an diesem Programm sozialer und persönlicher Verkleidungen der aufrichtige Vorsatz, die anderen *ohne Verkleidung* kennenzulernen. »Bei der Nachricht von einer Hungersnot in China war sie in Schluchzen ausgebrochen.« Simone wird zur Arbeiterin, zur Bäuerin, kann nicht essen, wenn andere hungern, möchte selbst kämpfen: sie geht sozusagen an allem zugrunde. In diesem Licht müßte man meiner Ansicht nach die beklemmende Frage nach dem »Katholizismus« Simones betrachten, nach ihrem Verhältnis zum Judentum: nach einer *zweigeteilten* Identität. Dabei rührt Simones Hang zur Mimesis nicht von einer Anpassungsbereitschaft her, sondern im Gegenteil von ihrer Strenge und ihrem Mitleid, was sie stets auf schmerzlichen Abstand hält und sie vor der Vulgarität bewahrt.

Man kann zurückgehen zu den Anfängen, als die beiden Paare (abgesehen von unbedeutenden Ausnahmen) im wesentlichen synonym waren. Rechte Hand, rechte Seite und männliches Prinzip auf der einen Seite; linke Hand, linke Seite und weibliches Prinzip auf der anderen. Frauen waren für jene Kulturen wertlos, unrein oder profan, schwach, kurz gesagt: verfehlte Männer, Fehler der Natur. Die Menge der Belege für diese soziale und kulturelle Lage der Frauen ist überwältigend; allein in der heutigen Welt gibt es genügend davon. Ich möchte auf das sonderbare Schicksal der »primitiven« Gleichsetzung von linker Seite und Weiblichkeit hinweisen. Obwohl das Begriffspaar rechts/links im politischen Sprachschatz direkt von Kombinationen parlamentarischer Topographie herrührt, bewahrt es doch das wertvolle und frappierende Erbe der althergebrachten Vorstellung von rechts und links. In jener verachteten oder gefürchteten Vorstellung sammelte die Linke die Abfälle des Zivilisationsprozesses, seinen Schatten. Zur linken Seite gehörte all das, was die bestehende Ordnung bedrohte, was Wechsel und Ende ankündigte, was schräg dachte und sich so bewegte. All das, was die Verbindung mit der Welt der Natur, der Tiere und der Toten bewahrte. Auf der linken Seite erstreckte sich das Niemandsland zwischen Zivilisation und Wildnis.

Wer Carlo Ginzburgs Buch *Hexensabbat* (Berlin 1990) gelesen hat, wird sich an die spannenden Seiten erinnern, die dem Thema des »Hinkens« gewidmet sind. Der Lahme, schreibt Ginzburg, ist mit jenem *halbseitigen Menschen* verwandt, der »von Afrika bis nach Sibirien ... als Mittlerfigur zwischen der Welt der Lebenden und jener der Toten und der Geister erscheint«. Ginzburg läßt den phantastischen Reigen der Lahmen oder Hinkenden aus Mythen, Riten und Märchen Revue passieren, Ödipus mit seinen durchbohrten Füßen, Achill mit der verwundbaren Ferse, die *monosandaloi*, den kaukasischen Amirani, einen Verwandten des griechischen Prometheus, den Sbadilon aus einem Märchen aus Mantua bis hin zu den unzähligen Fassungen des Märchens vom Aschenputtel. Die Asymmetrie, die Anomalie beim Gehen, der verlorene Schuh, die körperliche oder symbolische Verstümmelung führen in die dunkle Seite ein – der hinkende Teufel –, in die Unordnung, das Ungleichgewicht und in die verführerische und bedrohliche Schwankung hin zur Gefahr, zur wilden Natur, zu Krankheit und Tod.

Das von Ginzburg vorgeführte Figurenkabinett läßt sich durch Schlüsselfiguren aus unserer Romankultur oder aus den aktuellen Nachrichten ergänzen. Hinken und »Linkheit« gehen dabei Hand in Hand. Der beunruhigende Long John Silver aus der *Schatzinsel*, dem man »das linke Bein in Hüfthöhe abgetrennt hatte«; der vertrauenswürdige Peg-Leg Pete, Kater Karlo – das Holzbein ist das linke. Sogar die fulminante Fußballkarriere Diego Armando Maradonas, des in den Schmutz gefallenen Engels, war von strenger Linksseitigkeit gezeichnet: ein physiologisches Wunder, das von den Großen Schiedsrichtern bestraft wurde. (Die positivistische Kriminologie nach Art Lombrosos empfahl, Linkshändern zu mißtrauen, da sie angeblich stärker zur Devianz neigen.)

Allen anderen voran: Kapitän Ahab aus *Moby Dick*, der mit seinem Bein aus Elfenbein auf der Brücke stand, eingepflanzt in sein Zapfenloch, auf der Schwelle zwischen Diesseits und Jenseits, in Erwartung seines Todfeindes.

Obwohl der Text unvergleichlich reich an symbolischen Verweisen ist, teilt Melville, wenn ich mich nicht täusche, an keiner Stelle mit, ob Ahab das rechte oder das linke Bein verloren hat. Er sagt es auch nicht dann, als das Kunstbein homerisch an Bord neu angefertigt wird, und ebensowenig bei der genauen Schilderung des Kampfes zwischen Ahab und dem Wal. Das kann kein Zufall sein. Ahab ist ein wahrer *geteilter Mensch*.

»Aus seinem grauen Haar kam eine fahle Narbe hervor und verlief als dünner Strich über sein sonnenverbranntes Gesicht und seinen braunen Hals, wo sie im Hemdkragen verschwand. Gleich wie der aufragende Stamm einer Eiche gezeichnet ist, wenn der Blitz an ihm niederfährt [...], so stand Ahab noch frisch im Laub, aber gebrandmarkt. Ob er mit diesem Zeichen geboren oder ob es von einer furchtbaren Wunde herrührte, wußte niemand mit Sicherheit« (Kap. 28).

Noch bevor er um sein Bein verstümmelt wird, ist Ahab ein zweigeteilter, zwischen Leben und Abgrund gespaltener Mensch. Von ihm urteilt »ein Graubart von der Insel Man, ein alter Spökenkieker«, der mit übernatürlichen Kräften der Erkenntnis begabt ist, »man werde einst an Kapitän Ahabs Leiche ein Mal erblicken, das vom Scheitel bis zur Sohle laufe, sofern, wie er sich knurrend unterbrach, man überhaupt dazu käme, ihm das Totenhemd anzuziehen« (Kap. 28).

Rechts und links werden zwar weiter vorn erwähnt, aber nur beiläufig und geheimnisvoll wie bei einer Prophezeiung. Der zerlumpte Prophet Elias spricht sie aus und warnt damit Ismael, der Ahab noch nie zu Gesicht bekommen hat.

»›Ihr habt ihn also noch nicht gesehen?‹ ›Nein, noch nicht. Er soll krank sein, aber es geht ihm schon besser, und bald wird er wieder ganz gesund sein.‹ ›Bald wieder ganz gesund!‹ lachte der Fremde mit einem feierlich höhnischen Lachen. ›Seht her: Kapitän Ahab wird so bald ganz gesund sein, wie mein linker Arm mein rechter wird. Eher nicht‹« (Kap. 19).

Auch in der italienischen Übersetzung Paveses geht das Wortspiel von *right* und *left* verloren; er hat in einer Fußnote darauf hingewiesen. Mit Elias' düsterer Ausdrucksweise ist gemeint, daß Ahab dann ein Mensch wie alle anderen sein wird, wenn die Linke zur Rechten geworden ist.

»›Ye hav'n't seen him yet, have ye?‹ ›No, we hav'n't. He's sick, they say, but is getting better, and will be all right again before long‹. ›All right again before long!‹ laughed the stranger, with a solemnly derisive sort of laugh. ›Look ye; when Captain Achab is all right, then this left arm of mine will be all right; not before.‹«

Melville bewunderte Nelson wegen seiner Kühnheit als Seemann, wegen der Verbissenheit, mit der er sein ganzes Leben lang Jagd auf die französisch-spanische Flotte gemacht hatte, und wegen des makabren Spleens, einen aus dem Hauptmast eines feindlichen Seglers gewonnenen Sarg in seiner Kajüte aufzubewahren. Man vermutet, Admiral Nelson habe Melville für einige Züge Kapitän Ahabs Pate gestanden. Nelson hatte ein Auge und einen Arm im Kampf verloren.

Fast ein Jahrhundert zuvor, im Jahr 1768, rüstete James Cook die *Endeavour* für seine erste große Reise aus. Als Koch teilte man ihm nach den damals in der Kriegsmarine herrschenden Sitten einen Mann zu, der »hinkte und entstellt« war. Cook protestierte. Darauf teilte man ihm als Ersatz John Thompson zu, der keine rechte Hand mehr hatte.

Ginzburg erhebt den Anspruch, über die Symmetrie und ihre Abweichungen, beispielsweise die Lahmheit, den Begriff des Archetyps neu zu formulieren, der dabei »fest im Körper, genauer gesagt, im Bild vom Körper verankert wird« (S. 244). Dazu gehört als wesentliches Element, wenn nicht als wichtigstes überhaupt, die Zweiteilung rechts/links. Ginzburg streift sie nur am Rande.

Im übrigen wurde seit dem berühmten Aufsatz von Robert Hertz von 1909 über die Vormachtstellung der rechten Hand und im weiteren Sinn der rechten Seite eine ganze Bibliothek von Büchern geschrieben.

Schon intuitiv scheint mir zwischen Hinken und Linkshändigkeit ein enger Zusammenhang zu bestehen. In den *Gesetzen* (7. Buch, 18) brachte Platon, indem er zu beidhändiger Erziehung aufrief, diesen offensichtlichen Umstand genial zum Ausdruck. Der Unverstand von Müttern und Ammen sei daran schuld, schrieb er, daß wir »an den Händen gewissermaßen alle erlahmt sind«. Platon setzt sich von der herrschenden Kultur ab, und nicht etwa nur von der der Mütter und Ammen: für diese Kultur ist Linkshändigkeit das Äquivalent (bei den oberen Gliedmaßen) zum Hinken.

Die Kreuzigung ist eine der dichtesten und methodischsten Darstellungen des Privilegs der Rechten. Das geneigte Haupt des sterbenden oder bereits gestorbenen Christus zeigt immer nach rechts. Die Frau, die rechts vom Kreuz im heiligen Kelch das Blut auffängt, das aus der Seite quillt, ist die Kirche; die Frau zur Linken, die den Blick abwendet und die Fahne der verratenen Auserwählung hält, ist die Synagoge. Der reuige Schächer ist der zur Rechten Christi; der unbußfertige der zur Linken. In der Malerei blickt ersterer häufig zu Jesus hin; trotz der Qualen bewahrt sein sterbender Körper noch Haltung. Der andere kehrt sein Gesicht von Jesus ab und ist schrecklich entstellt und verkrümmt. Manchmal lugt ein geflügelter Dämon aus seinem Mund. Die Hände des guten Schächers sind wie zum Gebet geöffnet, abgekehrt und nach unten gehalten sind die des bösen Schächers. Der Böse ist der linke.

Die Übereinstimmung der Darstellungen ist um so beeindruckender, wenn man sich vor Augen hält, daß unter den Evangelisten nur Lukas zwischen den zwei Verbrechern unterscheidet. Lukas sagt: »Sie kreuzigten ihn dort und die Verbrecher mit ihm, einen zur Rechten und einen zur Linken.« Lukas berichtet dann, daß einer erlöst wird, sagt aber nicht, welcher von beiden. Bei Markus hingegen: »Und die mit ihm gekreuzigt waren, schmähten ihn auch.« Auch Markus gibt die Anordnung genau an: »Und sie kreuzigten zwei Räuber mit ihm, einen rechts und einen links von ihm.« Und Matthäus: »Dann wurden zwei Räuber mit ihm gekreuzigt, einer zur Rechten und einer zur Linken [...]. Ebenso schmähten ihn auch die Räuber, die mit ihm gekreuzigt waren.« Anders bei Johannes: »Dort kreuzigten sie ihn und mit ihm zwei andere...« *Zwei andere:* weder Räuber noch Missetäter. Ein Ausdruck, der zugleich Distanz schafft – zwei x-beliebige, zwei Komparsen, zwei »Gewöhnliche« – und Nähe – zwei, die sein Schicksal teilen: Jesus war nicht allein in seiner Pein. »... zwei andere«, fährt Johannes fort, »auf jeder Seite einen, Jesus aber in der Mitte.« Johannes verzichtet als einziger auf die Erwähnung von rechts und links und hebt statt dessen hervor, daß Jesus in der Mitte war: »Jesus aber in der Mitte.« Auch wird bei Johannes keiner der beiden erlöst. Es werden ihnen die Beine gebrochen; Jesus, der bereits gestorben ist, aber nicht.

Selbstverständlich behielten in der Ikonographie der Kreuzigung die detaillierteren Versionen die Oberhand über die allgemein gehaltenen. So werden die gebrochenen Beine, von denen unter den Evangelisten nur Johannes berichtet, häufig dargestellt, als eine bewegte und dramatische Episode. Die Erlösung des reuigen Verbrechers, die Lukas bezeugt, wird einheitlich übernommen.

Es ist eine schöne Geschichte, sie führt in die Symmetrie des Kreuzes und der dreifachen Kreuzigung ein weiteres Element der Rechts/Links-Asymmetrie ein, sie gibt der näheren Ausführung der drei Synoptiker – »einer zu seiner Rechten und einer zu seiner Linken« – einen tieferen Sinn.

(Manche Kreuzigungsgemälde brechen kühn mit der Frontalperspektive und der Symmetrie der Szene. Die *Schleißheimer Kreuzigung* von Lukas Cranach d. Ä. ist aus einer derart akrobatischen seitlichen Perspektive heraus gemalt, daß sich folgende Reihenfolge von links nach rechts ergibt: linker Schächer, rechter Schächer, Jesus.)

Die wichtigsten Quellen für die Episode mit den Schächern finden sich in den sogenannten apokryphen Evangelien. Das arabisch-syrische Kindheitsevangelium beschreibt eine Begegnung des Jesuskindes, Marias und Josefs mit den zwei Räubern – die hier Titus und Dumachus heißen. Um Dumachus und seine Anhänger daran zu hindern, der Heiligen Familie etwas zuleide zu tun, bietet Titus ihm an, ihn mit vierzig Drachmen aus eigener Tasche zu entschädigen – und sichert sich damit dreißig Jahre später den Eintritt ins Paradies. Maria verspricht es ihm: »Gott der Herr wird dich mit seiner Rechten stützen und dir deine Sünden erlassen.« Die Erlösung des Räubers zur Rechten erscheint im Evangelium des Petrus und in dem des Nikodemus; in letzterem heißt der gute Räuber Dysmas und der andere Gestas. Den farbenreichsten und ausführlichsten Bericht enthält die sogenannte Erklärung des Josef von Arimathia, in der sie Gesta und Demas heißen. Das Verhältnis zwischen rechts und links wird darin betont. Gesta, der linke, flucht und fletscht die Zähne: »Er war in die Fänge des

Teufels geraten.« Dem auf der rechten Seite verspricht Jesus das Paradies und daß er sogar vor seiner Wiederkunft zum Jüngsten Gericht als einziger ins Paradies aufgenommen wird. Josef, der Erzähler, legt den Leib Jesu in das Grab. »Von dem Räuber, der zur Rechten war, wurde der Leib nicht gefunden. Der auf der Linken hingegen wie eine Art Ungeheuer, so war auch sein Leib.« Als Jesus nach der Auferstehung wieder erscheint, ist der erlöste Räuber bei ihm: es geht von ihm »ein süßer Duft aus, der vom Paradiese stammt«. Zu seinem Jünger Johannes spricht Jesus: Der Schächer, der am Kreuze hing, hat das Paradies ererbt. Der Räuber erscheint, und Johannes fällt verblüfft auf den Boden. Der Räuber sieht nun nämlich »einem mächtigen König gleich«.

Es ist also nicht damit getan, die Gegenüberstellung von rechts und links in der Politik auf die topographischen Gegebenheiten von Plenarsälen zurückzuführen. Es war nicht zu vermeiden, daß Umsturzpläne oder Herrschaftsformen, die auf der Umkehrung der vorher bestehenden Verhältnisse beruhten, und erst recht die, die auf einer Revolution basierten, sich als links betrachten würden: Regelverstöße auf der Ebene ganzer Länder oder gar Erdteile. Revolution ist Entweihung. Auch wenn die Revolutionäre schon während oder nach der Revolution dazu neigen, sakrale Mechanismen und Verbannungen wiedereinzuführen.

Innerhalb der Linken kann sich eine Rechte und eine Linke bilden, und es kann vorkommen, daß die interne Linke stärker befehdet wird als die externe Rechte. Aber die interne Rechte trägt stets den Stempel einer gewissen moralischen Verwerflichkeit. Man schließt mit ihr Bündnisse, und man verachtet sie.

Die »kulturelle« Hervorhebung des Gegensatzes von rechter und linker Hand, die in den allermeisten Fällen eine relative physiologische Basis hat (wenn ihr auch größeres Gewicht zukommt, als Hertz dies vor neunzig Jahren vermutete), entspricht einer Haltung, die von der Polarität so angezogen ist, daß sie den Gegensatz bis zur Ausschließung verschärft. Man hat eine ganze Reihe mechanischer Vorrichtungen erdacht, um die Benutzung der linken Hand nahezu vollständig einzuschränken. Noch wirksamer ist die Vielzahl moralischer und zeremonieller Einschränkungen. Die Benimmregeln haben sich anscheinend aus der Bestrebung heraus entwickelt, uns zur Benutzung der rechten beziehungsweise der linken Hand anzuleiten. Man ißt mit der rechten, man putzt sich mit der linken. Man opfert mit der rechten. Man grüßt, man schwört mit der rechten. Man zeigt nach oben mit der rechten, nach unten mit der linken. Die Derwische tanzen mit dem rechten Arm nach oben und dem linken zum Boden; und sie drehen sich nur auf dem rechten Fuß. Die Polynesier James Cooks gehen im Kreis, in Tanzhaltung gebeugt, »wobei sie den linken Arm ständig am Körper halten und mit der flachen rechten Hand auf Unterarm und Brust schlagen«. Weiße Magie nennt man die der rechten Hand, schwarze die der linken.

Allgemein betrachtet scheint am Ursprung der Gesamtheit der Gebräuche und Regeln, die wir Kultur nennen, die Absicht zu stehen, mit größtmöglicher Klarheit Unterschiede und Trennungen aufzuzeigen, und daran wird hartnäckig festgehalten. Die Kultur entdeckt den Unterschied, vertieft ihn, erhärtet ihn bis zur Abspaltung und zur Verselbständigung. Alles, was noch gemeinsam bleibt und Ähnlichkeit und Vermischung bezeugt, wird sorgfältig zurückgedrängt, bis es gelöscht ist. Identität bildet sich durch Spaltung und Gegenüberstellung. Kultur scheint auf diese Weise einen biologischen Differenzierungsprozeß zu begleiten, nach und nach selbständiger zu werden und in sich selbst die Unterschiede zu finden, an denen sie arbeiten kann. Ihre mächtigste Tendenz bekämpft Vermischung und Austausch, zieht es vor, klare und geschlossene Identitäten festzulegen, starre und überwachte Grenzen zu ziehen.

Exemplarisch für diese Dissoziation ist das Arsenal der Maßnahmen, mit deren Hilfe die Lebenden zu den Toten auf Abstand gehen. Der soeben Verstorbene klammert sich noch an die Welt der Lebenden und bedroht sie; der von einem Todesfall betroffene Lebende muß seinerseits einem Toten ähneln, um den Groll des Gestorbenen zu mildern. Trauer ist eine vorübergehende Simulation des Todes, damit man in Ruhe gelassen wird. Der Tote ist ein Lebender mit umgekehrtem Vorzeichen. Er geht nach links – der Lebende nach rechts. Die Lebenden machen alles mit der Rechten, die Toten mit der Linken. Der Tote steht im Schatten. In dem kleinen Stück Garten, das der Lebende ihm einräumt, damit er nicht sein Feld zerstört, sind die Pflanzen verkehrt herum eingepflanzt, mit den Wurzeln nach oben. Die Worte der Toten bedeuten ihr Gegenteil, und manchmal werden sie mit umgekehrten Silben ausgesprochen. Der Tote ist das Spiegelbild des Lebenden: zwischen seinem Jenseits und der Welt diesseits gibt es eine sehr dünne Trennwand. Es geht darum, sie zu verstärken, dahinter in Schutz zu gehen. Eigentlich ist es der Lebende, der sich bemüht, alles andersherum zu machen, als man es vom Toten vermutet. Mit der rechten Hand, auf der rechten Seite – der Seite des Lebens, der Kraft, der Gesundheit.

Am Ende des letzten Jahrhunderts erhielt die Vorstellung, daß die Toten nicht gänzlich tot seien und weiterhin bedrohlich die dunklen Kammern der Lebenden bewohnten, großen Auftrieb durch den Spiritismus, wobei die heraufbeschworenen Verstorbenen normalerweise ein Faible für die dümmsten Scherze und die abgeschmacktesten Witze zeigten. Unter allen Spielereien mit dem Jenseits war – und bleibt – der Spiritismus die schäbigste.

Wir sollten uns natürlich vor der Versuchung hüten, uns über unsere jüngere Vergangenheit und erst recht über die fernere lustig zu machen. Ich meine uns als Menschengeschlecht und auch uns als männlichen und gewiß *linkischen* und aufdringlichen Teil der Geschichte. Die Sorgfalt und die Verwegenheit, die unsere Ahnen aufbrachten, um ihre Behausungen zu umzäunen und vor dem Einfall wilder Tiere, der Heimsuchung durch Feinde, böse Mächte und die ruhelosen Geister der Toten zu schützen, verdienen unsere Achtung und unsere Pietät. Ich habe heute den Eindruck, daß die verheißungsvollsten Ergebnisse der Kultur an den Niedergang jener langen und kurvenreichen Parabel geknüpft sind, an die Vorliebe für und die Neugier auf Wesensverwandtes, Ähnlichkeit und Kontinuität weit mehr als an die Vorliebe für Abweichungen, Absonderung und Spaltung. Ich will diese Verallgemeinerung weder in einem absoluten noch einem enthusiastischen Tenor schildern. Ich weiß, daß Sicherheitsabstände eine Voraussetzung für Toleranz, Geselligkeit und Offenheit sind. Dennoch setze ich auf den Unterschied, der sich aus Gemeinsamkeit und aus Sympathie ergibt. Wenn wir zurückblicken auf den langen und rauhen Weg, den die Menschheit zurückgelegt hat, seit sie aufrecht geht, ist es beeindruckend, welche

Energien sie darauf verwendet hat, zu ermessen und zu erklären, wie einzigartig sie ist und wie sehr sie sich von allen anderen Lebewesen unterscheidet. Wahrscheinlich war das notwendig. Die Vergleichskriterien haben sich im Lauf der Zeit geändert und sind heute noch vage. Von den Tieren sagten wir, sie besäßen keine Intelligenz, hätten keine Seele, seien nicht traurig, lachten nicht, benutzten keine Werkzeuge, guckten kein Fernsehen. Oft gab es, um einen flüchtigen Unterschied zweifelsfrei zu erfassen, nur einen Weg: sie umzubringen. Der Mensch ist ein Jäger: darin liegt, wenn die Jagd erfolgreich war, der wahre Unterschied. Des weiteren macht der Mann auch Jagd auf Frauen. Auch der Unterschied zu den Frauen ist klar, läßt sich aber nicht leicht ein für allemal bestimmen. Sie sind nicht intelligent, sie haben keine Seele... Auch hier gibt es einen Weg, den Unterschied festzulegen: sie zu unterwerfen, einzusperren, vielleicht zu prügeln, kurz und gut: zu zähmen.

Die Unterscheidung zwischen den Männern auf der einen Seite und den Frauen (und Kindern) und den Tieren auf der anderen fällt um so deutlicher aus, je zweifelhafter und unklarer diejenige zwischen Frauen und Tieren ist. Beim Prozeß der Domestikation ist schwer zu sagen, ob man eher vom Umgang mit den wilden Tieren gelernt hat, die Frauen zu behandeln, oder umgekehrt. Man lese *Der Widerspenstigen Zähmung* (schon der Titel sagt es): »Ich ward geboren, dich zu zähmen, Käthchen, / Dich aus 'nem wilden Kätzchen zu 'nem Käthchen / zu wandeln, zahm wie andre fromme Käthchen« (II, 1). Er zähmt sie in der Tat, indem er sie hungern läßt wie den Falken. »Mein Falk ist nun geschärft und tüchtig hungrig, / und bis er zahm ist, kriegt er auch kein Futter: / sonst wird er nie auf meinen Wink gehorchen« (IV, 1). Der Begriff der »zweiten Natur« stammt gar aus den

Anleitungen zur Zähmung. Im *Falkenbuch* Kaiser Friedrich des Zweiten ist die Rede von den »künstlichen Eigenheiten und Gewohnheiten, nämlich mit den Menschen gemein zu werden und zu ihnen zurückzukehren. Durch Härte anerzogen, wird ihnen dieses Betragen mit fortschreitender Zeit schließlich auch zur Eigenart, Gewohnheit und zweiten Natur«.

Die Frau, der widerspenstige schiitische Sklave oder der Diener Epiktets, der Untertan, sind lauter Tiere, die zu Verhaltensweisen abzurichten sind, welche ihrer Natur widersprechen. Genauer: die Frau ist das Modell für jede andere Domestizierung.

Der Mann macht auch Jagd auf andere Männer: Krieg ist Menschenjagd. Auch hierbei ist die Unterscheidung vollzogen, wenn auf der einen Seite die Sieger übrigbleiben und auf der anderen die Besiegten, die ermordet oder unterworfen sind – und denen Frauen und Vieh geraubt wurden. Die Grenzen werden immer deutlicher, immer exakter. Zwischen Menschen und Tieren, zwischen den Menschen der Wälder und denen der Prärie, zwischen den Sammlern und Jägern und den Ackerbauern, zwischen Seßhaften und Nomaden, zwischen dem einen Stamm und dem anderen … Bei jedem neu gesetzten Grenzpflock, jedem Stück Land, das der Unordnung und der Vermischung entrissen wird, ist die eine oder andere streunende Gestalt entkommen und überlebt im Verborgenen. Ebenso verschreckt wie erschreckend, lauert sie im Dickicht des Waldes, wechselt im Dunkeln über die Grenzlinien, hat das beunruhigende Aussehen eines Affen, der mit einem Menschen verwechselt werden kann, eines Menschen, der mit einem Affen verwechselt werden kann, eines Wilden, eines vagabundierenden

Irren, einer geflohenen und zügellosen Gefangenen, einer verwilderten alten Frau. In den Gobelins des höfischen Mittelalters gibt es eine blumengeschmückte Wiese, einen sprudelnden Brunnen, eine schöne Dame und einen edlen Ritter – und hinter einer Hecke lugt das zerzauste und gierige Antlitz eines wilden Mannes hervor. Die Lichtung gewinnt die Oberhand über den Wald, das Licht breitet sich aus, aber der Schatten bleibt, beunruhigend, unbezwungen und unfaßbar.

Es gibt besserwisserische Zeiten und Kulturen, in denen man sich an die Unterwerfung eines Teils der Lebenden und an die Erklärung ihrer Minderwertigkeit gewöhnt hat und in denen die Erinnerung an den harten, gefährlichen Kampf, den die Unterwerfung seinerzeit kostete, verblichen ist. Am reichsten sind die Kulturen, in denen jener Kampf noch in lebhafter und irritierender Erinnerung ist. Die Tiere waren nicht zu allen Zeiten unterlegen und die Frauen auch nicht. Sie hätten auch die Oberhand gewinnen können. Aber nun sind sie ausgerottet, gezähmt, müssen an der Kette tanzen wie der Bär Mischa oder sind in den Häusern eingesperrt wie die Ehefrauen und Sklavinnen – aber es ist besser, ihnen nie den Rücken zu kehren. Sie fletschen noch die Zähne, wenn wir uns umdrehen. Mir scheint, der unvergleichliche Reichtum des alten Griechenland rührt aus der frischen und noch brisanten Erinnerung an den Kampf zwischen den Männern, den anderen Tieren und den Frauen her. (Demgegenüber ist die scheinbare sexuelle Natürlichkeit der Römer aus pompejanischer Zeit so trist wie ihre Verdauungsmethoden.) Die griechische Tragödie ist das Andenken an jene Niederlage, die es immer noch vermag, ein Publikum zu rühren und aufzuwühlen, auch wenn es im Alltag wilde Tiere und Frauen bereits in den Zoo gesperrt hat und auch dessen schon überdrüssig ist.

So war es mit den Tieren, den Frauen, den Sklaven, den Gefangenen. Mit den Arbeitern auch.

Die Geographie, das heißt die Seefahrt, kam vor der Philosophie und der Geschichte. Der *Periplus* des karthagischen Seefahrers Hanno enthält folgende Erzählung:

»Von hier fuhren wir drei Tage lang an Feuerbächen vorbei und kamen an eine Bucht, die Südhorn genannt ist. Auf der Rückseite des Busens war eine Insel [...], sie wies einen See auf, und in ihm befand sich eine andere Insel, die von Waldmenschen bewohnt war. Es waren aber noch viel mehr Weiber da mit zottigen Körpern, die unsere Dolmetscher Gorillas nannten. Wir verfolgten die Männer, konnten aber keinen fangen, denn sie alle flohen, kletterten über steile Abhänge und verteidigten sich mit Steinen. Drei Weiber fingen wir, die aber bissen, die Anführer zerkratzten und nicht folgen wollten. Wir töteten sie und brachten ihre abgezogenen Häute nach Karthago. Und weiter fuhren wir nicht, da es an Vorräten mangelte.«

Der *Periplus* ist ein Reisetagebuch, bei dem die geographische und ethnographische Berichterstattung (aus der Zeit von 510 bis 460 v. Chr.) oft mit phantastischen Meldungen gespickt ist. Die Interpreten identifizieren den genannten Ort im allgemeinen mit der Trichtermündung von Sierra Leone. Was die wilden Wesen betrifft, haben Hanno und seine Leute die Menschenaffen wohl mit Menschen verwechselt; da Gorillas sich nicht in Rudeln bewegen, sondern in kleinen Gruppen, hielt man es für wahrscheinlicher, daß es sich um Schimpansen handelte. Angenommen, das war so, und die Behaartheit wäre ein hinreichender Grund, um auszuschließen, daß es sich wirklich um menschliche Wesen handelte, bleibt dennoch die Bemerkung zweifelhaft, daß sie sich mit Steinen verteidigt haben sollen.

Erschütternd ist der Kern der Erzählung. Egal, ob es sich nun um menschliche Wesen handelte oder ob das ein Mißverständnis war, berichtet Hanno ganz selbstverständlich, wie Jagd auf wilde Menschen gemacht wurde, und setzt dieselbe Selbstverständlichkeit auch bei seinen Lesern voraus (und zumindest die modernen Philologen scheinen ihm dabei recht zu geben). Die Männchen sind schwerer zu kriegen, es werden drei Weibchen gefangen. Da sie Widerstand leisten, werden sie schließlich umgebracht und gehäutet. Wir haben es hier mit dem Bericht über eine Jagd in der Antike zu tun und gleichzeitig mit einem Vorläufer der kolonialen Hatz – vielleicht auf Menschen, vielleicht auf Tiere, vielleicht auf Wilde –, die sich jahrhundertelang wiederholen wird, vor allem nach der Entdeckung Amerikas. Jahrhundertelang bleibt die Grenze zwischen Menschen und Tieren sowie zwischen den verschiedenen menschlichen Populationen unscharf und willkürlich und wird vom Aberglauben bestimmt. Die übliche und »natürliche« Art, mit Andersartigen umzugehen, heißt jahrhundertelang, sie einzufangen und umzubringen. Das Umbringen, die Trophäe, das abgezogene Fell beseitigen die Ähnlichkeit, fixieren den Abstand und stellen ihn zur Schau.

In China existiert seit 1981 eine Gesellschaft zur Erforschung der Wilden, und 1983 hatte eine Ausstellung über den Yeti und den Yeren – den Waldmenschen – in Kanton großen Erfolg. Damals erzählte der frühere Kommandant einer Kompanie der Befreiungsarmee in Fangxian, Jia Wenzhi, wie 1942 erschrockene Bauern gemeldet hatten, ein Teufel heule in den Bergen. Jia und etwa fünfzig seiner Soldaten sahen nach und hörten die Schreie. Sie umzingelten die Stelle und stießen auf zwei

Yeren. Einer saß auf einem Ast, das andere, ein Weibchen, hüpfte darum herum und schlug sich mit den Fäusten auf den Kopf. Ein Gewehrschuß streckte das Männchen nieder, das Weibchen floh. Man stellte fest, daß der Yeren so geschrien hatte, weil er sich die Hoden in einem zersplitterten Ast eingeklemmt hatte und nicht freikam. Die Soldaten zogen ihm das Fell ab, brieten ihn und aßen ihn auf.

Sich der barbarischen Völker als Spiegelbild für die eigene Identität zu bedienen – im Schlechten wie im Guten, etwa beim Guten Wilden –, ist ein Verfahren, das schon Herodot in einem pittoresken Spektrum der Umkehrungen auf die Ägypter angewendet hatte. »So gehen in Ägypten die Frauen auf den Markt und treiben Handel, und die Männer sitzen zu Hause und weben. Und die anderen Völker schlagen beim Weben den Einschlag von unten nach oben fest, die Ägypter von oben nach unten … Die Frauen lassen ihr Wasser im Stehen, die Männer im Sitzen …« Bezeichnenderweise lassen sich die auffälligsten Umkehrungen an den Verhaltensweisen von Männern und Frauen festmachen. Ebenso bezeichnend ist die Verkehrung von rechter und linker Hand: »Die Hellenen schreiben ihre Buchstaben und Zahlen von links nach rechts, die Ägypter von rechts nach links. Dabei behaupten sie, sie schrieben nach rechts und die Hellenen nach links« (*Historien*, II, 35–36).

Der Mensch muß das Gefühl seiner Ähnlichkeit mit den anderen Tieren über einen längeren Zeitraum hinweg empfunden haben als das Gefühl seiner Andersartigkeit. Herodot (II, 64) unterscheidet auch zwischen Griechen und Ägyptern, die die heiligen Stätten nicht betreten, ohne sich gewaschen zu haben, nachdem sie Verkehr mit einer Frau hatten, und den anderen, die »den Menschen eben für nichts anderes als ein Tier halten«. Die verschwommene Grenze zwischen menschlichen und nichtmenschlichen Wesen ist jedenfalls Herodots Steckenpferd. Amazonen, Einäugige, Einbeinige, Hundsköpfe, Silene, und später kommen patagonische Riesen und in der Wildnis aufgewachsene Kinder dazu – kein phantastisches Tier reicht an die Suggestivkraft vom Menschen-der-keiner-ist, vom Halbmenschen heran. Sogar der Gehörnte ist ein Halbmensch, wie Othello ruft: »Gehörnter Mann ist nur ein Vieh, ein Untier« (*Othello*, IV, 1).

Die Götter und die wilden Tiere bilden die beiden Extreme. Nicht nur von den Tieren versucht sich das Menschengeschlecht abzuheben, sondern auch von den Göttern, die ihnen allzu ähnlich sind und sie ins Verderben führen.

Der Sufet Hanno der Seefahrer hatte den Auftrag, Handelsstationen und Siedlungskolonien (für 30000 Menschen) an der Atlantikküste zu gründen. Es war damals nichts Besonderes, über die Säulen des Herkules hinauszufahren. Qart-hadascht, die neue Stadt, war im achten Jahrhundert von der Metropole Tyros aus gegründet worden, überflügelte diese aber bald, so daß Karthago im sechsten und fünften Jahrhundert sämtliche Verkehrswege des westlichen Mittelmeeres beherrschte. Hannos Bericht, der einzige, gelangte auf eine Stele in Stein gehauen in den Tempel des höchsten punischen Gottes, und daneben hängte man die Felle der drei Menschenaffen auf. Uns ist eine in Handelsgriechisch abgefaßte Übersetzung aus dem Punischen überliefert; die Stele war wahrscheinlich zweisprachig.

(»In einer Halle der Großen Ausstellung von 1851 wurden Häute afrikanischer Affen ausgestellt. Ein besonders empfindsamer Zeitgenosse schrieb, daß es schmerze, an die Qualen zu denken, die diese Geschöpfe wohl gelitten haben mußten. Die Sache hatte aber auch eine tröstliche Seite: ›Diese Affen zu fangen ist eine Arbeit, die den Afrikaner zivilisiert.‹« Keith Thomas, *Man and the Natural World. Changing Attitudes in England 1500–1800*, London 1983.)

Man denke an jene Geschichte, von der in der *Epistola Premonis regis ad Traianum imperatorem* berichtet wird: »In der Nähe des Roten Meeres leben Frauen mit langen Haaren bis zu den Füßen und mit Ochsenschwänzen. Sie sind dreizehn Fuß groß und haben Körper, schön wie Marmor, aber Füße von Kamelen und Eselszähne. Alexander der Große erschlug zehn davon, da er ihrer lebend nicht habhaft werden konnte.« Die Mißverständnisse nehmen kein Ende. Zum Beispiel bei Marco Polo, *Il Milione*, CLXX: »In diesem Königreich leben behaarte Menschen mit einem Schwanz, länger als eine Spanne; es ist wirklich wahr, die meisten Eingeborenen sehen so aus. Sie wohnen allerdings in den Bergen und nicht in der Stadt. Die Schwänze sind so dick wie jene der Hunde.« Den Kommentaren zufolge handelte es sich um *Pithecus satyrus*. Antike Quellen berichten von Amazonen, die, in skythischer Kleidung und mit Fellen bedeckt, mit Tieren verwechselt und gejagt wurden. Lange Zeit, bis in unser Jahrhundert hinein, wurde von Reisenden immer wieder die Nachricht kolportiert, Patagonier und Feuerländer hätten einen Schwanz. Dabei handelte es sich wahrscheinlich um den Schwanz des Guanakofelles, mit dem sie sich bedeckten.

Bei einem Stamm in Kenia bezieht der *mugwe*, der »außergewöhnliche Mensch«, Beschützer und Wohltäter seines Stammes, seine Kräfte aus dem angeblich angeborenen Schwanz und aus der linken Hand, in der er ein schicksalhaftes Zeichen verborgen hält – ein »Übermensch«, da Halbtier.

Die heutigen Entdeckungen der Verhaltensforschung sind phänomenal, obwohl man sich manchmal nicht des Eindrucks erwehren kann – zum Beispiel hinsichtlich der Schimpansen, die zum Sprechen gebracht werden –, daß der Mensch sein tierisches Wesen erkennt und – da er sich dessen schämt – so tut, als rücke das Tier näher an den Menschen heran.

Es gab einen Zeitpunkt (mit der ersten Atombombe oder schon vorher?), an dem die Menschen merkten, daß das Ende der Bewohnbarkeit der Erde und überhaupt ihr Fortbestand nicht mehr von der Naturgeschichte abhängen, sondern von der Geschichte der Menschheit. Damit hörte man auf, nur die Unterdrückung des Menschen durch die Natur wahrzunehmen, und begann, das Gegenteil zu sehen, die unterworfene und geschändete Natur. Eine rückläufige Mythologie: so als ob der dichtbelaubte Baum, an dessen Stamm bereits die Axt angelegt wurde, sich in eine Nymphe verwandelt hätte und weggelaufen wäre.

Es gibt eine Zeit für den Umbruch und eine für die Kontinuität. Es gibt eine Zeit für den Unterschied und eine für die Ähnlichkeit. Es gibt eine Zeit für die Männer und eine für die Frauen. Man stelle sich einen Demonstrationszug von Arbeitern hinter dem Transparent vor: »Alle Menschen sind gleich.« Man stelle sich nun die gleiche Parole bei einer feministischen Demonstration vor: »Die Männer sind alle gleich.«

Wenn man die Hauptmerkmale eines Linken bezeichnen möchte, kann das erste kein anderes sein als der Wunsch nach – oder vielmehr die Leidenschaft für – Veränderung. Die Linke ist auch groß genug, um sowohl denen Platz zu bieten, die eine allmähliche und friedliche Änderung vorziehen, als auch jenen, die sich den Wechsel plötzlich und als chirurgischen Einschnitt wünschen. Die Geschichte, die zumeist aus einer Retrospektive der Politik bestand, ging davon aus, daß Veränderung nicht nur vorwiegend ihren Gegenstand, sondern ihre eigentliche Existenzgrundlage darstelle. Aber ebenso wie die Politik, und zwar insbesondere die revolutionäre Politik nach einer Niederlage, steht die Geschichte vor dem Rätsel dessen, was sich im Lauf der Zeit gar nicht ändert oder nur unmerklich und ganz langsam. Die Geschichte hat eine Antwort auf die eigene Enttäuschung gesucht – die Wiederkehr ebenso spektakulärer wie flüchtiger Ereignisse wie Duelle und Schlachten, eroberte Throne und verlorene Reiche, Verschwörungen und Händel, Liebschaften und Verbrechen – und dabei eine tiefere Schicht betrachtet, so wie die von einem Wind an der Wasseroberfläche aufgewühlten Wellen am Meeresboden kaum ein Kräuseln bewirken. Sie hat sich der Instrumente der Wirtschaftsforschung bedient, der Demographie, des Studiums der Mentalitäten, der Anthropologie; sie hat die Rekonstruktion der oberflächlichsten, raschesten Ereignisse mit den langfristigen strukturellen Veränderungen verbunden. Die Enttäuschung ist geblieben. Nicht nur, weil es die Bühne nicht mehr gibt, auf der Helden und Heldinnen agierten, die mit Leib und Seele bei der Sache waren, Pharaonen und skythische Reiter, Schloßfräulein und Paladine, Gefreite und Erzherzoginnen, Zaren und Attentäterinnen: das war schön. Sondern auch deshalb, weil jene Geschichte die Niederlage geschluckt hatte, für die die Politik verantwortlich war, nämlich den Widerstand der Dinge, sich von menschlichen Absichten dirigieren zu lassen. Auch die Grenze zwischen der Naturgeschichte und der Geschichte der Menschheit hat sich als unbeständig und exponiert erwiesen.

Man kann natürlich auch eine Leidenschaft entwikkeln für das, was bleibt. »Denn die Stabilität«, schreibt Claude Lévi-Strauss, »ist nicht weniger geheimnisvoll als der Wandel.« In seiner Einleitung zu *Hexensabbat* macht Carlo Ginzburg eine erstaunlich eindeutige Aussage: »Vor langer Zeit hatte ich mir vorgenommen, von einem historischen Gesichtspunkt aus experimentell die Inexistenz der menschlichen Natur zu beweisen; fünfundzwanzig Jahre später sehe ich mich eine exakt entgegengesetzte Theorie vertreten.« Ich frage mich, ob ich Ginzburgs Erklärung nicht übernehmen könnte, indem ich lediglich das Adjektiv *historisch* durch *politisch* ersetze. »Vor langer Zeit hatte ich mir vorgenommen, von einem politischen Gesichtspunkt aus experimentell die Inexistenz der menschlichen Natur zu beweisen; fünfundzwanzig Jahre später sehe ich mich eine exakt entgegengesetzte Theorie vertreten.« Die Aussage fällt sogar noch schärfer aus, da politische Experimente *in corpore vivi* stattfinden. (Oder einfacher: wir haben es probiert.) Es trifft ja zu, daß für eine Politik, die so auf die Veränderung aus war, daß sie sich revolutionär fühlte, der Verweis auf die »menschliche Natur« schlechthin das Argument der Rechten war, der Betrug, vor dem man sich am meisten in acht zu nehmen hatte. Es war das Argument, das in der Regel der Vorstellung entgegengehalten wurde, es sei möglich, die Arbeit von ihren materiellen und individuellen Anreizen zu befreien; daß man Gleichheit und Solidarität dem Wettbewerb und der Feindseligkeit vorziehen könne; daß man sich dafür entscheiden könne, mehr Zeit für sich und den eigenen Geist zu haben anstatt mehr Geld für sinnlosen Konsum. So betrachtet war es heilsam, die Prediger der »menschlichen Natur« zum Teufel zu jagen. Eine ganze Weile führte eine große Menge Leute im Versuch vor, daß es möglich – und eine dankbare Sache – war, weniger egoistisch und dafür solidarischer zu sein, weniger verschreckt und dafür selbstbewußter, weniger konformistisch und dafür unabhängiger. Es geschah in unserer Zeit, es war anderswo schon oft geschehen, es wird wieder geschehen, und die »menschliche Natur« wird es nicht verhindern.

Die Unduldsamkeit gegenüber der »menschlichen Natur« fängt immer mit der Entdeckung an, daß es so viel Leid auf der Welt gibt und daß dieses Leid mit Ungerechtigkeit, Absurdität und Dummheit zu tun hat, kurz, mit den Machtverhältnissen; und daß der Lauf der Welt weder von Gerechtigkeit noch von Vernunft geprägt ist, sondern von Gewalt und Willkür. Vor allem aber, daß der Lauf der Welt auch ein anderer sein könnte. Schließlich, daß der Teil Größe, den jeder von sich verlangen könnte, als Pflicht und Chance in der Änderung des Laufs der Welt zu suchen und zu finden sei.

Zu meiner Zeit fand der Skandal der Weltgeschichte seinen ersten Ausdruck in dem mörderischen Hunger der einen und der frivolen Sattheit der anderen. *Der Hunger in der Welt* hieß es, mit einem kräftigen und schönen Ausdruck, bis er zum Schlagwort wurde. Er wies auf Willkür und Dummheit hin und erst in zweiter Linie auf Gewalt und Ungerechtigkeit. Es war ja nicht so, daß mit dem Hunger der vielen zynisch die Sattheit der wenigen geschaffen wurde. Vielmehr hatte ein bestimmter Lauf der Geschichte mit der fürchterlichen Kraft der Trägheit zu dieser Tragödie geführt. Die Vernunft hätte sich dem Wahnsinn und mehr noch der Macht der Gewohnheit widersetzen müssen. Mit ganz neuen Augen war dieser Skandal bis auf den Grund zu durchleuchten und die Fahne der Einsicht und des Edelmuts hochzuhalten; man konnte sich damals auch gar keine Vernunft vorstellen, die nicht edel gewesen wäre. Manche gingen in einen Kibbuz, andere brachen mit ihrer religiösen Erziehung und deren Heuchelei, wieder andere nahmen diese zum Ausgangspunkt für den Versuch, sie in Taten umzusetzen. Manche ließen sich von der Barmherzigkeit leiten, aber schon machte sich ein Unbehagen bemerkbar und ein mächtig rivalisierendes Wort kündigte sich an: Solidarität. Es verdrängte, was die Nächstenliebe in Beklemmung und Herablassung zu ersticken schien, die Ausübung der Nächstenliebe lediglich am Notleidenden an der nächsten Straßenecke. Die Lust kam auf, in die Ferne zu schauen. Von Dingen, die am entlegensten Ort der Welt geschahen, fühlten wir uns angesprochen wie von persönlichen Angelegenheiten, wir wollten uns einer Bewegung zugehörig fühlen, die den gesamten Planeten ergreifen und ihn in zwei Hälften spalten sollte.

Ein merkwürdiges Schaukeln führte vom Fernen zum Nahen. In einem neorealistischen Film sah man die eingemummten Tagelöhner irgendeines lukanischen Dorfes, wie sie sich – mit hageren, unbewegten Gesichtern – vor einem Plakat drängten mit dem Aufruf: »Helft Indien!«

Wir wagten uns weit hinaus. Obwohl wir Leopardi gelesen hatten oder den Leopardi-Interpreten Sebastiano Timpanaro und vielleicht Nietzsche oder den Nietzsche-Interpreten Delio Cantimori oder – wie Carlo Ginzburg – den Ethnologen Ernesto De Martino oder die Literaturkritiker Cesare Cases und Franco Fortini, die in der Zeitschrift *Quaderni Piacentini* über Krankheit und Tod De Martinos geschrieben hatten, hatten wir den Skandal von Krankheit, Alter und Tod noch nicht kennengelernt. Unser »neuer Mensch« sollte sich – wie beim christlichen Taufspruch oder in der kleinen Schrift Che Guevaras – seine zweite Natur im Kampf selbst schmieden. Sogar dafür ließ sich ein theoretischer Aufhänger bei Marx finden, in den Schriften des jungen Marx. Nicht nur der »menschlichen Natur« mißtrauten wir als einem reaktionären Alibi, sondern der Natur überhaupt. Die Natur stand, wie Charles-Ferdinand Ramuz gesagt hat, rechts.

Aus dem zuvor zitierten Satz Carlo Ginzburgs ist man versucht, im Gegenlicht eine ebenso zurückhaltend wie verbindlich formulierte autobiographische Erklärung herauszulesen. Einer von Ginzburgs Lehrmeistern war Arnaldo Momigliano, von dem er in einer Anmerkung einen Satz aus *Sui fondamenti della storia antica* (Turin 1984) zitiert: »Wir erforschen die Veränderung, weil wir veränderlich sind. Dies gibt uns eine direkte Erfahrung der Veränderung: das, was wir Gedächtnis nennen...« Ich kann nicht umhin, hinter diesem schönen Gedanken sein Gegenteil zu lesen. Wir machen die direkte Erfahrung des Bestehens, des Ausdauerns, des Erhaltens. Natürlich wachsen wir, reifen und sterben. Aber das, woraus wir im Guten wie im Schlechten gemacht sind, besetzt einen zunehmend größeren Raum dessen, was wir tun wollen und schaffen. Die Wiederholung ohne

Erwartung nimmt zu, wir baden jeden Morgen im gleichen Wasser, wir erkennen im Spiegel immer klarer die Züge unserer Eltern wieder. Wir pflegen unseren Abstand zu den anderen (als Kinder und Jugendliche waren wir so gesellig! Wir schubsten uns im Omnibus, waren fröhlich auf Demonstrationen), weil wir fürchten, uns immer ähnlicher zu werden. Wir sind müde, mißtrauisch und pessimistisch... Wenn wir ein öffentliches Gesicht tragen, brauchen wir eine immer längere Zeit der Einsamkeit, um es aufzusetzen – wie ein Taucher in der Höhenkammer. Kurz und gut: wir werden älter. Es liegt in der menschlichen Natur...

In jungen Jahren Brandstifter, im Alter Feuerwehr. Ein bekanntes Repertoire: Feuerwehrleute legen vorsätzlich Brände, um ihre Stelle nicht zu verlieren. Kammerjäger setzen Ratten aus, und so fort. Die Jungen rücken ganz nahe ans Feuer – manchmal verbrennen sie sich die Finger –, um sich einen unbekümmerten Lebensabend zu sichern. In diesem Triumph des gesunden Menschenverstands steckt auch noch die unterschwellige Aussage, daß Jugend und Alter (und die Altersschichten dazwischen) dieselbe Sprache sprechen und dieselben Dinge tun. In traditionellen Gesellschaften gibt es Zeremonien, in denen sich das ungestüme Chaos der Jungen und die gemessene Ordnung der Alten manifestieren, sowie solche, in denen diese Manifestitionen überwacht werden, den Karneval und die Wiederherstellung der Autorität. Wenn es sich nicht um eine logische Verabscheuung der Verleugnung eines sinnvollen Lebens handelt, ist der Spruch über die jungen Brandstifter und so weiter Ausdruck für den Anspruch (die Illusion) der Rationalität oder gar der *Wissenschaftlichkeit* der Absicht, die

Welt zu verändern. Der wissenschaftliche Kommunismus schüttelt die extremen Altersstufen wie Krankheiten ab – Kinderkrankheiten, Alterskrankheiten – er bevorzugt die Reife, stellt sich eine alterslose Kohärenz vor, die von den wissenschaftlichen Gesetzen der gesellschaftlichen Analyse und der revolutionären Entwicklung im Zaum gehalten wird. Da dieses doktrinäre Regelwerk nun einmal hinfällig geworden ist, werden die Leute wohl oder übel wieder einfach zu jungen, erwachsenen oder alten Menschen (und zu Männern oder Frauen) werden müssen und folglich von ihrer Anlage her eher zum Feuerlegen oder zum Aufforsten tendieren, wenn auch mit einer möglichen Palette von Ausscherungen aus den vorgegebenen Bahnen ihrer Altersschicht. Die Altersklassen, eine auf den ersten Blick objektive Kategorie, können sich außerdem biologisch und kulturell stark ändern; schon von 1968 bis heute haben sie sich stark geändert. Auch Brände sind unstetig, und das ist weniger überraschend, denn nichts ist labiler und anpassungsfähiger als Feuer. Der lehrreichste und metaphorisch riskanteste Begriff von den Bränden – die lustig sind wie ein Schiffbruch – ist der vom »Gegenfeuer«: um ein Feuer aufzuhalten, muß man ein entgegengesetztes Feuer anzünden. In den letzten Jahren wurde im Zuge der Ökologiebewegung und ihres schonungslos »wissenschaftlichen« Flügels die Auffassung vertreten, daß die Brände in den großen Wäldern weder gelöscht noch eingedämmt werden sollten; daß das Feuer selbst »natürlich« sei und daß man es frei lodern lassen solle: der Wald werde schon neue Kräfte daraus zu ziehen wissen. In einigen Wäldern Nordamerikas wurde diese Theorie bereits befolgt. Ich halte sie für verheerend. Wer oder was hat das Feuer denn gelegt? Ist ein vorsätzlich gelegter oder aus Nachlässigkeit entstandener Brand genauso »natürlich« wie ein durch einen Blitz verursachter? Und die jahrhundertealten, geschwächten und als Einzelstücke unersetzlichen Baumriesen, verdienen die nicht besonders Achtung und Schutz? Und wo findet dieses Stärken durch Zerstörung seine Grenzen? Bei einem Material von so hohem metaphorischen Wert wie dem Feuer liegt es auf der Hand, daß sich dieser »objektive« Lehrsatz auf unendlich vieles anwenden läßt. Den Krieg als große reinigende Flamme hatten wir schon früher im Katalog. Mehr noch, der biologisierende Zynismus kann uns nun auf den Gedanken bringen, daß man einen Krieg schwelen lassen sollte, bis er spontan erlischt: es werden dann jüngere und stärkere Völker und Institutionen daraus hervorgehen. Das frühere Jugoslawien wurde vom internationalen geopolitischen Realismus bereits in ähnlicher Weise abgehandelt: eine durch balkanische Selbstentzündung entfesselte Gewalt, die Feststellung, es sei unmöglich und inopportun, die Feuerwehr zu holen. Unsere Welt hat große Lust, Unvermögen und Feigheit mit dem Hinweis auf einen angeblichen natürlichen Realismus zu rechtfertigen.

Das Sprichwort über die jungen Brandstifter und die alten Feuerwehrleute findet nun eine unvorhergesehene Anwendung auf die Beziehungen zwischen dem Norden und dem Süden der Welt, zwischen alter und neuer Welt. Der Wechsel fand in so kurzer Zeit statt – im Verhältnis zur Naturgeschichte, an deren Kreuzung mit der Kulturgeschichte die Demographie lange stehenblieb –, daß die alte Welt lernen muß, Brände zu löschen, die sie bis vor kurzem selbst mit angefacht hat (und vielfach heute noch anfacht). Der Teufelskreis von Produktion und Absatz von Waffen und humanitären Friedensmissionen ist das dramatischste Beispiel, das sich keineswegs allein durch Bosheit erklären läßt.

In einem Artikel von Gustaw Herling fand ich eine beeindruckende Erwähnung von Joseph Bergers Buch *Shipwreck of a Generation* (London 1969). Berger war im Rahmen der Komintern für den Nahen Osten verantwortlich gewesen; 1935 wurde er verhaftet und saß zwanzig Jahre lang im Gefängnis. »Ende 1937 traf Berger im Lager von Solowki Alexandr Ajchenwald, den Lieblingsschüler Bucharins. Kurz vor dem Prozeß gegen Bucharin fand die Gegenüberstellung Bucharins und Ajchenwalds statt. Sie dauerte fünf Stunden. Dann erhielten die beiden die Erlaubnis, allein zu bleiben, ohne Zeugen. Bucharin erzählte seinem jungen Freund, er habe vom Gefängniskommandanten die Genehmigung bekommen, Bücher und eine Schreibmaschine in der Zelle zu erhalten. Da er genau wußte, welches Schicksal ihn erwartete, hatte er beschlossen, das letzte Buch seines Lebens zu schreiben. Ajchenwald fragte ihn, worüber. Er traute seinen Ohren nicht, als Bucharin ruhig antwortete: *Über die Natur des Menschen.*«

»Es liegt in der Natur des Menschen…« Auch in der Natur von Karl Marx. An den jungen Marx habe ich schon erinnert. Nun zum alten Marx, denn der Satz über die »menschliche Natur« läßt sich auch ein wenig auf den alten Marx anwenden. Als ich plötzlich mein Dasein als politischer Aktivist aufgab, schlug ich mich als Übersetzer durch und bekam vom Verlag Einaudi die englische Ausgabe des Bandes von Lawrence Krader über die Asiatische Produktionsweise, eigentlich eine präzise Erkundung der in Italien bis dahin unveröffentlichten *Ethnologischen Exzerpthefte* von Karl Marx. Mit der Übersetzung der *Exzerpthefte* wurde Alessandro Casiccia beauftragt; weder sein Band noch meiner wurden je veröffentlicht, und dadurch wurde – wenn man von den möglichen Schwachstellen unserer Übersetzungen absieht – den italienischen Lesern etwas vorenthalten.

Für mich – es war das Jahr 1978 – kam jene Lektüre gerade recht. Ich hatte abrupt den Wechsel von den hektischen Zeiten der politischen Einmischung zu einem zurückgezogenen und nahezu ländlichen Leben vollzogen. Schon aus Gewohnheit juckte es mich in den Fingern, und ich hielt sie mit langen Spaziergängen und der Übersetzung des alten Marx im Zaum. Nachdem er fast ein ganzes Leben lang voller Energie die Bedingungen erforscht hatte, unter denen sich die Kondensation historischer Faktoren in revolutionären Handlungen niederschlägt, lebte Marx nun eine leidenschaftliche Neugier für die ganz langsame Geschichte aus, für jene menschlichen Gesellschaften wie die asiatischen Dorfgemeinschaften, von denen Reisende, Kolonialbeamte und Berufsethnologen berichteten, in denen sich seit undenklichen Zeiten nichts änderte und in denen eine Veränderung nur von außen kommen konnte. In jenen Gemeinschaften vollzog sich die Geschichte der Menschheit mit demselben unmerklichen Rhythmus wie die Naturgeschichte. Die grob vereinfachte Vorstellung, daß der Mensch die Revolution mache und von der Evolution gemacht werde, war damit in Frage gestellt. Dort war auch die von den Menschen gemachte Geschichte beinahe so langsam wie die biologische.

Aus einem Interview mit Edward Wilson: »Kann diese Theorie von der natürlichen Auslese nicht eine Rationalisierung der Unterteilung in Klassen sein?« »Nein, die Soziobiologie erforscht jene Verhaltensweisen und Eigenschaften des menschlichen Wesens, die von Tausende wenn nicht Hunderttausende von Jahren währenden genetischen Veränderungen bestimmt sind [...]. Sie hingegen sprechen von einem Merkmal der sozialen Organisation, den Klassen, die eine verhältnismäßig kurze Zeit der Menschheitsgeschichte kennzeichnen.«

Wir sprechen von der »menschlichen Natur« und meinen damit mehr oder weniger eine Anlage, die mit einer kürzeren Zeitspanne als der der genetischen Prozesse und einer längeren als der der historischen Prozesse zu tun hat und die sich deshalb in einem Zwischenbereich von Biologie und Kultur befindet. Kann man das so sagen? So unbestimmt das auch sein mag, mit dieser Art der Beschreibung vermeidet man einerseits, die »menschliche Natur« in die Schublade eines biologischen Mechanismus zu stecken, und andererseits, sie vorbehaltlos auf die Kultur zu reduzieren: »Die Natur des Menschen ist die Kultur.«

In Marx' späten Briefen an Friedrich Engels finden sich, wenn auch von einer ironischen Diskretion verdeckt (nur wenige Menschen, schreibt Marx am 1.3.1882, seien dem »*demonstrative pathos*« so abgeneigt wie er), eindringliche Hinweise auf seine persönliche Langsamkeit und auf seine Krankheit: Daher »werde ich für Jahre mich sehr vorsichtig behandeln« (31.3.1882). In Algier nimmt er den Prophetenbart und den Schnurrbart ab, läßt sich aber vorher photographieren, »da meine Töchter dies besser haben« (28.4.1882) – nicht nur die Töchter, wie wir wissen. Am 20. Mai schreibt Marx vergnügt aus Monte Carlo, er habe einen »reformistischen« Arzt gefunden: »Er sagt, die Wissenschaft habe ihn überzeugt, daß alles nur ›langsam‹ voran kommt; keine revolutionäre Überstürzung – zwingt sonst fast ebensoviel ›rückwärts‹ danach zu marschieren (wie auf der Echternacher Prozession p.e.).«

Sämtliche Briefe enthalten eigensinnige Beobachtungen über das Wetter – was mit seiner Krankheit zu tun hat, aber nicht nur: jeder Brief ist ein Wetterbericht.

Beim »reifen« Marx ist die Frage der »menschlichen Natur« kompliziert, so wie das Wechselspiel und das Zusammenwirken von Determinismus und Voluntarismus in den Marxismen. Im Vorwort zur ersten Ausgabe des *Kapitals* schreibt Marx: »Weniger als jeder andere kann mein Standpunkt, der die *Entwicklung der ökonomischen Gesellschaftsformation* als einen *naturgeschichtlichen Prozeß* auffaßt, den Einzelnen verantwortlich machen für Verhältnisse, deren Geschöpf er sozial bleibt, sosehr er sich auch subjektiv über sie erheben mag.« Eine derartige Entlastung von aller persönlichen Verantwortung gelte wohlgemerkt nur im Bereich der politischen Ökonomie. Aber die politische Ökonomie und ihre Kritik geben sich häufig so aufdringlich, daß sie der Vorstellung von einer »objektiven Geschichte« Vorschub leisten, in der die einzelnen im Auftrag übermächtiger ökonomischer Kräfte handeln. Nach der Rekonstruktion von Edward Thompson geht der Marxismus dann von einem organizistischen und progressistischen Evolutionismus zum Ökonomismus und technologischen Determinismus sowie zum subjektivistischen Voluntarismus über. Bezeichnend aber ist – abgesehen von der Reihenfolge – das Nebeneinander von Determinismus und Voluntarismus im Verhältnis Masse–Führer (wobei die Masse, »welch anmutiges, modernes Wort« nach Giacomo Leopardi, für die Ökonomie steht und der Führer für die Politik) sowie in dessen Apologetik: das Primat der Massen und das Väterchen oder die Viererbande oder der Lider Máximo. Zu sagen: »Die Massen machen die Geschichte« heißt, leugnen, daß Männer und Frauen sie machen, da die Massen ein »natürliches« Element sind (wie bei Stalin) oder das Objekt eines gigantischen äußeren Zwanges wie in der Kulturrevolution. Auf diese Weise wird das Paradoxon von der gegenseitigen Ergänzung der Massen, die Geschichte machen, und einer zentralen, konspirativen Macht real.

II

Gegen Ende der siebziger Jahre, nach der Abkehr vom politischen Aktivismus und dem Schock der Frauenbewegung, fühlte ich mich immer noch von dualistischen Weltdeutungen angezogen, suchte aber nach einer eher symbolischen, »quer durch alle Lebenslagen« gültigen, wie sie die damals konkurrierenden Muster nicht boten. So kam ich auf ein Begriffspaar, das in keiner Auflistung von Gegensätzen vorkam, weder bei den Pythagoreern noch bei den Isländern, den polynesischen Maori oder den ostafrikanischen Kaguru. Es sollte in den verschiedensten Kulturen Geltung haben, in ihren Mythen, ihren Bräuchen und in den wichtigsten Texten der Weltliteratur. Mein Begriffspaar lautet: Knoten und Nagel.

Als Kind lief ich ständig mit offenen Schnürsenkeln herum. Diese Vorbelastung war für meine Idee sehr hilfreich. Meine Mutter rief mich, um mir die Schuhe zuzubinden. Ich wartete ungeduldig und lief dann wieder weg. Als Kind hat man keine Zeit zu verlieren. War ich allein, machte ich aus Eile und Ungeschick einen Knoten. Meine Mutter konnte ihn ja wieder lösen.

Ungeschickt und ungeduldig bin ich auch heute noch. Manchmal gehe ich – wie vermutlich viele meiner männlichen Leser – zum Angeln: es hat mir immer Spaß gemacht. Ab und zu verwickelt sich meine Angelschnur. Wenn eine Frau dabei ist, löst sie das Gewirr, obwohl sie selbst nicht angelt. Wenn ich allein bin, versuche ich es eine Zeitlang, dann zerreiße ich das Ganze.

(In manchen Gegenden brachten die Fischer ihre verhedderten Netze in Nonnenklöster, um sie dort entwirren zu lassen.)

Als man 1982 in London unter der Brücke der Black Friars (die Schwarzen Fratres: gemeint sind die Dominikaner) den toten Bankier Roberto Calvi mit zwei Ziegelsteinen in den Taschen und zwei weiteren im Hosenlatz fand, gab es genügend Stoff, um die Liebhaber pseudofreimaurerischer Symbolik zu reizen. Calvi trug: drei Paar Unterhosen, zwanzig Millionen Lire, drei Uhren und einen falschen Paß. Dafür trug er keinen Schnurrbart mehr. Obendrein hatte er auch noch eine Schlinge um den Hals, den Strang des Henkers, der außer bei Hinrichtungen kaum verwendet wird; und aufgeknüpft war er mit einem Pahlstek, dem Grundknoten von Seglern, Bergsteigern und Höhlenforschern: beides fachgerecht und zudem – wie Beau Brummell es für Krawatten vorschrieb – im Dunkeln ausgeführt. Außerordentlich geschickt für einen Selbstmörder.

Man sagt: Etwas sitzt wie angegossen, faltenfrei. Prosper Mérimée, der sich unter Eleganz Tadellosigkeit vorstellte, verlangte, Damenstrümpfe sollten um Himmels willen keine Falten werfen.

Der Dandy macht Eleganz wieder zur Tadeligkeit. »Lord« Brummell hantierte an seinen Krawatten im Halbdunkel, damit zur Vollkommenheit des Knotens nicht das I-Tüpfelchen der Nachlässigkeit fehle. »Man erzählt, Robinson, sein Kammerdiener, sei jeden Abend mit einem Stapel leicht zerknitterter Halstücher auf den Armen aus dem Ankleideraum gekommen. ›Das sind unsere Mißerfolge‹, erklärte er.«

In Italien kamen erst in den fünfziger Jahren jene – zum Glück kurzlebigen – Krawatten mit festem Knoten und dem Gummiband auf, das unter dem Hemdkragen versteckt wurde. Sie kamen aus Amerika und waren bequem. Bequem war, was Zeit sparte. Frederick W. Taylor, der mit genialer Pingeligkeit die wissenschaftliche Organisation der Arbeit entwickelte, ging so weit, den Arbeitern das Tragen von Mokassins zu empfehlen, der traditionellen Fußbekleidung der Irokesen, die ohne Schnürsenkel auskommt. Damit ließ sich der Verlust von Zeit und guter Laune vermeiden. Weit davon entfernt, sich mit dem Verkürzen des Arbeitstakts in den Fabriken zu begnügen, ließ der Taylorismus wie eine fürsorgliche Amme den Arbeiter keinen Augenblick mehr aus den Augen, angefangen vom heiklen Moment des Erwachens, wenn man am ehesten dazu neigt, sich zu verheddern. Mit dem rechten Fuß zuerst aufstehen, rieten die Weisen der Antike: das bringt Glück. Von wegen. Taylors Arbeiter schlüpfte in seine Mokassins und lief ans Fließband. Taylor ist der Vater von Chaplin, des Fastfood und der zeitgenössischen Wettsportarten: der Hundertstel Zentimeter von Sergej Bubka und der Hundertstel Sekunden von Leroy Burrell.

Manchmal geben die entthronten Götter wieder Lebenszeichen. Im August 1983 fanden in Helsinki die Leichtathletik-Weltmeisterschaften statt. Die ganze Welt saß vor dem Fernseher. Für den 400-Meter-Hürdenlauf stand der Sieger schon von vornherein fest: der schwarze, phantastische und geniale Edwin Moses. Moses war seit sechzig Wettläufen nicht mehr geschlagen worden. Er ging unweigerlich sofort in Führung. Wenige Hürden vor dem Ziel sah man unten an seinem perfekt durchgestreckten linken Bein zwei weiße Bänder flattern. Die Welt hielt den Atem an, aber Moses gewann, mit den offenen Schnürsenkeln. Sein Lauf wurde dann unzählige Male in Zeitlupe wiederholt: so wie Homer es mit dem schnellfüßigen Achill getan hätte.

Charlie Chaplin und Alexej Stachanow starben beide 1977, als hätten sie sich abgesprochen.

Es entsprach dem Zeitgeist, vor einem Jahrhundert. Das Gummiband – das sich zur Schnur verhält wie die Schraube zum Nagel – war bereits 1838 von Thomas Hancock erfunden worden. 1893 ließ Witcomb L. Judson ein automatisches System patentieren, mit dem man Schuhe ohne Schnürsenkel zumachen konnte: eine Reihe von Haken, die über einen Schiebemechanismus geöffnet oder geschlossen wurden. Zwei Jahrzehnte später gab es den Reißverschluß für Kleider, für Gummischuhe (den *zipper* von Goodrich, 1923) und schließlich in der Chirurgie, zum Öffnen und Schließen menschlicher Haut. 1893 hatte Taylor ein Buch über die Wartung von Antriebsriemen veröffentlicht und bereits einen großen Teil seiner Methoden der wissenschaftlichen Arbeitsorganisation zur Anwendung gebracht, die er dann 1903 in *Shop Management* darlegte. Andere lernten inzwischen von ihm, zum Beispiel Frank Gilbreth im Bauwesen, der die ideale Stellung der Füße für jeden Maurer studierte und seine Arbeiter anlernte, beide Hände gleichzeitig zu benutzen, und nicht wie gewohnt erst die Bewegung der einen Hand zu Ende zu führen, bevor sie mit der anderen eine neue begannen. Auch den Ziegelsteinen war eine optimale Anordnung zugedacht, mit der richtigen Seite nach oben, so daß man mit der Linken den Ziegelstein ergreifen konnte, während die Rechte mit der Kelle den Mörtel holte, und so fort.

In George Orwells *1984* herrscht Mangel an Schnürsenkeln.

»Hofrat Behrens zeigte dem Sonntage zu Ehren der Herrenwelt das Kunststück mit seinem Schnürstiefel: er setzte seinen gewaltigen Fuß auf eine höhere Stufe, löste die Bänder, ergriff sie nach einer besonderen Praktik mit einer Hand und wußte sie, ohne die andere zu Hilfe zu nehmen, mit solcher Fertigkeit kreuzweise einzuhaken, daß alle sich wunderten und mehrere umsonst versuchten, es ihm gleichzutun« (Thomas Mann, *Der Zauberberg*). Der Hofrat Behrens, den der Humanist Settembrini nach dem Höllenrichter Rhadamanth nennt, haust mit seinen ungeschlachten Füßen im Kellergeschoß der Davoser Klinik – an der Schwelle zur unterirdischen Welt der schon Gestorbenen. Als Beherrscher der Auskultation und der Röntgentechnik verfügt Behrens über die Fähigkeit, durch den Körper hindurch das Skelett zu sehen und das Schicksal, das es erwartet, so wie einst die Maler der vom Tod bedrängten Schönen. Auch Behrens malt; und Hans Castorp und Clawdia Chauchat tauschen die Röntgenbilder ihres Brustkorbs aus. Das Motiv Papagenos aus der *Zauberflöte*, das Behrens' Auftritt begleitet, verleiht ihm zusätzlich die Aura eines Wilden.

Die Entdeckung der Röntgenstrahlen, die wegen ihrer mysteriösen Eigenschaften in manchen Sprachen »X-Strahlen« genannt werden, erfolgte 1895. Bei den ersten aufregenden öffentlichen Vorführungen der Röntgenoskopie war das beliebteste Motiv das eines Mannes, der Nägel verschluckt hatte.

Der Reißverschluß spart auch bei der Liebe Zeit, wenn es drängt. Dabei hatten im Vergleich zu Gürteln und Bändern schon Knöpfe und Ösen einen Fortschritt gebracht, wenngleich mit Komplikationen und Anspielungen verbunden. In der Liebe gilt die Umkehrung: Er, der sich per Definition bei allem, was er zu- und aufbindet, ungeschickt anstellt, wird gerufen, einen verhakten Reißverschluß hochzuziehen, einen Haken zu lösen... (Rita Hayworth in *Gilda:* »Ich kann keinen Reißverschluß öffnen. Will mir jemand helfen?«) Das Vorspiel vollzieht sich in einem labyrinthischen Spiel von Bändern und Hakenverschlüssen, Hinauszögern und Aufreißen, Erregung und Gewalt.

Bonadea aus Musils *Mann ohne Eigenschaften* »war sinnlich, wie andere Menschen andere Leiden haben, zum Beispiel an den Händen schwitzen oder leicht die Farbe wechseln, es war ihr scheinbar angeboren, und sie konnte niemals dagegen aufkommen« (Kap. 12). Bonadea zerfließt zunächst vor Leidenschaft, später löst sie sich in Tränen der Scham auf. Da steht sie, mit ihrem pathetischen Striptease, »nachdem ihre Hände eine Weile lang unentschlossen die sinkenden Kleider und das geöffnete Mieder gehalten hatten« – Ulrich stellt sich inzwischen vor, »zwei Männer werden [dem Frauenmörder] die Schlinge um den Hals legen«; »ein feierlicher Herr zieht die Schlinge an« – »Bonadea nestelte an einer Schnur« (Kap. 31) – »Bonadea trat ungerufen mit Hut und Schleier ein« (Kap. 29). »Ihr zarter mütterlicher Bauch atmete im weißen Batist unbeengt von Schnürleib und Bunden... Sie hätte gerne die Vorhänge wieder zugezogen… Mit jedem Band, das sie knüpfte, und jedem Haken, den sie schloß…«

Schließlich wieder der Schleier, »wie wenn ein Reisekoffer ins Schloß schnappt« (Kap. 33).

Abgesehen von Mokassins stellten die Irokesen mit einer Schnur aus den Rindenfasern von Ulmen und Linden feinste Gürtel und Riemen her. Das Abzeichen des Häuptlings war der Wampumgürtel. Die rituelle Formel eines Irokesenhäuptlings im Rat lautete: »Dieser Gürtel zeugt für meine Worte.« Für jeden angenommenen Vorschlag wurde ein Gürtel geboten. Die einzigen konkreten Urkunden der Irokesen waren Wampumschnüre, Muschelketten und gestickte Perlenschnüre, regelrechte Merkhilfen, bei denen die Vorfälle anhand der Schnüre verzeichnet und in die richtige Reihenfolge gebracht wurden. Eigene Übersetzer, Hüter der Tradition, »lasen« die Gürtel.

Soviel zum Knoten und zum leicht herzustellenden Zusammenhang zwischen dem geduldigen Geschick mit Knoten und den Frauen. Und der Nagel? Möglicherweise wäre ich nicht auf mein Begriffspaar gekommen ohne einen glücklichen Umstand: Im Italienischen bilden Knoten *[nodo]* und Nagel *[chiodo]* einen Endreim, und zwar einen sehr reinen. Es wäre nicht so leicht gewesen, diese Verbindung im Englischen aufzuspüren, *»The knot and the nail«*, oder im Französischen, *»Le nœud et le clou«*, oder auch im Spanischen: *»El nudo y el clavo«*, geschweige denn im Deutschen. Im Englischen hätte sich vielleicht eher angeboten »Der Knoten und der Speer (*spear*)«, um so mehr, als das Englische übertragene Bedeutungen bereithält wie *spear side*, männliche Linie, oder *on the spear side*, väterlicherseits, Bedeutungen, die den Speer mit Männlichkeit in Verbindung bringen. Das geschieht allerdings weniger unvermittelt als beim italienischen *chiavare* (vergleichbar dem deutschen *nageln* im Sinne von *ficken*), abgeleitet vom lateinischen *clavus*, Nagel. Das Englische verfügt immerhin über ein gelungenes Wortspiel, das sich auf den Merk-Knoten bezieht (den Kalender, den Knoten im Taschentuch und so weiter): *Forget me knot*.

Dennoch ist die glückliche Fügung des Reimes weniger zufällig, als es aussieht. Früher reimten sich die beiden Wörter nämlich auch im Italienischen nicht, da Nagel *chiovo* hieß (so wie heute noch im Sizilianischen: *chiovu*). Dantes *Göttliche Komödie* kennt gar keine andere Form. Den Wörterbüchern nach (einschließlich des *Grande Dizionario della Lingua Italiana* von Salvatore Battaglia) taucht die Form *chiodo* zum erstenmal bei Petrarca auf, und zwar bezeichnenderweise in einem Reimpaar mit *nodo:*

Vedi Assuero il suo amor in qual modo
va medicando a ciò che 'npace il porte:
da l'un si scioglie, e lega a l'altro nodo:
cotal ha questa malizia rimedio,
come d'asse si trae chiodo con chiodo.
(*Trionfo d'amore*, III, 62–66)*

In Wirklichkeit war *chiodo* bereits in den *Documenti d'amore* von Francesco da Barberino (1314) vorgekommen,

* Sieh, wie Ahasver seine Liebe heilt
auf daß er seinen Frieden habe:
löst sich vom einen, knüpft das andre Band:
und solchen Segen bringt ihm diese Masche
wie Stift nach Stift man treibt aus einer Wand.
(*Triumph Amors*, III, 62–66)

wie die Auszählung der *Opera del Vocabolario italiano* ergab. Auch in diesem Fall ist die Nennung dem Reim zu verdanken: »... *tu di tutti pigliar modo; / descendo all'altro e lodo / chi sa soffrir ben lo dolor del chiodo*« [...laß dir dies alles eine Lehre sein; / ich komme nun zu anderem und preis' / wer den Schmerz des Nagels gut zu leiden weiß]. Eine weitere frühe Verwendung (1332?) zeigt sich in den *Rime* des Veneters Antonio da Tempo: Hier erscheint *chiodo* als Reim auf *nodo:* »... *che tanto crede / La vista umana in l'amoroso nodo? / Non so; ma pur suo chiodo / M'ha fitto ne le vene, che non vede*« [...was glaubt der Menschen Blick / so stark dem Liebesknoten? / Ich weiß es nicht; doch drang sein Pfeil / mir in die Adern, der nicht sieht].

Es steht also außer Frage, daß *chiodo* in der Umgangssprache bereits üblich war, während in der Schriftsprache *chiovo* vorherrschend blieb. In Petrarcas Versen klingt der Ausdruck bereits sprichwörtlich – eine Version des *chiodo scaccia chiodo* (ein Nagel treibt den anderen aus), die Petrarca seinem geliebten Cicero entlehnte. *Chiovo* liegt näher an der lateinischen Form *clavus*. Petrarca selbst benutzt an anderer Stelle die Schreibweise *chiovo* (etwa in dem Vers: »*Ma s'io v'era con saldi chiovi fisso*...« [Doch hätten Nägel mich an Euch geschlagen...], aus dem *Canzoniere*, Sonett Nr. 45). Wenn er hier *chiodo* wählt, dann wegen des Reimes auf *nodo*. Das Wort *chiodo* fand somit über die Paarverbindung *nodo–chiodo* Eingang in das gehobene Italienisch und blieb dann so bestehen.

Im *Rasenden Roland*, XXIII. Gesang, 103, gelangt Roland an die Orte, an denen die liebenden Angelica und Medor gerade die Zeichen ihres Glücks in die Bäume geritzt haben.

Angelica e Medor con cento nodi
legati insieme, e in cento lochi vede.
Quante lettere son, tanti son chiodi
*coi quali Amore il cor gli punge e fiede.**

Gerade dieser Anblick ist es, der Roland in den Wahnsinn treibt. Übrigens wurden die Nägel, die sich dem genarrten Paladin ins Herz bohrten, zu einem Fachbegriff der klinischen Psychiatrie. Bei Ariost selbst (XXXIV, 28) findet sich ein *chiodo fisso* [eine fixe Idee]: »*Io di mai non l'amar fisso avea il chiodo*« [Wie ein Nagel saß bei mir die Vorstellung fest, daß ich ihn niemals lieben würde]. Knoten und Nagel kommen auch in dem Reim Giambattista Marinos vor (*Rime*, »L'Adone«, X, 277): »*E per fermar con sempre stabil chiodo / la Pace, ch'è gran tempo ita in essiglio, / Cristina bella in sacrosanto nodo / stringe del re de' monti al maggior figlio*« [Um zu sichern mit stets festem Nagel / den so lang verbannten Frieden / bindet er in gesegnetem Knoten / die schöne Christina an den Erstgeborenen des Königs von Piemont].

Bandello (*Novelle*, Bd. 2, 22) hatte seinerseits Petrarcas Verse paraphrasiert, indem er den Ausdruck *chiodo scaccia chiodo* doppelte mit »Ein Knoten löst den andern«: »*A questa malizia d'amore altro rimedio non è che da l'uno sciogliersi e a l'altro nodo legarsi, come d'asse si trae chiodo con chiodo*« [Gegen diese Tücke der Liebe hilft kein anderes Mittel, als sich vom einen Knoten zu lösen und an den anderen zu binden, so wie ein Nagel den andern aus dem Brett treibt].

---

* Angelica, Medor, vielfach umschlungen,
Erblickt er da und dort, rings um den Fluß.
Von so viel Nägeln wird sein Herz durchdrungen,
Wie er der Lettern wahrnimmt mit Verdruß.

Michele Feo hat mich auf eine hochinteressante Komplikation der Kette hingewiesen, die zu Petrarcas *chiodo* führt. Im *Secretum* zitiert Petrarca nämlich ausdrücklich Cicero – den Nagel, der durch einen anderen ausgetrieben wird –, und zwar aus einem seiner meistgelesenen Werke, den *Tusculanae Disputationes*. Diese schon bei Cicero sprichwörtliche Vorstellung aber – daß eine alte Liebe mit einer neuen vertrieben wird, so wie ein Nagel den anderen austreibt – war auf sehr originelle Weise bereits in einem wunderbaren Text des lateinischen Mittelalters erschienen, in den Briefen Heloisas an Abaelard (12. Jahrhundert). Der sechste Brief dieser Vorläuferin der neuzeitlichen Liebesleidenschaft fängt genau mit diesem Bild an: »*Ut enim insertum clavum alius expellit, sic cogitatio nova priorem excludit, cum alias intentus animus, priorum memoriam dimittere cogitur aut intermittere.*« (Abaelard, *Die Leidensgeschichte und der Briefwechsel mit Heloisa*, Heidelberg 1979, 6. Brief, S. 149.) Einen eingeschlagenen Nagel treibt ein neuer Nagel wieder heraus: so verdrängt ein neuer Gedanke den früheren, wenn der Geist sich anders einstellt und die Erinnerung an Früheres schwinden oder doch zurücktreten läßt. Jedes Wort in dieser Passage sitzt. Abaelard hatte Heloisa nämlich streng untersagt, in ihren Briefen Worte der Liebe zu verwenden: die Zeit des amourösen Dialogs, der im vierten Brief seinen Höhepunkt gefunden hatte, liegt weit zurück. Heloisa unterwirft sich unter Qualen dem Befehl, legt aber dennoch die Leidenschaft, von der sie weiterhin beseelt ist, in die Doppeldeutigkeit ihrer Worte. Abaelard wird keinen Anstoß an dem Satz nehmen können, mit dem sie sich ja gerade seinem Willen nach Abstand beugt. Wenn du nicht die Macht hast, meinen Schmerz zu stillen, sagt Heloisa, kannst du mir wenigstens etwas Trost spenden.

In dem fast unmittelbar folgenden Zitat variiert Heloisa allerdings einen Begriff aus dem Vergleich: Cicero hatte gesagt, eine alte Liebe werde von einer neuen vertrieben wie ein Nagel durch einen anderen. Heloisa kann nicht auf eine neue Liebe setzen und nicht einmal die Liebe beim Namen nennen: sie wird bei ihr zur *cogitatio*, zum Nachdenken über etwas anderes, zum Von-etwas-anderem-Sprechen. Aber gerade diese Überlagerung erklärt dieses Sprechen über anderes zur Fiktion, zu einer aufgesetzten Zuchtübung, unter deren Oberfläche wie ein festsitzender Keil immer noch die alte Liebe drängt. Wenn das zutrifft, ist der Übergang vom *memoriam dimittere* (dem Ablegen der Erinnerung) zum *aut intermittere* (unterbrechen, aufheben bis...) fast unmerklich. Hinter dem gehorsamen Wortlaut bringt Heloisa auf diese Weise zum Ausdruck, daß all ihre Gedanken nur solche der Liebe sein können und daß ihre Liebe es nicht akzeptiert, die eigene Zukunft zu verleugnen.

Vom Briefwechsel Abaelards mit Heloisa gibt es nicht viele Handschriften. Eine der für die Textüberlieferung wichtigsten, die sich heute in Paris befindet, war im Besitz Petrarcas, der am Rand bezeichnenderweise seine Bewunderung für Heloisa zum Ausdruck brachte und an einigen Stellen eine Art von unwiderstehlicher Eifersucht und von Neid auf Abaelard. »Pietro, Pietro, was für ein Glück du hast...!« Seine einzigartige Verbundenheit mit diesem hinreißenden Text kulminiert in den letzten Blättern der sogenannten *Note intime*, geheimnisvoll verschlüsselten Notizen, die mit genauesten Angaben des Jahres – 1348–49 – sowie von Monat, Tag und Uhrzeit versehen sind sowie mit rätselhaften Wortstummeln oder Anfangsbuchstaben, die gewiß sexuelle Anspielungen enthalten. Als ob Petrarca den Seiten jenes so wesentlichen Buches der Liebe und der Sünde eine Art von quälendem, intimem Register anvertraut hätte, dessen er sich zu schämen hatte, das er aber dennoch nicht umhin konnte zu verfassen. So läßt sich aus Petrarcas *Triumph* hinter dem Verweis auf Ciceros gelösten und neu geknüpften Knoten und den durch einen anderen Nagel ausgetriebenen Nagel auch der unvergeßliche Name Heloisas herauslesen.

Das D in *chiodo* dürfte von *claudere* abstammen, das paßt auch zu der Verwechslung *chiovo-chiave*, zur Zweideutigkeit des italienischen Verbs *chiavare* und so weiter.

Das außergewöhnlichste Nagelbild der Antike, die sogenannte Gottheit von Visp im Genfer Museum, trägt oder hält in der Hand den Schlüssel, *clavis*, den Nagel, *clavus*, und den Knüppel, *clava:* dreifach *clavigera*.

In der *Fröhlichen Wissenschaft* widmet Nietzsche dem Dietrich die mit »Fromme Wünsche« betitelten Verse:

»Mögen alle Schlüssel doch
flugs verloren gehen,
und in jedem Schlüsselloch
sich der Dietrich drehen!«
Also denkt zu jeder Frist
jeder, der – ein Dietrich ist.

Das klingt wie der Traum eines Einbrechers: Wenn man den Schlüssel verliert, kann verstohlene Kunstfertigkeit ans Licht kommen.

Eine Expedition der Pennsylvania University arbeitet mit einigem Erfolg in Gordion in der Türkei, zwischen Eskişehir und Ankara. Als Alexander der Große 333 v. Chr. dort ankam, beherrschte die Zitadelle Gordion den Zugang zur großen Straße nach Susa, der Hauptstadt des persischen Reiches. Vor allem aber beherbergte sie den legendären Wagen des Königs von Phrygien: sein Joch war mit einem Seil aus Hanf (oder aus Dirlitzenrinde?) gebunden, und zwar mit einem derart verwickelten Knoten, daß kein Ende und kein Anfang zu sehen waren. Das Orakel hatte verkündet, wer imstande sei, den Knoten zu lösen, werde Herr über Asien und die gesamte Welt.

Alexander ließ sich zu dem Knoten führen und versuchte vielleicht, die Festigkeit des Seils zu prüfen. Vielleicht hatte er sich auch schon für seine Lösung entschieden: Er zog das Schwert und schlug den Knoten mitten entzwei. Er war dreiundzwanzig Jahre alt, er hatte keine Zeit zu verlieren. Asien sollte sein werden.

Der Gordische Knoten hatte demnach keinen Anfang und kein Ende: darin bestand seine Vollkommenheit. Für uns ist er die sprichwörtliche Art auszudrücken, daß eine Sache kompliziert ist. Wir haben ein Problem vor uns und wollen seiner Herr werden, den Faden finden und so fort. Vielleicht handelt es sich um ein kriminalistisches Problem. Im *Dizionario dei personaggi di romanzo. Da Don Chisciotte all'Innominato* (Mailand 1982) spricht Gesualdo Bufalino unter dem Stichwort »Sherlock Holmes« von »jener mechanischen, anmaßenden Bravour, bei den gordischen Knoten von Ursachen und Wirkungen sofort die Enden zu erkennen, an denen zu ziehen ist«. So betrachtet stellt der Gordische Knoten gleichsam das perfekte Verbrechen dar. Kein Anfang und kein Ende – kein Indiz, an das man sich klammern könnte. Es wird wohl kein Zufall sein, daß im Griechischen ein und dasselbe Wort Bedeutungen wie »Grenze,

Ende« und »Signal, Indiz« abdeckt. Marcel Detienne, der sich eingehend damit beschäftigt hat, übersetzt *ápeiron*, womit Hermes sich auf unbezwingbare Bindungen bezieht, mit »weder Anfang noch Ende«: es handelt sich um kreisförmige Bindungen, Kreise – schließt Detienne, der nicht an Knoten und an ihre Vollkommenheit denkt. *Peiras* ist laut Aristoteles gleichzusetzen mit Signal, Indiz, Bezugspunkt: so ist *ápeiron* wie eine glatte Fläche, ohne Ansatzpunkt; wie das Meer, auf dem keine Spuren bleiben – wie Wasserläufe, in denen Verfolgte ihre Spuren verwischen.

Die Tat Alexanders kompliziert die Dinge, da er auf der einen Seite den Eindruck erweckt, die Schnelligkeit der Lösung siege über die stumpfe Vollkommenheit des Rätsels; auf der anderen Seite läßt er alle Einsicht beiseite und macht kurzen Prozeß – mit der geradlinigen Brutalität der Schwertklinge. Dabei hatte Alexanders legendärer Lehrmeister Aristoteles gesagt, daß »den Knoten nur löst, wer ihn kennt«. Alexanders Hieb scheint zu erklären, daß der Mensch nicht das kennt, was er imstande ist zu machen, sondern das, was er kaputtmachen kann.

Nach dem derben Schwerthieb waren nun anstelle des unentwirrbaren Geflechts ebenso viele Enden zu erkennen, wie es Schnittstellen gab. Die Lösung war also elementar: sie erforderte lediglich eine angemessene Portion Ungeduld. »Der kühne Schwertstreich war seiner würdiger und für die Zukunft bedeutsamer als die mühsamste Geduld; ja mit dieser hätte er aufgehört, Alexander und der Überwinder Asiens zu sein«, kommentierte Johann Gustav Droysen, der über Alexander den Makedonier schrieb und dabei an den König von Preußen dachte; und fügte hinzu: »Wie beim Ei des Kolumbus ist nicht das Resultat, sondern die Neuheit der Lösung ein Zeugnis des Genies.« Wenn sich unter den Freiern Penelopes ein Alexander befunden hätte, wäre der Webstuhl mit dem hohen Schaft, auf dem die kluge Penelope ihr Tuch webte und wieder auftrennte, unter einem einzigen Schlag zerbrochen. Man weiß ja: Die Eroberung der Welt ist kein Galadiner, und um einen Pfannkuchen zu backen, muß man eben Eier zerschlagen.

Die Frauen ans Flechten, die Männer zum Fechten.

In Pascolis *Alexandros* bezwingt der Held die Welt und:

In tanto nell'Epiro aspra e montana
filano le sue vergini sorelle
*pel dolce Assente la milesia lana.**

Alexanders Kraftakt ist natürlich auch das Muster einer unbekümmert begangenen Vergewaltigung.

In der Komödie *Lysistrata* von Aristophanes – in der es, wie man sich erinnert, um den Streik der Liebe geht – kommt es zu folgendem Streitgespräch zwischen Männern und Frauen: »›Sagt, was geht euch denn Krieg und Frieden an?‹ ›Ihr habt so zu schweigen wie bisher wir.‹«

Die Frauen künden ihre Strategie an. »›Genau so wie die Wolle. Wenn sie verfilzt ist, ziehn wir Fäden auseinander, den hin, den andern her, – so strählen wir den Krieg auf, wir schicken hin und her Gesandte, bis wir des Krieges Fäden auseinanderlegen, mit eurer gütigen Bewilligung…‹ ›Du meinst, du kannst den Krieg wie

---

* Indessen im kargen, bergigen Epirus
weben die jungfräulichen Schwestern
für den holden Fernen die Wolle aus Milet.

Wolle lösen, wie Fäden?! – Kleine Närrin, du! Du spinnst!‹ ›Hättest du Verstand, du sähst, daß Politik sich glatt regeln läßt wie wir die Wolle glätten.‹«

Eine zweitrangige Quelle zur Gordischen Episode behauptet, Alexander habe den Knoten in Wirklichkeit ohne große Mühe gelöst, »nachdem er den Pflock abgezogen hatte, der das Joch am Ruder hielt, und dann das Joch herausgezogen hatte«. Eine kindliche Version, die eine fulminante Polarität auf einen banalen Trick reduziert. Das Schwert ist genauso wesentlich wie der Knoten.

Der Schwerthieb muß mit Gewalt ausgeführt werden. Das Schwert schneidet, durchbohrt und spaltet. Der Nagel muß tief eingeschlagen werden, mit Kraft; wo er eindringt, bricht er etwas auf. Er wird sich nicht herausziehen lassen, es sei denn um den Preis einer weiteren Zerstörung. Ein Nagel treibt den anderen heraus. Demgegenüber besteht die Stärke des Knotens in seiner Fügsamkeit und Passivität. Zerrt man daran, so zieht er sich fester zusammen und verwickelt sich noch mehr. Löst man ihn, so ist von der Bindung keine Spur mehr zu sehen.

Spricht man nicht gewöhnlich – ohne Hintersinn – vom »Eindringen des Abendlandes in Asien«? Gordion, die Zitadelle an der Grenze, kündet bereits von der stereotypen Konfrontation zwischen dem Europa der Initiative, der Geschichte und des Fortschritts und dem Asien der Passivität, der Unveränderlichkeit und der Windungen.

Nach Gordion ist es anscheinend nur wenigen gelungen, einem Knoten ihren Namen aufzudrücken (aus dem letzten Jahrhundert wird ein gewisser Matthew Walker genannt, dessen Knoten außerhalb Großbritanniens aber nicht anerkannt wurde). Das Erfinden von Knoten ist wohl eine anonyme Kunst schlechthin (und eine Kunst der Analphabeten: Als die Matrosen lernten, die langen Tage der Überfahrten mit Lesen auszufüllen, verfiel die Kunst des Knotens sehr rasch). Als 1978 Edward Hunter, ein pensionierter Schiffsarzt und ehemaliger Missionar, bekanntgab, einen neuen Knoten entdeckt zu haben, widmete die *Times* ihm eine Schlagzeile. Dabei war Hunters Knoten kein besonders komplizierter, sondern einer von den grundlegenden, der sich einfach binden und lösen läßt und sich ebenso für dicke Seile wie für Nylonfäden eignet. Doktor Hunter erklärte, er freue sich wie einer, der ein schönes Kreuzworträtsel gebastelt habe. So wurde die Verbindung zwischen Knoten und Rätselspielen wieder einmal bestätigt.

Obwohl sich die mathematische Knotentheorie außerhalb meiner Reichweite befindet, schließe ich aus den gängigen populärwissenschaftlichen Darstellungen, daß sie genau auf der Vorstellung vom Gordischen Knoten beruht: nämlich der von einer eindimensionalen geschlossenen Kurve, die sich nicht überschneidet und im dreidimensionalen Raum angeordnet ist. Einer Kurve, die aus einer wie auch immer verschlungenen Schnur besteht, deren Enden schließlich zusammenlaufen, »so daß sie sich nicht lösen lassen, es sei denn, man schneidet die Schnur durch, was aber nicht erlaubt ist«. Als gleichwertig gelten zwei Knoten, die sich bei gleicher Anzahl und Anordnung der Schlingen ineinander umformen lassen. Die Invariante von Vaughan Jones von 1984 macht es möglich, einen Knoten von seinem Spiegelbild zu unterscheiden – sozusagen einen linken von einem rechten

Knoten. Es gibt nur einen Knoten mit drei Schlingen, nur einen mit vieren, nur zwei mit fünfen und so fort, bis zu einer rechnerisch ermittelten bisherigen Gesamtzahl (ohne Spiegelbilder) von 12965 Knoten mit bis zu 13 Schlingen. Eine praktische Anwendung erfährt die Knotentheorie bei der Erforschung der Enzyme, die die Aufgabe haben, »das DNS-Molekül zu spalten, aufzuwickeln, zu verschieben, zusammenzunähen, zu lösen und wiederanzuknüpfen«. Stellt man sich den Zellkern in der Größe eines Volleyballfeldes vor, so »wäre das darin enthaltene DNS dünn wie eine Angelschnur und etwa 200 Kilometer lang... Damit es in seinem Gehäuse Platz hat, muß das Molekül gefaltet, gedreht, aufgewickelt, gepreßt und verpackt werden.«

Bei der Bestimmung der Topologie der Knoten wurden zwei Begriffe vorweggenommen, die in der wissenschaftlichen und der politischen Debatte der letzten Jahre hoch im Kurs standen: Komplexität und Flexibilität.

Das bedeutsamste, was weder Anfang noch Ende hat, ist die Gottheit, oder wenn man so will, die Ewigkeit. In den *Lehren des Mo Ti*, die in China kurze Zeit vor Alexanders Eroberungszügen verfaßt wurden, findet sich die Vorstellung von einem »Band der Zeit«. »Man kann eine bestimmte Stelle im Raum und in der Zeit als Anfang wählen und eine Zeitlang oder in einem bestimmten Gebiet darauf Bezug nehmen, so daß sie in diesem Sinn begrenzt sind, aber Zeit und Raum sind gleich, ohne Grenzen.«

»Wer alle seine Banden hat durchschnitten, / Was jeder Fesselung Grund ist, innen, außen, / Von jener Bindung frei, die aller Fesselung Grund, / Ein solcher heißt in

Wahrheit ›edelbürtig‹.« *Sutta Nipāta. Frühbuddhistische Lehrdichtungen*, Aphorismensammlung (Konstanz 1955), III. Großes Buch, 6. Sabhija, Nr. 532.

»Ein guter Binder bindt ohne Band. Dennoch kann niemand lösen.« Laotse, *Tao-te-king* (München 1922), 27.

Wir erinnern uns an die dunkle und halbnackte kleine Gestalt Mahatma Gandhis, wie er in seinem Zimmer hockt oder zusammengekauert seine Baumwolle spinnt: wie eine Spinne. Für Marx bot Indien mehr noch als China das Muster für seine Vorstellungen von Asien. »Nur die von Generation zu Generation akkumulierte und vom Vater an den Sohn vererbte besondere Geschicklichkeit [beim Weben] verschafft dem Hindi wie der Spinne ein derartig meisterhaftes Können.« In der indischen Dorfgemeinschaft übt jede Familie eine Nebentätigkeit des Spinnens und Webens aus: als »zeitlose Konstante«. Diese einfachste Webkunst auf einem Rahmen, der oft nur aus ein paar grob zusammengesteckten Holzleisten besteht, ihr ständiges Hin und Her, ist der wahre »Schlüssel zur Unveränderlichkeit der asiatischen Gesellschaften«. Eine Seite weiter stellt Marx fest, daß »allein in Birmingham fünfhundert verschiedene Arten von Hämmern hergestellt werden«.

(Was wäre wohl aus einer Arbeiterbewegung geworden, die auf ihre Fahne anstelle von Hammer und Sichel einen Knoten aufgenäht hätte?)

Eine der Hauptquellen für Marx ist John B. Phear, der über Bengalen schreibt. Der Bengale, erläutert Phear, ist nicht imstande, beim Pflügen eine gerade oder auch eine gekrümmte Linie zu ziehen: Sosehr man sich auch bemüht, er wird sich beim Pflügen weiterhin »im Spinnenschritt« bewegen. Eine indische Göttin – eine Verwandte von Arachne – heißt »Spinnenfrau« und hat den Menschen das Weben gebracht. Sie dringt in alle Webarbeiten ein: Man darf nicht vergessen, in jeden Teppich einen kleinen Fehler einzuarbeiten, damit die Seele der Göttin entschlüpfen kann und nicht darin gefangen bleibt.

Alexander der Große war stolz auf seine Abstammung vom großen Achill. Er legte Wert darauf, als wiederauferstandener Achill zu erscheinen. So wie dieser war auch er ein großer Jäger. In Baktrien nahm Alexander es mit einem Löwen auf und tötete ihn im Nahkampf. Überliefert ist auch ein Jagdausflug mit seinem Heer, bei dem viertausend Tiere zur Strecke gebracht wurden.

Die Jagd lieferte das Muster für die Paideia des Achill, der mit zehn Jahren schneller lief als ein abgeschossener Pfeil. Ohne Hunde oder Netze fing er einen Hirsch im Lauf. Der junge Achill lehnte Netze und auch den Bogen ab – darin war er noch eitler als sein großer Meister, der Zentaur Chiron, und selbst als Apoll. Die krumme Hinterlist der Netze und der Pfeil, der aus der Ferne trifft, sind der aufrechten Kühnheit des Helden unwürdig. Spieß, Lanze und die kurzen Hieb- und Stichwaffen – das sind die Waffen des Jägers und des Kriegers, des Sportlers; Netze sind ein Mittel unedler, der Ernährung dienender Jagd. Wie sein makedonischer Nachahmer hätte Achill sich von der weibischen Vollkommenheit des Gordischen Knotens nicht hinters Licht führen lassen.

Es hat da zwar jenen Aufenthalt Achills in Frauenkleidern und unter jungen Weberinnen in Skyros gegeben, den Thetis gewollt hatte, um ihn vor dem Kriegsdienst zu bewahren. Aber bei dem Trick mit dem für ihn unwiderstehlichen Lockruf von Lanze und Schild, den Odysseus ausgeklügelt hatte, um ihn zu entlarven, kann Achill sich eben nicht mehr beherrschen. Lieber ein Tag als Löwe gelebt als hundert Jahre wie ein Schaf. Bei Statius stehen Klinge und Schlinge, Nagel und Knoten sich ganz nah gegenüber: Odysseus zeigt dem webenden Achill das Schwert.

Im alten Rom teilten sich Achill und Alexander zunächst die Rolle des vorbildlichen Kriegers und Heerführers; später lagen sie im Wettstreit, und schließlich behielt Achill die Oberhand. In der Folge von Statius wurde er dann in den zyklischen Epen zum Prototyp des ritterlichen Helden, des höfischen Ritters (»der allem Trotz, nur nicht der Liebe, bot«; Dante, *Die Hölle*, V, 66).

Der Knoten ist tödlich. Er ist die Schlinge, das Netz, die Falle, der Strang – er ist das Labyrinth (*inextricabilis error*, *Aeneis*, VI), das Rätselraten unter Einsatz von Leben und Tod. Der Ausweg besteht im Gehen und Zurückgehen – im gezückten Schwert und in dem von einer weiblichen Hand abgespulten Faden.

Irgend etwas an dem Gordischen Ereignis erinnert an Ödipus' Erlebnis mit der Sphinx. Ödipus löst das Rätsel der schicksalhaften Jungfrau (durch die geistreiche Beantwortung des Rätsels, schneidig wie ein Schwerthieb? Durch einen echten Hieb? – Sagt man nicht auch »*undurchdringlich* wie eine Sphinx?«) und ebnet sich den Weg zum Thron von Theben und zu seiner Königin. Er hat die Stadt von den tödlichen Fesseln der Sphinx befreit. Nun wird Theben von einer neuen, unbarmherzigen Fessel gepeinigt: der Pest. Die Stadt beschwört ihren Ödipus, der Rätsel gelöst und Heilung gebracht hat. Das Orakel des Apollo gibt den Hinweis, die Plage sei die Strafe für die ungesühnte Ermordung des Laios. Ödipus ist bereit, nach dem Mörder zu fahnden, verfügt aber über keine Indizien – ein perfektes Verbrechen, wie bei einem Mord, von dem der Täter selbst nichts weiß. Als die entsetzliche Wahrheit ans Licht kommt, will Ödipus ihr ganz auf den Grund gehen. Vergeblich rät Iokaste ihm davon ab, weiter zu bohren. Die Königin geht zurück in den Palast und erhängt sich über dem zweifachen Ehebett. Der von Leid und Schmach gebrochene Ödipus, der Löser, wird den hohen Knoten lösen, an dem Iokastes Körper hängt. Und von ihrem Gewand, das er so oft löste, um sich mit einer Frau und Mutter zugleich zu vereinigen – die »ehelichen Bande« –, reißt Ödipus nun die Fibel und sticht sich damit grausam die Augen aus. Er selbst erklärt, erbärmlich geblendet und von den Stichen und der brennenden Erinnerung an seine Übeltaten gequält, daß der Galgen für seine Schandtaten nicht ausreiche. Ödipus verflucht nun, wer ihn damals, als er als Kleinkind mit einem Nagel im Fuß und gefesselt auf dem Kitharon ausgesetzt werden sollte, aufgenommen, von seinen grausamen Fesseln befreit und dazu verdammt hatte, zu leben.

Ismene spricht: »Weh mir! Bedenk doch, liebe Schwester, wie verhaßt, wie überhäuft mit Schande unser Vater starb, wie er sich angesichts der eigenen Verbrechen selbst seines Augenlichts beraubte! Denk an sie, die seine Mutter und zugleich auch Gattin war und schmachvoll durch Erhängen selbst den Tod sich gab!« (*Antigone*, Berlin 1995, 49–54.)

Antigone erstickt ihrerseits am Knoten ihres Schleiers. Klytämnestra wickelt Agamemnon in das Netz ihres Schleiers, um ihm den tödlichen Stoß zu versetzen. »Schleier, Gürtel, Bänder: potentiell ist dieses Verführungsgerät eine Todesfalle für diejenige, die es trägt« (Nicole Loraux, S. 29).

Kriminalbeamten, Gerichtsmedizinern und Durkheim-Lesern ist bekannt, daß zwischen blutigen Selbstmorden und solchen, die ohne Blutvergießen auskommen, ein grundlegender Unterschied besteht. Die einen brachten sich früher mit dem Schwert um, heute tun sie es mit Feuerwaffen. Die anderen greifen zum Strick, gehen ins Wasser oder nehmen Gift. Der blutige Selbstmord ist bei Männern häufiger, der unblutige bei Frauen. Das Argument, wonach der Unterschied auf die ungleichen Beschaffungsmöglichkeiten zurückzuführen sei – etwa weil es für Frauen nicht so einfach ist, sich eine Pistole zu besorgen –, ist sekundär oder tautologisch in dem Sinn, daß im Augenblick des Selbstmords ein Unterschied herausgestrichen wird, der das ganze Leben lang bestanden hat.

Mit dem Tod Achills – der dem heimtückischen Bogenschuß des Schönlings Paris zum Opfer fällt – gewinnt die krumme Hinterlist die Oberhand über den unbedachten Wagemut. Um die Waffen des Achill betrogen, läßt der Große Ajax seine Wut in einer blutigen Jagd auf Rinder- und Schafherden aus – bis die Netze der Athene sich über sein Wüten legen. Die tückische Jägerin treibt den aufrechten Jäger in ihre Falle. Das Schwert, das Ajax während des großen Schlachtens schwingt, Hektors Geschenk, bringt ihm später selbst den Tod.

Am 29. Juli 1982 berichteten die italienischen Zeitungen, in der Sonderhaftanstalt Trani sei ein ehemaliger Terrorist von einer Gruppe seiner früheren Gefährten mit einem Schnürsenkel erwürgt und mit zahlreichen Stichen einer Ahle erstochen worden.

In der klassischen Antike ist das Instrument des männlichen Selbstmords schlechthin das Schwert: Ajax bedient sich seiner ebenso wie Cato. Seneca, der wie Sokrates gezwungen wird, zum Schierlingsbecher zu greifen, schneidet sich die Pulsadern auf. Der Freitod durch das Schwert ist das Bemühen, das ruhmreiche Los des männlichen Kriegers nachzuahmen: niedergestochen oder erschlagen zu werden. Das japanische Harakiri oder Seppuku ist das komplizierteste Beispiel für ein solches Ritual des mannhaften Todes. Es gibt zwar einen berühmten Selbstmörder, der sich erhängte, Judas, aber gerade sein Tod ist ehrlos und schändlich. Das Erhängen ist die Art von Freitod, die eher zu den Frauen paßt, wie im großartigen Mythos von Arachne.

Als diese nach einem Wettbewerb, der die Überlegenheit ihrer Webkunst besiegeln sollte, von Athene erniedrigt und geschmäht wird, »kann die Unglückliche das nicht verschmerzen, und entschlossen schlingt sie sich ein Seil um die Kehle« (Ovid, *Metamorphosen*). Laut einer Version, die auch eine Anspielung auf den nötigen Fehler und die Spinnengöttin enthält, untersuchte Athene den von Arachne gewebten Umhang und geriet in Wut, weil sie keinen einzigen Fehler fand. Nach anderen Fassungen hängte sich Arachne, von Athene in eine Spinne verwandelt, am eigenen Faden auf.

Als Prinzessin von Kolophon in Lydien – anderen Aussagen zufolge als Frau von einfachem Stand – hatte Arachne aufgrund ihrer meisterhaften Fertigkeiten im Spinnen, Weben und Sticken Berühmtheit erlangt. Ihr Ruhm stellte sogar Pallas Athene, die Erfinderin der Weberei, in den Schatten. Arachne ist sich ihrer Sache so sicher, daß sie die Herausforderung wagt. Pallas Athene verkleidet sich als alte Frau und ermahnt die stolze Arachne, sich damit zufriedenzugeben, die beste unter den Sterblichen zu sein, ohne sich mit der Göttin messen zu wollen. Als Arachne entrüstet ablehnt, gibt Athene sich zu erkennen. Die anwesenden Nymphen und Frauen erschrecken zu Tode; auch Arachne zuckt zusammen, bleibt aber standhaft – wie Don Juan vor dem steinernen Gast. Schon beginnt der Wettkampf, das weibliche Äquivalent eines zwischen Männern mit dem Schwert ausgetragenen Duells. Athene wirkt Wunder, sie läßt Bilder von göttlicher Macht und bestrafter menschlicher Hybris entstehen. Aber Arachne übertrifft sie noch und stellt in ihren Figuren ausgerechnet Täuschungen und Intrigen der Götter zum Schaden der Menschen dar. Weder Pallas noch der Neid können in Arachnes Arbeit auch nur den kleinsten Fehler, das geringste Versehen, den winzigsten Mangel entdecken. Ihr Gewebe ist perfekt. Wutentbrannt zerreißt die Göttin das Tuch und stürzt sich mit dem hölzernen Schiffchen auf Arachne. Beherzt geht Arachne fort und erhängt sich (*Laqueo animosa ligavit guttura*). Doch Pallas schenkt ihr das Leben, verdammt sie allerdings dazu, mitsamt ihrer Nachkommenschaft für immer zu hängen. »Ganz klein wird der Kopf, klein auch der Rumpf; zur Seite hängen dünne Finger statt der Beine herab. Alles übrige ist Bauch; aus diesem zieht sie den Faden und übt ihre alte Webkunst als Spinne.«

Der positivistische Nachtrag zu dieser wunderbaren Verwandlungsgeschichte verweist auf eine mögliche Rivalität zwischen Athen und Lydien beim Handel mit den Produkten ihrer Stoff- und Gewebeindustrie. Kolophon war berühmt für seinen Purpur, und in Milet auf Kreta, der wichtigsten Exportstadt für purpurgefärbte Wolle, hat man Siegel mit dem Emblem der Spinne aus dem zweiten Jahrtausend v. Chr. gefunden. Aber auch die eisernsten Gesetze der Konkurrenz können den unfairen Wutausbruch der als gerecht und friedenstiftend geltenden Göttin nicht erklären. Arachnes Verfehlung war ihre Hybris, aber ihre Behauptung, im Weben sei ihr niemand überlegen, erwies sich als richtig. Und das, nicht die Hybris, ist es, was Athene nicht ertragen kann. Die Suche nach dem Fehler in dem perfekten Gewebe – ein Faden, an den man anknüpfen kann – führt zu einer Handlung, die Alexanders Gordische Lösung vorwegnimmt. Arachne wird zum Opfer ihrer eigenen Perfektion, wie in der indischen Legende von der Spinnengöttin.

Irgendwo, vielleicht in einem alten Reiseführer, las ich vom Rekord einer Armenierin aus einem Ort unweit von Gordion, die an einem einzigen Tag 19000 Teppichknoten geknüpft hatte. 19000 Knoten: ein (seltsam seemännischer) Ausdruck, der das Wirken einer der zahllosen menschlichen Spinnen aus ihrem verstaubten, ewig gleichen Winkel hervorholt. Das mag noch nicht für die Erwähnung in einem Geschichtsbuch ausreichen, könnte aber durchaus in einem Reiseführer oder im Guinness-Buch der Rekorde erscheinen. Die hinreißende Geschichte vom Duell zwischen Athene und Arachne rückt wie selten sonst die spektakuläre Kunstfertigkeit einer mißachteten hauswirtschaftlichen Tätigkeit ins Rampenlicht: ein illusionistisches, erfindungsreiches Schauspiel. »Augenblicklich gehen beide an verschiedene Arbeitsplätze und spannen an zwei Webstühlen die langen Grundfäden. Die Kette ist mit dem Webebaum verbunden, und ein Schilfrohr teilt die Fäden in gerade und ungerade. An spitzen Schiffchen schießt der Einschlag dazwischen durch, den behende Finger abwickeln.

Sobald er durch die Grundfäden geführt ist, schlagen ihn die ausgeschnittenen Zähne des Kamms fest... Beide Frauen haben es eilig. Das Kleid unterm Busen gegürtet, regen sie mit Geschick ihre Arme, und der Eifer verkürzt ihre Arbeit. Hier wird sowohl mit kräftigem Purpur gewebt, der den Färberkessel in Tyrus geschmeckt hat, als auch in feiner Schattierung mit fast unmerklichen Übergängen... Hier wirkt man sogar schmiegsamen Golddraht unter die Fäden, und im Gewebe entwickelt sich eine alte Geschichte.«

Als Spinne spult Arachne den Faden aus ihrem Bauch heraus. Nicht Agathe strickt den Strumpf, schrieb der geniale Frauenhasser Georg Groddeck, der Strumpf strickt Agathe. *Spindeldürre Finger.* In der Tat werden die feinsten orientalischen Teppiche, vor allem Seiden-, aber auch Wollteppiche, vorzugsweise von zarten Kinderfingern hergestellt. Der Mensch ist laut Benjamin Franklin das *tool-making animal*, das Tier, das Werkzeuge herstellt; und Nägel, wie Franklin betonte. Man hätte auch sagen können: Der Mensch hat Hände zum Binden und Lösen von Knoten. In den iranischen Werkstätten, in denen in Gruppenarbeit Teppiche gewebt werden, gibt ein Vorarbeiter das Muster vor und singt im entsprechenden Rhythmus. Um Zeit zu sparen, knoten manche vier Fäden zusammen anstatt zwei. Wenn der Vorarbeiter es merkt, durchtrennt er den Teppich mit einem scharfen Messer von oben nach unten, so daß mit dem Weben neu angefangen werden muß, die Kettfäden aber erhalten bleiben. (In Gefängnissen und Irrenanstalten brachten die alten Insassen den Neulingen bei, wie man sich die Pulsadern der Länge nach anritzt, um einen Selbstmordversuch vorzutäuschen, ohne die Sehnen zu durchtrennen.)

Ein guter Perserteppich enthält mindestens 135000 Knoten pro Quadratmeter. Die Anzahl der Knoten ist ein Qualitätsmerkmal, wenn auch nicht das entscheidende. Ein Teppich mit doppeltem Schuß aus Lahore im pakistanischen Punjab kann 450000 Knoten pro Quadratmeter enthalten. Im Museum für angewandte Kunst in Wien befindet sich ein seidener Jagdteppich – möglicherweise aus Kashān, Mitte des 16. Jahrhunderts –, auf dem über fünfzig Jäger und 157 gejagte Tiere dargestellt sind: Er ist der feinste der safawidischen Teppiche und zählt eineinhalb Millionen Knoten pro Quadratmeter. Der Teppich ist ein tragbares künstliches Paradies: das Wort *Paradies* stammt aus dem Altpersischen, wo es ein Jagdgehege bezeichnet.

In den Fingerkuppen einer Spinnerin liegt das Können eines Geigensolisten.

»Ja, nicht allein das vollendete Werk zu betrachten, war eine Freude, sondern auch, seinen Werdegang zu verfolgen: Mit solcher Anmut paarte sich die Kunst. Ob nun Arachne die rohe Wolle erst zusammenballte oder mit den Fingern glattstrich oder die Flocken so lange zupfte, bis sie Lämmerwölkchen glichen, ob sie geschwind mit dem Daumen die glatte Spindel drehte oder ob sie stickte …« (Ovid)

In Istanbul kann man Frauen sehen, die in Schaufenstern Teppiche knüpfen. Was an ihrem schnellen Fingerspiel so erstaunt, ist, daß man nicht sieht, wie sie es machen. Es wirkt, als ob zwischen dem wunderbaren Ergebnis und der Bewegung ihrer Hände ein unsichtbarer Trick im Spiel wäre. Die Fäden durchziehen, verknoten, abschneiden: ein meisterhaftes Kunststück. Die vielleicht schönste und klassischste Nummer der Taschenspielerkunst ist gerade das Spiel mit den verknoteten und gelösten Schnüren. (In *1980* von Pina Bausch gab es einen Knotenkünstler: Er knüpfte und löste sie, als wären sie aus Wasser.) Das Spiel mit den Schnüren ist ebenso faszinierend, wie das Entzweisägen einer Frau oder das Messerwerfen widerlich sind. Die Bindekünste erinnern an das besondere Ansehen des Gottes der Bindungen und an die althergebrachte Bewunderung für den Gefangenen, der imstande ist, sich aus seinen Fesseln zu befreien. Der Gott, der bindet, ist auch der, der die Bande zu lösen weiß, aber das Binden hat den Vorrang: Mit seinem hauchdünnen Netz fesselt der Krüppel Hephästus die ehebrecherische Aphrodite und ihren Liebhaber Ares. Hephästus gelingt hier tatsächlich das Paradox, vom Schmied zum Weber zu werden und das Metall so biegsam zu machen wie einen Faden. Unter den Menschen ist die Fähigkeit, die die größte Bewunderung auslöst, eher die, sich aus den Schlingen zu befreien, sich der Fesseln zu entledigen: vielleicht wegen einer größeren Sympathie für den, der flieht, als für den Verfolger. Der Entfesselungskünstler Harry Houdini war der Champion in diesem Wettkampf zwischen Meistern der Bindekunst – Ingenieuren, die Handschellen und Vorhängeschlösser entwickeln – und Lösern von Knoten. Kein Wunder, daß seine hitzige Freundschaft mit Arthur Conan Doyle bald zu Bruch ging.

Auf seine Weise war es Houdini gelungen, flugs in die Tat umzusetzen, was Rilke im *Florenzer Tagebuch* (Frankfurt a. M. 1973, S. 33) angekündigt hatte: »Wisset denn, daß die Kunst ist: ein Weg zur Freiheit. Wir sind alle in Ketten geboren. Der und jener vergißt seine Ketten: er läßt sie versilbern oder vergolden. Wir aber wollen sie zerreißen. Nicht mit häßlicher und wilder Gewalt; herauswachsen wollen wir aus ihnen.«

Während die Fertigkeit des Knüpfens, Knotens und Lösens im Rahmen eines Zirkus oder einer Theaterbühne großen Eindruck macht, wird sie in ihrer gewöhnlichen Form als weibliche Tätigkeit mißachtet und sogar verabscheut. Die am häufigsten verunglimpfte und gleichzeitig bezaubernd faszinierende Variante ist das Stricken. Beim Stricken wird das Eindimensionale zum Zweidimensionalen. Durch eine Verknüpfung wird aus einem einzigen Faden mit Hilfe einer Nadel oder einfach der Finger ein in Länge und Breite sich ausdehnendes Geflecht; umgekehrt kann die dichte und feste (und warme) Fläche wieder zu einem einzigen langen Faden werden: einfach indem man an einem Ende zieht, wie bei einem Zaubertrick.

(Es gibt auch noch die Stricknadel der Engelmacherin.)

Es erhängen sich Pasiphaë und Ariadne, Erigone und Charila. Phädra erhängt sich, verfangen in die »Schlinge ihres Geschlechts«, nach jener Fassung, die Marina Zwetajewa der »strahlenden« Heldin widmete; Zwetajewa erhängte sich selbst am 31. August 1941. Der Freitod durch Erhängen ergibt sich wie die persönliche Erfüllung eines Schicksals, das wie ein unentrinnbares Netz wirkt. In den *Argonauten* umgarnt das Schicksal, »das große Netz, das von allen Seiten um uns gespannt ist« (I, 1030f.), Kyzikos, so daß er stirbt. Seine Braut Klite »fügte dem Unheil ein schrecklicheres hinzu und legte sich die Schlinge um den Hals« (I, 1063f.).

Plutarch erwähnt in den *Moralia* (102 C) eine »Epidemie von Selbstmorden« durch Erhängen unter den

Jungfrauen von Milet: »Bei allen nämlich zeigte sich plötzlich ein Verlangen, zu sterben und eine unsinnige Neigung, sich zu erhängen, und viele erhängten und erdrosselten sich. Der Erlaß, wonach jedes Mädchen, das versucht habe, sich zu erhängen, auf dem Markt nackt auszustellen sei, bereitete der Raserei ein Ende.«

(Manchmal handelt es sich auch um einen Unfall: wie bei Isadora Duncan, deren Schal sich im Hinterrad ihres offenen Wagens verfing, »flugs«.)

Aufgeknöpft, lose, unumwunden. »Ich verwende nie Gürtel oder anderes Zeug zum Binden« – Marilyn Monroe.

Es gab natürlich auch Frauen, die sich mit dem Schwert oder dem Dolch das Leben nahmen, darunter auch einige der edelsten Heroinen: Deianira, Eurydike, die Mutter Haimons in der *Antigone*, Lucretia, Julia. Diese Fälle sind seltener und mit besonderen Umständen verbunden, so wie übrigens die andere traumatische Form von Selbstmord durch Sprung in einen Abgrund, eine Variante des typisch weiblichen Selbstmords durch Ertrinken. Die sanfte Ophelia läßt sich im mütterlichen Urelement des Wassers »treiben und überspülen« (*Hamlet*, 4, 7). Eine Statistik von 1958 über Selbstmordpraktiken in Frankreich nennt das Ertränken nach dem Erhängen an zweiter Stelle. »Es ergeben sich jahreszeitliche Unterschiede: im Winter Gas, im Sommer Ertränken. Die Forscher aus Lyon stellten auch einen bedeutsamen Unterschied zwischen dem freiwilligen Ertränken in der Rhone und in der Saône fest. In die Rhone stürzen sich häufiger junge Männer, während der zweite, ruhigere Fluß eher von Frauen und alten Leuten bevorzugt wird.« Es mag berechtigt sein oder nicht, das Interesse der Lyoner Wissenschaftler weckt Verwunderung, aber auch Unbehagen. (Am Meer hörte ich einmal die Bemerkung, ins Wasser zu springen sei die Zurschaustellung eines männliches Penetrationsrituals und stehe im Gegensatz zum Widerstreben, zum Zögern und zur Langsamkeit, mit der sich viele weibliche Badende ins Wasser gleiten lassen.) Ein filmisches Meisterwerk wie *Jules und Jim*, das von der überschwenglichen romantischen Leidenschaft einer Frau handelt, spielt zwischen zwei Schlüsselszenen: dem von ihr vorgetäuschten Selbstmord/Bad in der Seine zu Beginn und dem Selbstmord/Mord mit dem Auto, das am Ende in einem Kanal versinkt. Obwohl die Flut von Medikamenten heutzutage die Dinge radikal verändert hat, bleibt der Unterschied im Stil der Selbsttötungen (und der Selbstmordversuche) augenscheinlich bestehen.

Victor Tausk war einer der ersten und vertrautesten Schüler Freuds; er hatte ein Verhältnis mit Lou Andreas Salomé, geriet mit Freud in Konflikt und nahm als Militärarzt am Ersten Weltkrieg teil. Am 3. Juli 1919, eine Woche vor seiner zweiten Hochzeit, schrieb er zwei Briefe – einen davon an Freud, in dem er diesem ein langes Leben wünschte – und trank einen Sliwowitz. »Anschließend band er sich eine Vorhangschnur um den Hals, setzte seine Armeepistole an die rechte Schläfe und drückte ab. Der Kopfschuß war tödlich, und durch den folgenden Sturz wurde Tausk überdies erdrosselt.«

In unserem Jahrhundert gab es entsetzliche Selbstmordfälle und noch schrecklichere Begräbnisse. Ich denke zum Beispiel an Wladimir Majakowski, der sich eine Kugel ins Herz schoß, und an seinen auf einem stahlgrauen Lastwagen aufgebahrten Sarg, auf dem ein aus Schrauben,

Hämmern und Metallteilen gebildeter Kranz lag: »Dem metallenen Dichter ein metallener Kranz«.

Blechzeug also. *Heavy metal.* Die Metallfreaks unserer Zeit tragen Ketten an den Ärmeln und Nietengürtel, Sicherheitsnadeln am Kragen und anderswo.

Die Vorstellung vom mannhaften Tod, wie wir sie für die griechische Antike untersuchten, verweist zwangsläufig nach Japan. In der dortigen Tradition wurde mit dem Schwert eine unvergleichliche Raffinesse im Ritual und im körperlichen Einsatz entwickelt. Im Jahr 1189, nach einer Niederlage, »zog Yoshitsune sein Schwert und senkte es unter seiner linken Brust in seinen Körper. Er stieß es so tief hinein, daß die Schneide beinahe wieder aus dem Rücken austrat. Er öffnete sich den Bauch, riß die Wunde in drei Richtungen weit auf und zog seine Eingeweide heraus. Er wischte das Schwert am Ärmel seines Gewandes ab und drapierte dieses um seine Schultern.« Nach der Schlacht am Fluß Minato, 1336, schlitzten sich Masashige und sein Bruder den Bauch auf, dann erstachen sie sich gegenseitig und legten sich auf dasselbe Kissen. Fünfzig ihrer engsten Gefolgsleute schlitzten sich zur gleichen Zeit ebenfalls den Bauch auf. Als Oshio, Anführer eines Aufstands im Jahr 1837, von Polizisten umzingelt war, »setzte er augenblicklich das Stroh in Brand ... Als die Polizisten hereinstürmten, nahm er eine sechsundvierzig Zentimeter lange Klinge, stieß sie sich in den Hals und durchtrennte so seine Schlagader. Dann zog er die Waffe wieder heraus und schleuderte sie nach einem seiner Angreifer«. (Ivan Morris, *Samurai oder Von der Würde des Scheiterns. Tragische Helden in der Geschichte Japans*, Frankfurt a. M. 1989.) Die Samurai hatten ein langes und ein kurzes Schwert. Mit dem kurzen schlitzten sie sich den Bauch auf, und ein Gefährte hieb ihnen mit dem langen den Kopf ab. Der Organisator der Kamikaze-Einheiten, Vizeadmiral Onishi, bohrte sich in der Nacht des 15. August 1945, gleich nachdem Hirohito im Rundfunk die Kapitulation verkündet hatte, das Schwert in den Leib, wobei er sich der Tradition gemäß zwei Schnitte über Kreuz in den Bauch zufügte; kaum war das Ritual vollzogen, stach er sich in den Hals und in die Brust. Sein Todeskampf dauerte bis zum folgenden Abend um sechs Uhr. An jenem Tag nahmen sich fünfhundert japanische Offiziere das Leben.

Realistische Beobachter haben auf die Mittelmäßigkeit von Penelopes List hingewiesen: Wer sollte sich schon so täuschen lassen? Dazu kommt, daß kein Gewebe ein derart häufiges Auf und Ab des Knüpfens und Trennens aushält. Vielleicht zogen die Freier den Reizen der nicht mehr ganz jungen Königin die Fortsetzung ihrer Gelage vor. Ebenso wie der Gordische Knoten oder das Labyrinth des Dädalus hat Penelopes Tuch – in der Fassung, bei der die Königin ihre Treue bewahrt – eine symbolische Kraft, die über den Widerstreit zwischen Kraft und List hinausreicht. Eigentlich geht es um den Kontrast der von den Freiern gewährten endlichen Zeit, der Zeit der *Ultimaten*, und der unendlichen Zeit des Hin und Hers des Gewebes. Im Zyklus von Tag und Nacht läßt Penelope die Zeit vor- und zurücklaufen: der ständig in Bewegung befindliche Webstuhl läßt sie stillstehen. Hinter diesem Gewebe versteckt sich Penelope (deren Name »mit dem netzverhangenen Gesicht« bedeutet) und zeigt sich gleichzeitig den Freiern – wie eine geheimnisvolle Dame hinter einem Gesichtsschleier. Rohe Ungeduld wider nachgiebiges Hinhalten.

Wie es uns Männer doch verblüfft, mit welcher Selbstverständlichkeit manche Frauen, auch wenn sie schon ein gutes Stück geschafft haben, »ihre Handarbeit auftrennen«, weil ein Fehler darin ist oder weil sie mit dem Muster nicht zufrieden sind oder mit der Wirkung der Farben... Wir Männer empfinden, wenn der Weg versperrt ist, eine tiefe Abneigung gegen das Umkehren: gleich, ob es um einen Waldspaziergang geht – dann möchten wir uns mit dem Schwert eine Schneise schlagen – oder um eine Arktisüberquerung. Wir gehen weiter, und koste es den Untergang. Wir können es nicht haben, »umsonst« so weit gegangen zu sein, »Zeit vergeudet« zu haben. Zeit ist in diesem Fall ein Mittel; der Aufstieg, der Spaziergang, die Reise – das Leben – sind ein Mittel. Hat man es schon einmal so weit geschafft, geht man weiter, wenn auch nur noch auf gut Glück. Von *disfare* [auseinandermachen] leiten sich im Italienischen die Begriffe *disfatta* [Niederlage] und *disfattismo* [Defätismus] ab. Was für die männliche Zweckbestimmtheit die qualvollste aller Strafen ist, nämlich die Plackerei des Sisyphus, war für viele Frauen der Normalzustand: die Hausarbeit, die Reproduktion des täglichen Lebens. Odysseus fährt dahin, bis über die Säulen des Herkules hinaus; Penelope kommt und geht, tagaus und tagein, in die und aus der Kammer mit dem Webstuhl. »*In the room the women come and go...*«

Ein *fare e disfare*, machen und auseinandermachen, bestimmt das »Spiel von Troja« mit dem etruskischen Weinkelch, bei dem das Labyrinth aus einem dreifachen Gehen und Kommen besteht: dreifach wie Hektors Umrundung der Stadtmauern. Das Labyrinth ist ein Knoten, um aus seiner Mitte zurückzukommen, muß man ihn aufmachen, lösen. Es ist eine verwickelte Angelegenheit, ein Faden, der aufzuspulen ist; es ist Ariadne.

»Die Königin, die Allscheinende, die Schamlose, ihre Mutter, Pasiphäe. Im Grunde war auch sie, eingeschlossen in eine hölzerne Färse auf Rädern, ein plumpes und sperriges bemaltes Spielzeug, bereit gewesen, einem beliebigen Viehhüter zu Diensten zu sein. Sie hatte den Hals gebeugt, damit sie das Joch auflegten, hatte vor einem stumpfsinnig im Grase weidenden Stier Liebesworte gestammelt. Verborgen im schwülen, vom Geruch des Holzes erfüllten Dunkel, störte sie die Flöte des Viehhüters, denn sie verlangte nur einen einzigen Ton zu hören: den des brüllenden weißen Stieres.« (Roberto Calasso, *Die Hochzeit von Kadmos und Harmonia*, Frankfurt a. M. 1990.)

In einer öffentlichen tierärztlichen Betreuungsstelle erzählt eine energische junge Frau von der künstlichen Gewinnung von Stiersperma. Der Vorgang ist mechanisch, wird aber auf natürliche Weise durch einen anderen Stier stimuliert, der – angebunden und mit dem Schwanz zwischen den Hinterbeinen – bestiegen wird. Für den Stier ist die Wirkung die gleiche, sagt sie. Zum Besteigen zieht man den Kühen einen Stier vor, weil der stärker ist und das Gewicht besser aushält. Jeder Stier ejakuliert täglich drei- bis viermal. Im übrigen stehen Stiere zu Unrecht im Ruf, besonders potent zu sein – sagt die Ärztin: Da sollten Sie mal die Pferde sehen, die Hengste…

Zum Melken: »Jede Kuh wird zunächst von einem subkutan angebrachten elektronischen Chip oder von einer um den Hals gelegten Spezialantenne erkannt. Das optische System leitet die Koordinaten der Zitzen an den Computer weiter. Eine spezielle Software rechnet die genaue räumliche Position aus. Dann fahren die Ultraschallsensoren an die Zitzen heran, um die Schläuche einzuführen und mit dem Melken zu beginnen« (aus Fachzeitschriften, 1994).

Der Knoten gibt nach, der Nagel bleibt hart. Der Nagel zerstört auf irreparable Weise, der Knoten löst sich und stellt die Dinge wieder her, wie sie waren. Er ist die Reversibilität, die Möglichkeit zur Umkehr – ohne Ausschuß, ohne Verluste. In den griechischen und etruskischen und später in den römischen Darstellungen bedeutete ein von Atropos oder von den Göttinnen der Notwendigkeit oder der strafenden Gerechtigkeit neben dem Haupt eines Menschen eingeschlagener Nagel den sicheren Tod – auf alle Fälle etwas Unabwendbares und Unwiderrufliches, ohne Zurück.

Alessandro Manzoni, in der Hymne *Marzo 1821:*

> *Si, quel Dio che nell'onda vermiglia*
> *chiuse il rio che inseguiva Israele,*
> *quel che in pugno alla maschia Giaele*
> *pose il maglio ed il colpo guidò.**

Die »mannhafte Jael« schlug Sisera, dem Befehlshaber der Truppen des Kanaaniter Tyrannen Jabin, mit dem Hammer einen Nagel in den Kopf. Nach dem *Buch der Richter*, IV, 17–24, versteckt sich Sisera, der vom jüdischen Heer Baraks vernichtend geschlagen wurde, im Zelt Jaels, der Frau des Keniters Heber. Er bittet sie um etwas zu trinken und um einen Schlafplatz. Als er eingeschlafen ist, nimmt Jael einen Nagel vom Zelt und

---

* Jener Gott, der in roter Flut
den Feind einschloß, der Israel verfolgte,
der mannhaften Jael in die Faust
den Hammer gab und den Schlag noch führte.

schlägt ihn ihm in die Schläfe. Der Verfolger Barak kommt heran, und Jael sagt zu ihm: »Komm, ich will dir den Mann zeigen, den du suchst!«

Jaels Kaltblütigkeit bei dem Mord und die behelfsmäßige Verwendung des Nagels tragen ihr das Attribut der Mannhaftigkeit ein. Eine gemeinsame Konnotation verbindet Jael mit den anderen weiblichen Heldinnen: sie warten, bis der Mann eingeschlafen ist. So macht es Judith mit Holofernes, Dalila mit Simson. Die Analogie ist noch auffälliger, da in allen drei biblischen Fällen die hellwache Frau sich am Kopf des Mannes zu schaffen macht; um ihm die Haare zu schneiden, wie bei Simson; um ihn zu enthaupten wie bei Holofernes; oder um ihm einen Nagel in den Kopf zu schlagen. Die Analogie ist so groß, daß die berühmteste Darstellung der Episode von Jael und Sisera in der Malerei, das Gemälde Artemisia Gentileschis (1593–1652), von einem Wissenschaftler – wenn auch irrtümlich – als Übermalung einer ursprünglich Simson und Dalila zeigenden Szene interpretiert werden konnte. Die Schere in Dalilas erhobener Hand wurde zum Hammer, die Hand, die Simson am Schopf faßte, verwandelte sich in die Hand, die den Nagel hält und ansetzt, bevor sie ihn einschlägt. Das Bild stammt aus dem Jahr 1620 und ist von Artemisia signiert. Sie ist diejenige Malerin, die die Frauen am meisten lieben: von 1947 stammt die Biographie Anna Bantis (*Artemisia*, München 1992); 1981 erschienen die von Eva Menzio herausgegebenen *Atti di un processo per stupro*, Akten eines Vergewaltigungsprozesses. 1612 strengte der Vater der damals achtzehnjährigen Artemisia, Orazio, einen Prozeß gegen den Malerkollegen Agostino Tassi an. Artemisia hatte in der Tat die Themen der weiblichen Rache bevorzugt, und ihre Judithfiguren sind trotz des unübertrefflichen Vorbildes Caravaggios zu Recht berühmt: elegante junge Mädchen, die einen sorgfältigen Schnitt ausführen, ganz darauf bedacht, daß die Blutspritzer des Enthaupteten nicht ihr Korsett beflecken; sie malte auch Dalila und Simson und eine Salome, die den Kopf des enthaupteten Johannes mit einer Miene in Empfang nimmt, die eher der einer Judith entspricht. Da Artemisias Gemälde von Jael und Sisera, das sich in Budapest befindet, erst 1979 wieder ans Licht kam, wurde sie in Anna Bantis Buch nicht berücksichtigt, ebensowenig wie beim Großteil des feministischen Booms rund um Artemisia: dabei hätte das Bild es vor allem wegen des großen Nagels verdient.

»Da nahm Jael, die Frau Hebers, einen Nagel von dem Zelt und einen Hammer in ihre Hand; und sie ging leise und mit Bedacht zu ihm hinein, setzte den Nagel an seine Schläfe an und schlug ihn mit einem Hammerschlag so in seinen Schädel, daß er in die Erde drang, und Sisera gelangte vom Schlaf in den Tod.«

(Auch Lorena Bobbit hatte gewartet, daß ihr Mann John Wayne Bobbit schlief, bevor sie zum Küchenmesser griff. Artemisia war selbst mit dem Küchenmesser auf ihren Schänder Agostino Tassi losgegangen.)

Die Bibel kommt noch einmal auf Jaels Tat zurück: »Sie griff mit ihrer Hand den Nagel und mit ihrer Rechten den Schmiedehammer und zerschlug Siseras Haupt und zermalmte und durchbohrte seine Schläfe« (V, 26). »Vor allen Frauen sei Jael gerühmt, Hebers Frau, des Keniters! Vor allen Frauen im Zelt sei hoch sie gepriesen!« (V, 24)

Eine Weberin sagt, das Leben sei wie ein Teppich, gleich bevor man die Knoten knüpfe, wenn man ihn behutsam anfassen müsse. Man könne leben, ohne diese Knoten je zu binden, oder wenn man sie gebunden hat, in hohem Alter unbeschwert sterben und ein großes, kompliziertes Gewebe auf dem Grab haben. Auf das Grab eines totgeborenen Kindes braucht man nur ein paar Fäden über Kreuz zu legen, ohne sie erst zu verflechten.

Die Königin des Rätsels, Penelope, die Heimweberin, die die übermütigen Fürsten an ihrem Faden zappeln läßt, ist das andere Extrem zu dem Rekord der 19000 Knoten. In Wirklichkeit ist das Weben genauso wie das Stricken eine Tätigkeit, die man nicht in Zeiteinheiten mißt; vielmehr läßt sich damit die Zeit messen. Sie ist langsam, stetig, immer gleichbleibend. In einem isländischen Roman kommt ein altes Paar vor, fleißige Leute. »Nie ein Moment der Muße. Einmal lagen sie im Bett, und der Alte bekam Lust auf seine Frau. Während sie sich vergnügten, hörte er plötzlich ein merkwürdiges Ticken... Er tastete danach, und – Gott segne sie beide – die Frau fuhr hinter seinem Rücken mit dem Stricken fort...«

Oft klappern Frauen auch im Gehen mit den Stricknadeln weiter. Es wird gewoben, vor allem wird Wolle gesponnen, um die leere Zeit auszufüllen, um sie einzuteilen, so wie andere zum Zeitvertreib einen Rosenkranz durch die Finger gleiten lassen. Manchmal sieht man Frauen, die die Hände vom Lenkrad nehmen, um das Strickzeug aufzunehmen, bis die Ampel grün wird. Es strickten auch die Mütter (*las locas*) der Plaza de Mayo in Buenos Aires. An den Fließbändern eines Fiat-Werkes gab es 30 Sekunden Arbeit und eine Minute und 20 Sekunden Pause. Während der Pausen strickten einige der Arbeiterinnen, andere lasen Comics, manche taten beides zur gleichen Zeit. Ein Freund von mir hatte als Kind so oft von den Frauen im Haus gehört, sie »seien bei der Handarbeit«, »nähmen ihre Arbeit mit« und so fort, daß er sich wunderte, daß der Vater zum Arbeiten aus dem Haus ging, ohne Strickzeug mitzunehmen.

Vor Jahren besuchte ich einmal eine Ausstellung von Photographien, die Leute für eine Sendung, »Album«, ans Fernsehen geschickt hatten. Manchen Bildern war ein Brief beigelegt. Folgenden schrieb ich mir ab: »Ich folge Ihrer Einladung und schicke Ihnen dieses Photo, das 1930 im Dorf Prolo (Provinz Reggio Emilia) aufgenommen wurde. Meine Mutter hatte es natürlich ohne Wissen meines Vaters gemacht, wegen des fürchterlichen Elends damals – es hätte ein Drama gegeben. Nur um Ihnen ein Beispiel zu nennen, 100 Gramm Mortadella gab es für ein Essen zu elft, und die Kleider waren immer dieselben, werktags wie sonntags. Ich sagte, wir waren zu elft, insofern als drei gestorben sind, darunter ein Bruder, der 16 geworden ist und mit Kinderlähmung immer in einem Sessel saß – und 16 Jahre lang hat meine Mutter, um ihn zu ernähren, zuerst vorgekaut und dann ihn gefüttert, da könnte man wirklich einen Roman drüber schreiben.« Einen Roman: statt dessen wurde dieser Brief daraus. Die Aufnahme ist schön, sie zeigt ein Familienbild mit acht Personen, hauptsächlich Frauen, die Mutter steht hinten an einer Seite, halb im Schatten.

Frau Ramsay aus Virginia Woolfs *Zum Leuchtturm* hatte acht Kinder auf die Welt gebracht, die Dinge um sie herum lösten sich auf, es überkamen sie Gedanken wie beim Stricken. Wenn weibliches Schreiben ein Zeitmaß ist wie in einem Musikstück, ist *Zum Leuchtturm* sein Glanzstück.

Die Zeiten ändern sich natürlich. 1989 ergab eine Umfrage der Zeitschrift *Prospettive nel mondo*, daß nur sieben von hundert Mädchen in Italien stricken können.

1880 bot in Paris der *Jardin des Plantes* den Besuchern eine Mustersammlung von Eingeborenen Feuerlands, vier Frauen, vier Männer und drei Kinder. Sie waren verschleppt und durch Täuschung dorthin gebracht worden. Es war nicht einfach, sie zum Lächeln zu bringen. Die Mitglieder der Gesellschaft für Anthropologie hatten ihre liebe Not, um bei ihnen die vier Dutzend Maße zu nehmen, die die Gesellschaft in ihren Anleitungen verlangte – vor allem bei den Schädeln. Das einzige, was sie nicht zu messen vermochten, waren die Geschlechtsteile: »Unsere Bemühungen waren umsonst, und als wir sie zu überraschen versuchten, indem wir ihnen die Unterhosen herunterzogen, bedeckten sie sich lebhaft mit den Händen, um uns daran zu hindern.« Diese Wissenschaftler, die ihnen hinterrücks die Unterhosen herunterzogen, kamen überein, es müsse sich um ein Schamgefühl handeln, das ihnen gewiß von den Wächtern des *Jardin* angewöhnt worden war.

Professor Manouvrier vom Institut berichtet: »Ich zeigte der Ältesten, wie man mit Nadel und Faden umgeht, und sofort machte sie sich vor mir ans Nähen, wobei sie allerdings nach jedem Stich einen Knoten machte.«

Geld warfen sie weg. Die Besucher gaben ihnen Glöckchen, und sie wußten sie nicht zu schätzen. Sie zogen nützliche Dinge vor wie Messer und Gläser. Eines Abends brachte die Verwaltung des *Jardin* die ganze Truppe in den Zirkus. Über die Clowns lachten sie sich krumm.

Unter den Wissenschaftlern, die im *Jardin* die Feuerländer besuchten, befand sich auch Gustave Le Bon, der vierzehn Jahre später mit seiner *Psychologie der Massen* (zuletzt Stuttgart 1982) Berühmtheit erlangen sollte. Sie übte bestimmt einen Einfluß auf das Werk von Robert Hertz aus und wurde von Freud am Anfang seiner *Massenpsychologie und Ich-Analyse* (Wien 1923) lobend erwähnt. Le Bon war damals ein leidenschaftlicher Anhänger der neuen Phototechnik. »Da es jedoch unmöglich war, diese Individuen dazu zu bringen, völlig stillzuhalten«, blieb der Berufsphotograph, der den Auftrag hatte, sie abzulichten, fünf Tage hintereinander jeweils sechs Stunden lang in ihrem Gehege. Doch das Ergebnis war trostlos. Einen ganz anderen Erfolg erklärte Le Bon dank der Trockenplatten aus Silberbromid-Gelatine erzielt zu haben. Damit konnte er Bilder von den Wilden in den unterschiedlichsten und natürlichsten Posen erbeuten. Er brachte ein Kind zum Weinen und hatte jede Menge Zeit, es in Tränen aufgelöst aufzunehmen. Die neue Methode machte es möglich, »ein Individuum zu photographieren, ohne seinen Argwohn zu erregen, was bei Aufnahmen von Angehörigen minderer Rassen sehr nützlich sein kann«. Le Bon war vorausschauend. 1895, das Erscheinungsjahr der *Psychologie der Massen*, war auch das Jahr, in dem die Bromid-Gelatine ihren Siegeszug antrat und die Massen sich drängten, um die Vorführungen der Röntgenstrahlen und die ersten Filme der Brüder Lumière zu bestaunen.

Bei den Feuerländern wurde die Nabelschnur an einer Stelle durchgetrennt, die zuvor auf beiden Seiten mit Walfischsehnen oder mit Binsen abgeschnürt worden war.

Ich habe ein Photo vom Ende des letzten Jahrhunderts. Es zeigt Ona-Eingeborene vor einem Holzschuppen sitzend und dahinter, stehend, die Missionsschwester mit gefalteten Händen. Sie haben dunkle Kittel an und spinnen Wolle aus weißen Strähnen, die am Hals beginnen und bis zum Boden reichen – und sehen aus wie gefesselt.

Domi mansit, lanam fecit. So wurde die tugendhafte Römerin gepriesen: sie blieb zu Hause und strickte.

In Griechenland zeigt ein Kranz die Geburt eines Sohnes an, eine Handvoll Wolle die einer Tochter. Jedem Übergang des weiblichen Sexuallebens entspricht ein ritueller Einsatz des Gürtels: bei der Pubertät, der Hochzeit, bei einer Geburt. Athene ist die Meisterin der Knotenkunst, des Schiffbaus, des Generationswechsels, der Geschlechtsumwandlung und der Änderung des Standes. Athene bringt Pandora das Weben bei und bindet den Knoten ihres Gürtels, bevor sie unter die Menschen geht. Sie löst den Knoten im Gürtel Letos und ermöglicht ihr damit die Entbindung.

Die griechischen Mädchen opfern der Artemis und binden mit der Pubertät den Gürtel um, wenn sie den Zustand der »Wildheit« verlassen. Artemis trägt den jungfräulichen Gürtel, ohne Knoten. Atalante, Jungfrau und Jägerin wie Artemis, flieht die Männer: sie ist schneller als sie. Ihr Vater wollte einen Sohn und ließ sie aussetzen: eine Bärin stillte sie. Als Wilde kehrt Atalante in den einstigen Raum zurück, aus dem die Frauen entführt, unterworfen und vergewaltigt worden waren. Sie verabscheut die Heirat und trägt einen Gürtel wie die Knaben bei der Initiation – den Gürtel des Kriegers. Aus Feindschaft zu den Männern den Männern ähnlich, läuft Atalante in einer herrlichen Umkehrung nicht davon, sondern sie verfolgt: so daß sie es ist, die vergewaltigt, die durchbohrt.

Das Lösen des Gürtels ist Vorspiel zur geschlechtlichen Vereinigung. Die römische Verlobte trägt eine Tunika ohne Borten, die von einem doppelt geknoteten Gürtel, dem *cingulum herculeum*, zusammengehalten wird. Spindel und Spinnrocken sind Symbole der Vermählung. Der heilige Augustinus beschreibt detailliert eine römische Hochzeitszeremonie. Der Braut wird der Knoten am Gürtel, der ihre Jungfräulichkeit bewahrt, gelöst; derart entblößt setzt sie sich zur Huldigung Kynthias, der Göttin des Gürtels, in einem Akt der Unterwerfung auf den steinernen Phallus des Mutunus Titunus, Priapos.

Eine Bekannte erzählte mir, in den Abruzzen habe man bis zur Generation ihrer Großmutter den Mädchen die Haare in einem Zopf wachsen lassen, den der Ehemann dann auflöste. Bei seinem Tod nahm der Mann den Zopf der Frau und den Groschen für die Überfahrt mit ins Grab.

In Joseph Roths *Kapuzinergruft* zieht der Protagonist in den Krieg, seine Mutter schneidet sich die Haare ab. Als er zu einem Heimaturlaub nach Hause kommt, wundert sich der junge Mann, daß die Mutter abends nicht mehr Klavier spielt, wie sie es früher immer getan hatte: gleichzeitig mit den Haaren hatte sie auch die Saiten des Klaviers durchgeschnitten.

Bänder werden ins Haar geflochten. Das geflochtene und das gelöste Haar zeigt die Erfüllung der Liebe an. Im Märchen flicht die Frau ihr Haar bis in den Himmel. Im wirklichen Leben verstärkt die Weberin ab und zu den Schußfaden mit einem ausgerissenen Haar. Ein Bild zeigt eine entblößte Braut, die mit ihren langen Haaren am Boden festgenagelt ist. Vor einem Spiegel kämmen Frauen ihre Haarsträhnen wie die Schußfäden eines Webstuhls. (Unvergeßlich ist Alida Valli in Viscontis *Senso*.) Zwölfjährige bringen sich um, nur weil die Eltern sie gezwungen hatten, sich die Haare zu schneiden. Nur? »Ich schnitt mir die Haare ab. Ich änderte mein Leben«, schreibt Arcangela Tarabotta in ihrem sarkastischen *Paradiso monacale* (1634–36). Beten, schreibt sie, ist wie Spinnen. Die Hand der Nonnen, schreibt sie an anderer Stelle, »wird mit Nadelstichen den Müßiggang ausstechen, um ihn zu töten«. Es ließe sich eine Geschichte der Geschlechterbeziehungen anhand der Art und Weise beschreiben, in der die Männer die Fülle des weiblichen Haars unter Kontrolle zu halten versuchten.

Herodot berichtet, daß die jungen Mädchen in Delos sich zu Ehren der beiden toten hyperboreischen Mädchen eine Locke abschnitten, sie um eine Spindel wickelten und diese auf das Grab legten. Ein Gleiches taten die Jungen, die eine Haarsträhne um einen grünen Zweig wickelten (*Historien*, IV, 34). An einer anderen Stelle (IV, 162) erzählt Herodot von Pheretime, die auf Zypern bei Euelthon Zuflucht suchte und ihn um ein Heer bat. Er »schickte ihr als Geschenk eine goldene Spindel und einen Rocken und auch Wolle dazu… so etwas schenke man Frauen, aber kein Heer«. (Doch manche Redensart bewahrt noch eine Erinnerung an die frühere Allmacht der Weberin: »Du knüpfst und löst…«.)

Die Amazonen bei Herodot (IV, 114): »Wir schießen mit Pfeilen und Speeren und leben auf dem Pferde. Frauenarbeit verstehen wir nicht. Eure Frauen… tun Frauenarbeit … und gehen weder auf die Jagd noch anderswohin…«

Auf dem Rummelplatz stehen Frauen in tief ausgeschnittenen Kleidern hinter der Theke und fordern die Männer heraus, mit drei Schlägen einen Nagel bis zum Anschlag einzuschlagen.

Andromeda ist an den Fels gebunden, Perseus kommt heran, die Lanze im Anschlag. In den Ritterepen (aber auch in modernen Kriminalromanen) ist die entführte Schönheit gefesselt und nackt; Gustave Doré zeichnete sie gerne. Angelica beispielsweise ist im X. Gesang, 111, des *Rasenden Roland* drauf und dran, von einem Meeresungeheuer verschlungen zu werden. Roger naht mit gezogenem Schwert auf dem geflügelten Roß Hippogryph. Er stürzt sich in einen wütenden Kampf mit dem Ungeheuer, kann es aber nicht bezwingen. Da kommt er auf den Gedanken, es mit dem Zauberschild zu blenden. Zuvor steckt er Angelica, die immer noch nackt und gefesselt ist, den Ring an den Finger, damit sie von dem Zauberbann verschont bleibt, zumal ihre Augen ihn schon in ihr Netz gezogen haben. Der geblendete Oger ist endlich erledigt, und Roger wütet weiter. Angelica hält es nicht mehr aus: »Binde mich los, rasch, eh es kann erwachen...!« Und endlich: »Der Ritter läßt von ihrem Flehn sich rühren, entfesselt sie und eilt, sie fortzuführen.«

Als Roland an der Reihe ist, der auf die gefesselte Olympia stößt, »ein Weib, nackt, wie's zur Welt gekommen«, zieht sich die Sache noch länger hin (XI, 33). Roland rudert mit seinem kleinen Boot in den weit aufgerissenen Rachen des Ungeheuers, pflanzt ihm den Anker in den Schlund und schwimmt mit dem Tauende in der Hand zurück. Vom Ufer aus zieht er das riesige Scheusal an Land, so wie man mit dem Lasso einen Stier bändigt, und Olympia harrt immer noch aus, nackt und gefesselt. Das Ungeheuer ist schon erledigt, aber da kommen die Einwohner der Insel und fallen über Roland her, aus Angst, die Götter des Meeres könnten an ihnen Rache nehmen. Roland streckt mit zehn Schlägen dreißig dieser Feiglinge nieder und schickt sich endlich an, die Frau loszubinden. Doch da rückt unter großem Trubel der König von Irland mit seinem Troß heran: langes Gespräch Rolands mit den Neuankömmlingen – während Olympia, nackt, immer noch wartet…

In Western und Kriegsfilmen ist sie es, die ihn losbindet, damit er kämpfen kann.

Die Spinne stellt nicht nur das Netz her. Hat sie ihre Beute erst einmal darin gefangen, so umgarnt sie sie, indem sie mehrmals darum herumwirbelt, und schleppt sie schließlich in ihr Nest. Die Spinne webt und fesselt.

Ich lebte eine Zeitlang mit einer Weberin zusammen. Einmal sagte sie zu mir: »Du stellst dir die Frauen rätselhaft, geduldig und gierig vor wie Spinnen: aber neunundneunzig von hundert Frauen aus Fleisch und Blut schreien entsetzt auf, wenn sie eine Spinne sehen.«

Frauen sind durch das vegetative Geranke der Haare mit der Natur verbunden. Ophelias Haare schaukeln auf dem Wasser wie Algen. Eduard Munchs »Loslösungen«: ein Mann mit blutendem Herzen, eine Frau mit rotgoldenen Haaren, die sich im Laubwerk verfangen oder sich davon lösen.

Simsons Geschichte wird von Tolstoi so erzählt (auf der letzten Seite von Wiktor B. Schklowskis *Leo Tolstoi. Eine Biographie*, Berlin 1980): »Es ehelichte aber Simson ein Weib aus dem Volke der Philister. Das Weib suchte ihn seiner Kräfte zu berauben, indem es sein Haar in ein

Leinengewebe wob und zu nächtlicher Stunde rief: ›Philister über dir!‹ Er erwachte und riß den Webeklotz mitsamt dem Gewebe aus dem Webstuhl. Als das kluge, ihrem Stamme treu ergebene Weib darauf um die Quelle seiner Manneskraft wußte, ließ sie dem Recken das Haar abscheren, so daß er wurde wie alle Welt.«

Die Angst vor Frauen kennt diese Zutaten nur zu gut. *Buch der Prediger*, VII, 26: »Da fand ich: Bitterer als der Tod ist das Weib; denn es ist ein Fangnetz, sein Herz eine Falle, seine Arme sind Fesseln.«

Tolstois Fassung ist suggestiv. Aber er spricht natürlich von sich selbst, nicht von Simson und auch nicht von Dalila (er nennt sie nicht einmal beim Namen: »eine Philisterin«, »das Weib«): er spricht von sich und von seiner Frau Sofja Bers. Hier sein Tagebucheintrag vom 24. Januar 1894: »Was für ein Versager muß ich doch sein. Ich vermag all diese abscheulichen Spinnennetze nicht zu zerreißen, mit denen sie mich gefesselt halten. Und nicht etwa, weil es mir an Kraft fehlte, sondern weil ich es sittlich nicht fertigbringe, weil mir die Spinnen leid tun, die diese Fäden gewoben haben.« Zwei Jahre vorher hatte er geschrieben: »Als ich jung war, wählte und entschied ich mich zwischen zwei Gegensätzen; jetzt finde ich mich mit einer harmonischen Schwankung ab [...], ich versuche nicht den Knoten zu lösen, sondern gebe mich mit dieser Schwankung zufrieden.« (Leo Tolstoi, *Tagebücher 1847–1910*, München 1979.)

Sofja Andrejewna Tolstaja: »Ich bin der tägliche Hausrat; ich bin die Frau ...« »Lewotschka ist auf der Jagd, ich habe den ganzen Vormittag abgeschrieben.« In Tschechows *Iwanow* sagt die junge Frau, die Iwanow heiraten will, sie wünsche die Abende damit zuzubringen, seine Papiere abzuschreiben. Tolstois Frau schrieb seine Werke ab. Sechzehnmal war sie schwanger, und siebenmal schrieb sie *Krieg und Frieden* ab (nach anderen Berechnungen elfmal).

(In einer mittelalterlichen Handschrift hat sich die Nonne, die den Text abschrieb, selbst abgebildet, wie sie am Schaft der miniaturgemalten Initiale Q herunterrutscht.)

Tolstoi und Gandhi führten einen Briefwechsel. Gandhi spann. Tolstoi war Schuster. Fjodor W. Rostoptschin, der Moskau in Brand gesteckt hatte, gab auf dem Sterbebett folgenden Kommentar zu den Dekabristen von 1825 ab: »Bisher wurden Revolutionen von Schustern angezettelt, die zu Herren werden wollten, aber jetzt sind es die Herren, die die Revolution probieren, um zu Schustern zu werden.« Gandhi fertigte auch Sandalen an und ließ sie in seinem Aschram von allen Leuten anfertigen.

Nicht die Lösung zählt, sondern das Rätsel – meinte De Quincey, und Borges pflichtete ihm bei. Das *Symbol* ist selbst ein Knoten; wörtlich: was zusammenbindet. »In alter Zeit trugen die Griechen, die als Weise angesehen wurden, ihre Erörterungen in Rätseln vor und nicht geradlinig« (Pausanias, 8, 8, 3). Die Antwort des Ödipus macht die Doppeldeutigkeit des Rätsels klar und eindeutig. Als Doppelwesen ist die Sphinx damit verurteilt. Aber die ungeheuerliche Duplizität wird sich an Ödipus rächen: er wird zum Sohn und Ehemann seiner Mutter, zum Vater und Bruder seiner Kinder.

Auch das Rätsel, das die wilde Sphinx den Wanderern stellt – und seine in anderen Gegenden verbreiteten

Varianten –, kann, auf eine Quizfrage reduziert, ebenso wie die List Penelopes dürftig wirken. Oder es kann zunächst einmal bedeuten, daß der Mensch ein Tier ist – »Was ist das für ein Tier…?« Daß er ein Tier ist, das anfangs wehrlos kriecht, eine Zeitlang auf die Füße kommt und sich am Ende wieder auf etwas stützen muß; daß das seine Natur ist, die eines jeden Menschen. Das Rätsel spricht von der menschlichen Natur. Es sagt Ödipus, der in Unkenntnis über sich und auf der Suche nach sich ist, welche Grenzen er auf keinen Fall überschreiten kann. Ödipus mit seinem durchbohrten, krummen Fuß. Vier Beine, zwei Beine, drei Beine: das ist der Gang eines jeden Menschen.

Ende des letzten Jahrhunderts wurde in Moçambique das folgende Rätsel aufgezeichnet: »Wer ist es, den die Frau am meisten liebt, der ihr aber nicht entgegengehen kann, wenn sie nach Hause kommt?« »Das Kind in ihrem Schoß.«

III

Gestricktes, Geknüpftes und Gewebtes sind weder voll noch leer. Sie sind mehr oder weniger locker, mehr oder weniger dicht. Sie verdecken und decken auf, halten ab und lassen durch, verhüllen und enthüllen. Eine junge Frau, die weder ausgezogen ist noch angezogen. Das Netz öffnet sich dem Geschmeidigen und sperrt sich dem Starren. Es hält fern und läßt heran. Es hält den Fisch und läßt das Wasser durch. Es dient als Vorhang vor dem Fenster und dämpft die Fülle des Lichts, läßt es aber durchscheinen. Es ist Halbschatten und Mittelbarkeit, Sieb, Raster, Transparenz.

Beim Durchforsten der Finsternis am Rande einer strahlenden Vernunft stießen einige Wissenschaftler auf Zeugnisse einer anderen Intelligenz, die der Abstraktion mißtraut, auf Details und auf Eigentümlichkeiten achtet und zu Intuitionen und Analogien abseits ausgetretener Pfade fähig ist. Diese Studien sind oft hochinteressant (zu den bekanntesten gehören die von Jean-Pierre Vernant und Marcel Detienne über die griechische *metis*, von Carlo Ginzburg über das »Indizienparadigma« und von Mario Vegetti über »Messer und Stilett«). Häufig sehen sie diese listige und intuitive Intelligenz in Zusammenhang mit Schnelligkeit: mit dem schnellen Reaktionsvermögen, der schlagfertigen Antwort, dem kürzesten Weg zwischen einem bestimmten Punkt und dem fernen Ziel. (Zwischen Taktik und Strategie, heißt es manchmal mit einer allzu resistenten Anhänglichkeit an außer Gebrauch geratene Begriffe: die Taktik darf seit geraumer Zeit nur noch für die schmutzige Wäsche der Strategie herhalten.) Diese Überlegungen bevorzugen das Augenmaß des Bogen- oder Gewehrschützen bei der Verfolgung seiner Beute, die rechtzeitige Entscheidung eines Steuermanns bei stürmischer See, die prompte Urteilsfähigkeit eines Politikers in einer gesellschaftlichen Krise, eines Arztes bei einem Krankheitsfall oder eines Generals im Schlachtgetümmel. Ein Erdbeben, stürmische See, eine plötzliche Bedrohung durch wilde Tiere bei der Jagd, das sind die bevorzugten Szenarien. Die *metis*, schreiben die beiden französischen Autoren, »geht direkt auf ihr Ziel zu, und zwar auf dem kürzesten Weg, das heißt über die Abweichung«. Die Anziehungskraft dieser Blitzartigkeit erklärt vielleicht das Paradox, das darin besteht, daß die Aufwertung einer intuitiven und eigentümlichen Intelligenz auf die Unterscheidung von Mann und Frau, Jäger und Gejagtem, Räuber und Gendarm verzichtet und sich häufig sogar auf die Seite des Jägers und des Detektivs schlägt. In Wirklichkeit ist die anpassungsfähige und konkrete Intelligenz ebenso in der Lage, der Abschweifung zu folgen, vielleicht sogar eher als der »Abweichung« im Sinne einer Abkürzung. Anstatt der Luftlinie, dem kürzesten Weg zu folgen, nimmt sie einen längeren Weg und manchmal sogar einen umständlichen und labyrinthischen Umweg. Der Sturm verlangt vom Steuermann, rasch Mutmaßungen über die Signale der Route und die Zeichen der Götter anzustellen, aber das Meer kennt auch die lang anhaltende Windstille und die Geduldsarbeiten, die minuziösen Schnitzereien: klösterliche

Meisterwerke. (Umgekehrt sind die Knochengräber der Kapuziner das Werk einer Seefahrerei in Klausur.) Von der »listigen Vernunft« gibt es wiederum zweierlei Arten, und dem Modell des Lotsen steht das des Erfinders von Knoten gegenüber: auf der einen der Mann mit der plötzlichen Eingebung, der Initiative, der siegreichen List und auf der anderen der Mann mit viel Zeit, mit der Passivität, die die Gewaltanwendung anderer in seinen Vorteil umkehrt. (Im übrigen gab es auf den Meeren der Antike keine geraden Linien, und die Route verlief – vor allem bei der Segelschiffahrt – im Zickzack.) Der Steuermann ist wie der Politiker – regieren heißt genau das: steuern, lenken –, aber der Seemann, der Fischer ist wie ein Zuchthäusler. Und das Unterfangen, ein Schiff heil aus dem Zangengriff der Symplegadischen Felsen herauszuführen, ist womöglich nicht großartiger als das, es unter vollen Segeln in eine enghalsige Flasche einzuführen.

Die Schnelligkeit der Verfolgung und des im Lauf abgeschossenen Pfeiles stehen somit in Kontrast zur Unbeweglichkeit des gespannten Netzes, das auf Beute wartet. Das ist der subtilste Reiz an der List Penelopes, die die Arroganz der Freier auf den Bogen einer Zeit ohne Entwicklung spannt – die Zeit des Wartens und Verschiebens, des anmaßenden Wartens der Freier auf sie und ihres Wartens auf Odysseus. Der Webstuhl hält auch die Jahre an, die an Penelopes Jugend vorbeiziehen. Bis zur Rückkehr des Odysseus. Dann kehrt sich das Spiel um, und es beginnt das große Jagen. (Mag der 22. Gesang auch eine späte Interpolation sein: sie ist willkommen. Ich kann nicht verstehen, wie die Verfechter der These, Homer sei eine Frau gewesen, von Samuel Butler an aufwärts, die Szene des Gemetzels der Freier als zu wenig grausam empfinden können...) Der Knoten weicht vor dem Nagel zurück.

Sir John Lubbock überliefert eine Legende aus Sumatra: »Die Eingeborenen erzählen von einem Mann auf dem Mond, der unablässig Baumwolle spinnt, aber jede Nacht nagt eine Maus an seinem Faden und zwingt ihn so, die Arbeit neu zu beginnen.«

Ein Knoten wird geknüpft, damit andere ihn nicht lösen; wer ihn aber geknüpft hat, soll ihn leicht wieder lösen können. Bei der chinesischen Folter zieht der Gefangene, je mehr er sich windet, seine Fesseln enger. Der Knoten ist gut oder schlecht – Schlinge, Falle, Betrug. Zur Zeit Nikolaus II. hieß der Galgenstrick in Rußland »Stolypins Krawatte«.

Zehntausende von Jahren lang durchbohrten, schlachteten, schnitten und raspelten die Menschen mit großem Geschick, bevor sie Metalle verwendeten. Angespitzte und geschliffene Knochen und Steine dienten als Spieße und Messer für Jäger und Schlachter, als Nadeln und Pfrieme zur Bearbeitung von Fellen und Leder. Mit dem Einsatz von Kupfer, Bronze und Eisen nahm die Stoßkraft von Jagd- und Kriegswaffen und Werkzeugen lediglich zu. Die Metallurgie, eine Kunst des Feuers, stellt schon seit Prometheus eine verwandtschaftliche Verbindung zwischen den Blitzen des Zeus und eisernen Ketten her. Der Stift, der Prototyp von Dolch und Schwert (oder auch umgekehrt: wird zuerst der Körper von Beute und Feind durchbohrt oder der Werkstoff?), ist auch mit dem Pfeil verwandt: er hat eine scharfe Spitze. Im Repertoire der Griechen spendet der Pfeil des Sonnengottes Phöbus Leben, läßt aber auch die Pest von seinem Bogen abschnellen. Er ist der Pfeil der Liebe, den Cupido in seiner unschuldigen Grausamkeit bereit ist, in Aphrodites

Auftrag anzulegen. Er ist die Waffe der unbezwungenen Artemis. Er ist die verzauberte Waffe von Herakles und Philoktet und des Zentauren Chiron, des Bogenschützen. Der Pfeil weist wie die Sonnenstrahlen auf die Blitze von Zeus.

Beim heiligen Sebastian der Christen sind die sexuelle Symbolik des durchbohrten Körpers und die Assoziation von Pfeilen und Nägeln überdeutlich. Bis zum neunten Jahrhundert wurde der heilige Sebastian als reifer, bärtiger Soldat dargestellt. Später wurde er zu einem nackten Epheben, dessen Körper von Pfeilen durchbohrt ist. Mit heidnischen Pfeilen gespickt, die manchmal so dicht stehen wie die Stacheln eines Stachelschweins, und dem Tod entronnen, wird Sebastian zum wunderwirkenden Nothelfer vor den apollinischen Wurfspießen der Pest. Da er als solcher vom 16. Jahrhundert an zunehmend vom heiligen Rochus verdrängt wurde, ist er nun als wahrer christlicher Fakir zum Schutzheiligen der Tapezierer (Nadeln) und Eisenhändler (Nägel) geworden, und faktisch ist er es auch für Homosexuelle und – wer weiß – für Drogenabhängige? Pfeil, Nagel, Nadel, Spange (und Phallus) sind deckungsgleich und austauschbar, bei der technischen Ausrüstung ebenso wie in symbolischen Gebilden und bei der Ausübung der Magie.

Zum Bild von Zeus gehören auch der Amulett-Nagel auf der Brust und der Blitz auf einem Bein: eine eigenartige Kombination, die nicht nur auf Zeus' Beherrschung des himmlischen Feuers anspielt, sondern vermutlich auch auf seine Herrschaft über die Götter des Todes.

Nach einem erfolglosen Bewerbungsgespräch bückte sich Benjamin Franklin, der spätere Erfinder des Blitzableiters, um einen krummen Nagel vom Boden aufzuheben. Er steckte ihn in die Tasche, und der Arbeitgeber, der vom Fenster aus alles beobachtet hatte, rief ihn noch einmal zurück. Meine Mutter hatte mir das erzählt, und als Kind bemühte ich mich, herumliegende Nägel aufzuheben. Damals war es durchaus üblich, Nägel geradezubiegen, um sie wiederzuverwenden, und in manchen Teilen der Welt ist dies auch heute noch so. (In Sarajevo habe ich es wieder gesehen.) Sind die Nägel einmal krumm, so haben sie eine gewisse Ähnlichkeit mit Knoten – und bei uns werden sie weggeworfen.

Ich habe nun die Autobiographie Franklins noch einmal gelesen, konnte aber keine Spur von der Geschichte mit dem Nagel entdecken. Vielleicht habe ich etwas durcheinandergebracht: mit Dale Carnegie und dessen Karriere »von der Nadel zur Million«; oder mit dem Stichwort »Sparsamkeit« aus Gustave Flauberts *Wörterbuch der Gemeinplätze* (München 1985): »Erwähnenswert ist die Anekdote von Laffitte, der eine Stecknadel im Hof des Bankiers Perregau bemerkte und diese aufhob.« Die Vorstellung, daß der unterwegs aufgelesene Nagel – ursprünglich der Hufeisennagel – Glück bringe, ist ziemlich alt. Ich kann mir den Fehler folgendermaßen erklären: Franklin hatte in der Tat den Menschen als Erfinder des Nagels gewürdigt, und in meiner Vorstellung war der Franklin, der sich nach dem Nagel bückte, eins mit dem Franklin, der den Arm mit dem Nagel in der Hand hochhob und damit den Blitzableiter erfand.

Die Analogie zwischen Nagel – und jedem spitzen Werkzeug – und Blitz ließ in der Antike den Glauben entstehen, daß Nägel dem Blitzschlag entgingen: eine Art magischer und »sympathischer« Blitzableiter, der die wissenschaftliche Ausführung vorwegnimmt. Im übrigen ist die Vorstellung, eine feindliche und gefährliche Kraft in die Erde »abzuleiten«, vielerorts anzutreffen: daß etwa

Nägel in den Boden oder in einen Baumstamm geschlagen werden, um eine Krankheit zu bannen, oder in der linken Hand gehalten werden, um es dem bösen Zauber zu ermöglichen, aus dem Körper zu fahren und von der Erde aufgenommen zu werden. Der Baum vereinigt sein lebenspendendes und religiöses Ansehen mit seiner verwurzelten und verzweigten Verbindung zum Boden.

Das Nagelbrett der Hindu-Fakire erinnert an den Kampf zwischen Bhishma und Arjuna (*Mahabharata*, Kap. 23): Arjunas Pfeile bohrten sich so dicht in Bhishmas Körper, daß er den Boden nicht berühren konnte. Die Nagel-Pfeile verhindern den »Niederschlag des Geistes«. Im Gegensatz dazu erklären einige Forscher den entehrenden Charakter des Todes am Galgen im alten Rom damit, daß die Gehenkten von einer Beerdigung ausgeschlossen waren und damit keinen Bodenkontakt hatten.

In einem Aufsatz über Ulrich von Wilamowitz-Moellendorff und dessen schnelle Auffassungs- und Assoziationsgabe erwähnte der große Altphilologe Giorgio Pasquali auf seine Art die Berufe unkonventioneller Intelligenz: die großen Geister der Linguistik und der Philologie und alle »Intuitiven«. Bei ihnen erfolgen Assoziationen und Kombinationen »meist, ohne daß der Betreffende sich dessen voll bewußt ist, sie stehen schon vollkommen fertig da und verblüffen zuallererst den, der sie entstehen hat lassen, oder besser, in dem sie entstanden sind. Dagegen möchte ich schwören, daß sich Logiker, Mathematiker und Physiker am entgegengesetzten Pol befinden. Bei den Biologen weiß ich nicht so recht; aber bei vielen unter ihnen meine ich Brüder zu erkennen, die sich rasch von uns entfernt haben.«

In Vernants und Detiennes Katalog der Spezialisten der *metis* – der Jäger und der Fischer, der Lotse und der Weber [*sic!* – und die Weberin?], der Arzt, der Stratege, der Sophist, der Zimmermann, der Schmied – fehlt ein Meister des Augenmaßes und der instinktiven Intelligenz wie der Bergsteiger. In der Tat ist das Bergsteigen ein junger Sport, gerade einmal zweihundert Jahre alt. Dabei ist es ein Bereich, in dem das Zusammenwirken und der Widerstreit von Knoten und Nägeln am stärksten ausgeprägt sind.

Zu Beginn trat die Alpinistik unter dem Deckmäntelchen der Erkundung der Natur auf, zögerte dann aber in der ersten Hälfte des 19. Jahrhunderts nicht, sich als eigenständiges Unterfangen zu behaupten, als Eroberung. Die senkrechte Variante der Eroberung der Welt. Ich weiß nicht, wie weit ich es wagen kann, die vor allem angelsächsische Eroberung der Berge mit den weltweiten Eroberungen zur Zeit des Empire in Verbindung zu bringen. Bei der einen wie bei den anderen war auch Jagdlust im Spiel. Gemsen in den Alpen, Tiger in Bengalen. Als das Wettrennen einmal eröffnet war, bezwangen die Kletterer unerbittlich die bis dahin jungfräulichen Berge, einen nach dem anderen. Nach der Eroberung der Gipfel war man dennoch nicht zur Langeweile oder zur einfachen Wiederholung verdammt. Man konnte zunächst die direkte Route nehmen, dann die *Direttissima* und schließlich die *Superdirettissima:* man konnte »in der Linie des fallenden Tropfens klettern«. Der beste Weg war eindeutig der senkrechte. In den Bergen ist Abschweifung die Norm, Unwegsamkeit natürlich. Die Herausforderung besteht im direkten Weg, in der Abkürzung in ihrer elementarsten Form. Der Kunstgriff stellt sich in den Dienst eines Hangs zum Geradlinigen: der Kunstgriff ist der Haken. Der Haken dringt in die unbezwingbarsten Wände ein, die mit Griffpunkten und Trittstellen geizen, und verwandelt sie in Menschenwerk. Über den Aufstieg hinaus stellen die in die Wand gehauenen Haken eine territoriale Markierung dar, eine vielfache Wiederholung der Geste des Eroberers, der seine Fahne auf den Gipfel pflanzt. (Mit Reinhold Messner, der im übrigen ein großer Gipfelstürmer ist, wich die Fahne einem kessen, flatternden Taschentuch.) Es fängt damit an, daß man mit dem erstbesten Stein ein paar Haken in die vorhandenen Felsspalten schlägt. Bald nimmt man einen Hammer mit. Später macht man es in größerem Stil. Wenn der Gipfel erreicht werden soll, und dazu noch auf dem kürzesten oder dem neuesten Weg, warum dann bei den Haken sparen? Jeder Hammerschlag führt näher an den Gott heran, der den siegreichen Bergsteigern vorbehalten ist. Der Gipfel ist das Ziel, und das Ziel ist alles: die Haken sind Mittel zum Zweck und damit ein Gegenstand von rein technischem Wert. Die groben Haken aus der Zeit vor hundert Jahren machen den Bohrhaken Platz, der Stein zum Einklopfen weicht dem Schlagbohrer und so fort. Es gibt heldenhafte Besteigungen, deren Siegesberichte die Liste der verwendeten Haken mit demselben Stolz aufführen, mit dem schmerzhafter, aber notwendiger Verluste gedacht wird. El Capitán, 900 Meter Wand, 675 Haken. Nordwand der Großen Zinne in den Dolomiten, 300 Normalhaken und 150 Bohrhaken. »Wir waren nicht weit von der Umweltkatastrophe«, meint einer vom Fach. Dafür gibt es jetzt keine unzugänglichen Wände mehr, keine unlösbaren Probleme wie in Gordion.

In diesem Eroberungskrieg kommen auch Freischärler und Deserteure vor. Als Messner 1969 einen berühmten Artikel gegen den »Mord am Unmöglichen« schrieb, zitierte er die frühen Helden, die den Verlockungen des

»Künstlichen« strikt entsagt hatten, allen voran Paul Preuß. Inzwischen wurde die Verweigerung zum Massenphänomen, und zwar in besonders kompromißloser und nach Unabhängigkeit strebender Form an den Hochschulen der Vereinigten Staaten, als man während des schmutzigen Kriegs in Vietnam den Wehrdienst verweigerte. An den Felshängen Colorados oder Kaliforniens wurde allen Regeln des Bergsteigerkanons abgeschworen. Was zählt, ist das Klettern, nicht, auf den Gipfel zu gelangen. Ganz langsam voranzukommen ist keineswegs schlechter, vielleicht sogar besser, als schnell zu sein. Wenn man nicht weiterkommt, ist es besser, umzukehren, als einen Haken oder ein anderes künstliches Hilfsmittel zu verwenden. Die Kleiderordnung dieser neuen Alpinistik sieht Turnschuhe oder bloße Füße anstelle der Bergschuhe vor, kurze Hosen und ein Stirnband. Dabei handelt es sich nicht um die Revanche der Normalität und des ruhigen Lebens gegenüber dem herkömmlichen bergsteigerischen Männlichkeitsgehabe: die neuen Kletterer sind ausgezeichnete Turner, waghalsige Freikletterer, die sich einem strengen Training unterziehen. Sie arbeiten mit Fingerkuppen und Nägeln und machen manchmal schreckliche Sachen, schlagen zum Beispiel zur Abhärtung mit dem Hammer auf die Fingerknöchel. Rechnet man allerdings den Übereifer ab, der jeder integralistischen Praxis anhaftet, so erweist sich die neue Alpinistik als eine suggestive Offenbarung der alten. Das bestätigt auch die ungewohnte Beteiligung der Frauen, die nicht einfach die stärkere Präsenz von Frauen in sämtlichen Bereichen spiegelt. Es hat etwas mit der Art und Weise zu tun.

Ganz konkret standen die Bergsteiger vor Fragen, die für andere einen poetischen oder philosophischen Klang hätten. Was gibt es noch über den Gipfel hinaus? Was tun, wenn einmal alle Gipfel erobert sind? (Wird nicht erzählt, Alexander der Große sei, nachdem er die Welt erobert hatte, plötzlich ratlos gewesen? Vielleicht hätte Alexander, wenn er nicht so jung gestorben wäre, weil die Götter ihn liebten – vermutlich eher, weil irgendein makedonischer Angehöriger ihn vergiftete –, wenn er alt und weise geworden wäre, dem schönen Gordischen Knoten nachgeweint und der verlorenen Möglichkeit, ihn ein weiteres Mal zu lösen, und zwar diesmal ohne Tricks.) Ähnlich stehen viele Bergsteiger trostlos vor den Trümmern ihrer verlorenen Felswände. »Das Leben erscheint mir immer mehr wie ein Berg ohne Gipfel«, sagte Reinhard Karl. Mit rein »technischen« Absichten hatte Gary Hemming bereits 1964 ungewollt eine wunderschöne Lebensregel aufgestellt: »Laß keine Spuren von deinem Vorübergehen zurück, nimm Seil und Haken wieder mit...«

Noch vor wenigen Jahren hätte man es als paradox betrachtet, heute nimmt man es als logisch hin: eine Alpinistik, die keine Gipfel braucht und der Auffassung ist, wenn eine Wand unüberwindlich erscheint, sei die Lösung »letztendlich« die, auf den Aufstieg zu verzichten.

Manche möchten in Anklang an Aussteiger aus Terrorgruppen und Mafia (die *pentiti*, »reuige Kronzeugen«) von »reuigen Alpinisten« oder »Berg-Aussteigern« sprechen. Abgesehen von dem Mißbrauch, der in der italienischen Sprache (und in der Gesetzgebung) damit getrieben wird, ist Reue, das Gefühl, eine nicht wiedergutzumachende Schandtat begangen zu haben, in der Tat eine immer häufigere Form der Erkenntnis in der westlichen Kultur. Umweltbewußtsein und Friedensbewußtsein sind Gewissensregungen (sofern man sie nicht aus

Naivität oder Einfalt als unschuldige Anklage gelten läßt). In einer Zeit, in der man gerade noch weiß, was man *nicht mehr* ist und was man *nicht mehr* will, ist das unvermeidlich. Wo die Grenzen des Fortschritts bereits überschritten sind, kommt man nur noch durch Verzicht weiter. Man mag es radikal angehen oder rational – das ist eine andere Frage. Man kann auf jede Bergausrüstung verzichten außer auf das Magnesiumpulver für die Finger; oder Sicherungshaken beibehalten, neue Haken aber ablehnen. Man kann Haken im Fels, wenn sie einmal eingeschlagen sind, drin lassen oder sich an das »Entnageln« der Berge machen. Das passiert tatsächlich, in den Dolomiten, in Kalifornien und in den Alpen (und nun auch im Nepal), wo Fundi-Alpinisten und eifrige junge Leute hochgeklettert sind, um die Haken herauszuschlagen – ein Ritual der Wiedereingliederung, der Wiedergutmachung, so wie man einen gesund gepflegten Raubvogel wieder in den freien Himmel entläßt.

Messner, ein strenger Gegner des Bohrhakens, blickt zurück: »Auch ich fühlte mich anfangs angezogen von den Verlockungen des Hakenkletterns«, wählte dann aber »den Weg des Verzichts.« (*Mein Weg. Bilanz eines Bergsteigers ohnegleichen*, München 1982, S. 24.) »Ich wußte, daß mein Weg der des Verzichts sein mußte, des Verzichts auf die letzten Tricks der Technik« (ebenda, S. 32).

Reue ist besonders in der christlichen und der katholischen Kultur ein bedeutungsschweres Wort. Anderswo mag man vielleicht nicht so große Schuldgefühle und mehr Betrübnis empfinden. Gemeinsam ist das Gefühl der Grenzverletzung und der beharrliche und abergläubische Wille, den eigenen Weg zurückzugehen und die Spuren zu verwischen.

Auch Messner ist in gewisser Weise ein »geteilter Mensch«. Seine Teilzeit-Ordnung bezieht sich auf das ganze Jahr: sechs Monate einsamer Expeditionen, sechs Monate zur Vorbereitung und Finanzierung. Ich kann mir vorstellen, daß Messner sich mit der Zeit in dem Halbjahr, das er in unserer Welt verbringt, weniger abhängig von reinen Notwendigkeiten der Werbung, Finanzierung und Technik fühlt; daß er in den sechs Monaten auf Tour Lust darauf bekommt und umgekehrt.

In einem Punkt war ich völlig anderer Meinung als Messner: in seiner wiederholt geäußerten Absicht, den Yeti aufzuspüren. Müßte ich meine Moral in einem Motto zusammenfassen, so würde ich schreiben:

WENN DU DEN YETI SIEHST, SO BEHALT ES FÜR DICH.

Schließlich ließ sich auch Messner davon überzeugen. Jetzt sind wir in allem einer Meinung.

Was zählt, ist das Klettern, nicht der Gipfel. Es ist einfach, diese Einsicht auf die Sexualität zu übertragen. Wer je mit der sozialistischen Bewegung und ihren Phrasen vertraut war, kommt kaum umhin, sich an die Maxime zu erinnern, die den sozialdemokratischen Reformismus auf den Punkt brachte: »Die Bewegung ist alles, das Ziel ist nichts.« Als der Evolutionist Eduard Bernstein sein Paradox aussprach, war die Empörung unter den orthodoxen Wächtern der Zukunft, des Obersten Programms – des Gipfels –, groß. Mag die Bewegung auch wenig anmutig sein, mit dem Sieg wird die Anmut schon kommen. Die Bewegung ist bestenfalls eine Vorübung oder ein vorübergehender Kompromiß, gemessen am fernen, klaren – und unverrückbaren – Ziel. Auf dem Ziel kann man, wie auf einem erstürmten Gipfel, sitzen.

Die revolutionäre (ich lasse die Anführungszeichen weg, obwohl der Erfolg ausblieb, der sonst die Echtheit einer Revolution besiegelt) politische Organisation, der ich angehörte, hielt 1976 einen Kongreß ab, der sich dann als der letzte herausstellen sollte. Frauen ergriffen das Wort und sagten ziemlich peinliche Dinge. »Beim Geschlechtsverkehr, wie der Mann ihn erlebt« – sagte beispielsweise die Genossin E. –, »kommt es auf das Ergebnis an, den Orgasmus. Alles, was vorher geschieht, ist darauf ausgerichtet, dient dem Orgasmus, vor allem dem männlichen. Jetzt hat man auch den weiblichen Orgasmus entdeckt. Sich anzufassen dient nicht dem Zweck, sich näherzukommen, sich zu spüren, sich kennenzulernen, sondern nur dem Ergebnis.« Das Exzentrische daran war nicht so sehr das Gesagte als vielmehr der Ort, an dem es vorgetragen wurde. Doch beim Zuhören hatte ich das Gefühl, Ähnliches schon einmal gehört zu haben, und zwar im politischen Zusammenhang: das war Bernstein, der »Revisionismus«. Die Bewegung ist alles, das Ziel ist nichts. Die Frauen hätten die Analogie weitertreiben können bis hin zum revolutionären Machiavellismus, zur jakobinischen Vorliebe für die Eroberung der Macht und des Winterpalais, den gewagten Beigeschmack des Bewußtseins, das Lenin zufolge von außen in die Klasse hineingetragen werden muß, und so weiter. Andererseits hätten damals viele Frauen jeden Vergleich mit dem Patriarchen des Revisionismus und mit jeder Form der Sozialdemokratie überhaupt entrüstet von sich gewiesen, da sie ganz damit beschäftigt waren, nachzuweisen, wie das Männerverhalten sich in der Politik revolutionär gebärdete, während es im Schlafzimmer kaum an einen Reformismus heranreichte, und genußvoll jede gemeinsame Disziplin zu durchbrechen – die Zeiten der Männer, die höheren Interessen des Klassenkampfes, die von der Reaktion vorgegebenen Themen und so fort. Es war Zeit für einen Umbruch – Zeit, die Seilschaft zu wechseln. Viele Männer waren bestürzt, zeigten sich plötzlich einsichtig und geduldig, waren bereit, die Scherben zu kitten und die Fäden wieder anzuknüpfen – auf der anderen Seite wurde nicht lange gefackelt.

Selbst Bernstein hatte – *si licet* – seinen berühmten Spruch als Provokation gemeint und sich dann bemüht, ihn zu korrigieren: Das Ziel bleibt natürlich das Ziel. Orgasmus bleibt Orgasmus. Gipfel ist Gipfel. Das sind immerhin die Höhepunkte! Messner sagt, der Gipfel sei »der Ort, an dem sich alle Knoten lösen«.

Auch Lenin, der am stärksten auf die Stunde X fixierte Mensch, bediente sich eines umfangreichen Repertoires an Metaphern, selbstverständlich überwiegend militärischer: Begriffe wie Sturmangriff und Vorhut, Troß und Abwehr, taktischer Rückzug, Einschließung und Stellungskrieg. Zur Zeit des ökonomischen Rückzugs der Neuen ökonomischen Politik (1921) wurde die Kampagne für die »revolutionäre Flexibilität« folgendermaßen formuliert: »Wir haben versucht, das Problem auf die direkteste Weise zu lösen, mit einem Frontalangriff, haben aber eine Niederlage erlitten. Solche Fehler werden in allen Kriegen gemacht, und man betrachtet sie nicht einmal als Fehler. Wenn der Frontalangriff nicht gelingt, versucht man die Umgehung, greift auf die Belagerung und auf den Stellungskrieg zurück.« Lenin war aber auch ein guter Bergsteiger, und seine *Notizen eines Publizisten* tragen den Untertitel *Über das Besteigen hoher Berge* … »Stellen wir uns einen Menschen vor, der einen sehr hohen, steilen und noch unerforschten Berg besteigt. Nehmen wir an, es sei ihm gelungen, nach Überwindung unerhörter Schwierigkeiten und Gefahren viel höher zu steigen als seine Vorgänger, den Gipfel habe er aber dennoch nicht erreicht. Er befindet sich nun in einer Lage, in der ein Weiterkommen in der gewählten Richtung und auf dem eingeschlagenen Weg schon nicht mehr nur schwierig und gefährlich, sondern geradezu unmöglich geworden ist. Er muß umkehren, abwärts steigen, andere Wege suchen, die zwar länger sein mögen, dafür aber die Möglichkeit in Aussicht stellen, den Gipfel zu erreichen. Der Abstieg in dieser in der Welt noch nie erlebten Höhe, auf der sich unser hypothetischer Bergsteiger befindet, bietet vielleicht gar noch größere Gefahren und Schwierigkeiten als der Aufstieg... Man muß sich anseilen, ganze Stunden darauf verwenden, mit dem Pickel Stufen oder Stellen... auszuhauen, man muß sich mit der Langsamkeit einer Schildkröte fortbewegen, und noch dazu rückwärts, abwärts, weg vom Ziel, und immer noch ist nicht zu sehen, ob dieser verzweifelt gefährliche, qualvolle Abstieg ein Ende nimmt, ob sich ein einigermaßen aussichtsreicher Umweg finden läßt, auf dem man wieder – kühner, rascher und direkter – vorwärts, aufwärts, dem Gipfel zu gehen könnte.« (*Werke*, Bd. 33, Berlin 1960, S. 188 f.)

Die alpinistische Metapher eignet sich gut für die Phase der Mäßigung. Es handelt sich ohnehin um eine vorübergehende Mäßigung, zu der die Umstände zwingen und die man über sich ergehen lassen muß, bis man den Ansatz für einen neuen, direkteren Sprung nach vorne findet. Der Gipfel ist nahe.

Wir kennen die schneidende Polemik des jungen Leo Trotzki gegen den Leninismus und sein jakobinisches Modell, seinen Hang, »Köpfe abzuschlagen, während wir sie mit Klassenbewußtsein erhellen«. Es gibt aber auch eine Gedenkrede Trotzkis für Lenin, die überrascht und geradezu haarsträubend ist wegen des detailgetreuen Vergleichs zwischen der eindringlichen Überzeugungskraft Lenins und dem kraftvollen Einschlagen eines Nagels. In Trotzkis Erinnerung steht Lenin am Rednerpult und spricht über eine Idee, die »wie ein Splitter in das Bewußtsein der Zuhörerschaft eindringen soll... Bevor der Redner zu solchem Schlagwort gelangt, kreist er einige Male umher, als ob er den nötigen Punkt suche. Hat er ihn gefunden, dann legt er den Nagel an, und nachdem er mit dem Auge das Ziel richtig bemessen hat, schlägt er weit ausholend mit dem Hammer auf den Nagelkopf, einmal, ein zweites, ein zehntes Mal, bis der Nagel richtig sitzt, so daß man ihn, wenn man ihn nicht mehr braucht, sehr schwer entfernen kann. Dann wird Lenin selber mit einem Sprüchlein rechts und links auf diesen Nagel einschlagen, um ihn locker zu machen, und wird ihn, nachdem er ihn entfernt hat, in den Archiv-Schrott werfen – zum großen Leidwesen derer, die sich an den Nagel gewöhnt hatten.«

Man denke ruhig auch an den Gebrauch von Redewendungen wie: vernagelt sein, den Nagel auf den Kopf treffen und so fort. (Bei Dante taucht im *Fegefeuer*, VIII, 138, das gleiche Bild auf: »*... cotesta cortese oppinione / ti fia chiavata in mezzo della testa / con maggior chiovi che d'altrui sermone*« – »So wird dir diese gute Meinung dort / In deinem Kopfe festgenagelt werden, / Mit bessern Nägeln als mit andrer Wort.«) Man könnte auch vermuten, daß der Übersetzer aus dem Russischen für das drastische Bild mit verantwortlich sei, ein Bild, dessen nachträgliche Wirkung durch den brutalen Mord an Trotzki noch belastet wird, der mit einem Eispickel erschlagen wurde. Es bleibt die revolutionäre Leidenschaft für alles, was bricht, eindringt, spaltet, sich festsetzt und durchschlägt – und für alles, was metallisch ist, für Eisen, für Stahl, für die entsprechenden Fachleute, Stahlarbeiter und Maschinenbauer.

(Georg Groddeck, *Der Seelensucher*, a.a.O., Kap. 30, S. 238: »Thomas… war eben im Begriff, aus dem Worte ›Metallarbeiter‹ auf dem Umwege über Metallus, Karl Martell, Hammer, Nagel, Schlacht bei Poitiers, Christen, Kreuz, Kreuzzüge die ganze moderne Kultur abzuleiten…«)

Vor einigen Jahren wurden in Inchtuthil in Schottland über siebentausend Kilo Nägel sechs verschiedener Größenklassen ausgegraben, die die Römer im Jahr 87 n. Chr. bei der Unterbrechung der Bauarbeiten für ein neues *castrum* versteckt hatten. Die Sorgfalt, mit der die Nägel vor dem Zugriff feindlicher Hände versteckt wurden, macht deutlich, wie wertvoll sie waren. Jeder einzelne Nagel wurde von Hand aus einer kleinen Eisenmassel gefertigt, die in einem Holzkohleofen geschmolzen wurde. Der Kopf wurde in Kaliberbohrungen im Amboß oder in speziellen Schablonen geformt. Der Stift hatte einen vierkantigen oder runden Querschnitt, die Köpfe waren flach und rund oder pyramidenförmig – robuster – und konisch.

Bis vor fast hundert Jahren wurden Nägel von Hand hergestellt.

Am 20. Juli 1916 wurde in Triest eine Holzstatue eingeweiht, die einen österreichischen Marinesoldaten auf einem Felssockel darstellte. Das unter der Schirmherrschaft der Austria-Gesellschaft errichtete Denkmal wurde von Konteradmiral Hudeika eingeweiht, der vor den versammelten zivilen und kirchlichen Honoratioren den ersten Nagel einschlug. Die Bevölkerung wurde zum Mitmachen aufgefordert: An einem Tisch wurden die Nägel verkauft, jeder, der wollte, konnte selbst einen einschlagen, der Erlös sollte der Kriegsfürsorge zugute kommen. Dreizehn Tage später, am 1. August, überflog eine Staffel von fünfzehn Caproni-Maschinen Triest, und eine Bombe riß den Nagelmatrosen in Stücke. Am 16. Oktober wurde die Holzstatue ein zweites Mal aufgestellt, allerdings nicht mehr auf der Piazza Grande, sondern vor dem Bahnhof. Ähnliche Denkmäler oder einfache Baumstümpfe wurden in allen deutschen und österreichischen Städten errichtet – zu Ehren von Hindenburgs Schwert, zu Ehren mittelalterlicher Ritter und preußischer Krieger, Sankt Martins und Karls des Großen, von Tirpitz' und eines Eisenschmieds. An manchen Orten schwankte der Preis des Votivnagels je nachdem, an welcher Stelle man ihn einschlagen wollte: in den Bauch Karls des Großen, zehn Mark; in den Rücken, fünf; in die Brust, eine. In Essen, dem Sitz der Krupp-Werke, waren die Nägel besonders preiswert: 50 Pfennig. Das Wiener Denkmal, der *Wehrmann im Eisen*, sollte 700000 Nägel aufnehmen. Der deutsche Botschafter schlug im Namen des Kaisers einen goldenen Nagel mitten ins Herz.

Genagelte Denkmäler wurden auch in der Türkei errichtet. In Berlin stellte die Statue Hindenburg dar. Sie war 12 Meter hoch und konnte 1600000 Nägel aufnehmen (nach anderen Berechnungen sogar 25 Millionen). Angeboten wurden Nägel aus Gold, aus Silber und aus Eisen. Während der Kriegsjahre ließ sich am Zulauf zur Vernagelung – es gab Tage der Begeisterung mit Schlangen, menschenleere Tage, aber auch Protestkundgebungen an den Statuen – das Auf und Ab der vaterländischen Gesinnung ablesen.

In Etrurien und im alten Rom wurde an den Iden des September weihevoll ein Nagel eingeschlagen, der *clavus annalis*, der das Ende und den Beginn des Jahres markierte. Als Buße für die Vergangenheit und als Verheißung für die Zukunft zeigte der in die Wand des Tempels geschlagene Nagel die Unterbrechung an, die Bruchstelle zwischen der alten und der neuen Zeit. Er war ein Zeichen der Unstetigkeit und des Neubeginns – und gleichzeitig ein Kalender. Abgesehen von jenem Datum wurden Nägel eingeschlagen, um die Ausbreitung von Seuchen oder von Volksaufständen zu unterbinden. Im Jahr 423 wurde Titus Livius zufolge ein besonderer Nagel in die *cella* Jupiters geschlagen, um der Raserei der römischen Ehefrauen Einhalt zu gebieten, die ihre Männer mit tödlichen Giftmischungen vergifteten: anscheinend ohne Erfolg. Der Brauch, bei Hochzeiten Nägel in die Kanzel oder in den Holzboden der Kirche zu schlagen, um damit die Unauflöslichkeit der Ehe zu besiegeln, bestätigt das symbolische Wechselspiel, das in vielfältiger Form zwischen Nägeln und Knoten besteht – letztere stehen im Mittelpunkt von Heiratsverträgen und Hochzeitsritualen. In vielen europäischen Ländern erflehten vor allem junge Frauen Glück für Liebe und Ehe, indem sie Stecknadeln in hölzerne Heiligenfiguren steckten, bei Saint Quirec in der Bretagne in die Nase und bei Sainte Expédite in der Normandie in den Spinnrocken. Stecknadeln erweisen sich hierbei und in anderen Fällen als die reduzierte, weibliche Form der Nägel. (Man denke an die Nadelkissen in Herzform.)

Nägel blieben als Zeichen zurück, wurden von Pilgern, Wanderern und Mönchen in Baumstämme oder Wegweiser geschlagen oder in Tore. Baumstämme boten sich schon immer an für die Botschaften der Vorüberziehenden, der Liebenden, all derer, die ein Zeichen hinterlassen wollen: wie in ein Poesiealbum werden Erinnerungen in Baumrinden geritzt. Dies kommt in unterschiedlicher Form auch heute noch vor. Der Baum für den ermordeten Mafia-Ermittler Giovanni Falcone in Palermo ist ein Beispiel dafür. Ein ebenso bezeichnendes wie leidiges Beispiel, das noch besser zu unserem Thema paßt, sind die Spritzen, die Rauschgiftsüchtige in Baumstämme am Stadtrand spießen. Im allgemeinen ist das beim Vorübergehen hinterlassene Zeichen ein tiefes, sympathisches Bedürfnis, die Unterschrift unter das Wunder zu setzen, das Benjamin – bezogen auf das Kunstwerk und das Original – das Wunder der Aura nannte: eine plötzlich überwundene Distanz, die punktuelle Deckung zwischen etwas Erhabenem – einem Monument oder seiner Ruine, einem hundertjährigen Baum, dem Ort eines großartigen Ereignisses – und der Person, die vorbeikommt. Eine Verabredung, ein Zusammentreffen gerade zwischen mir und etwas Fernem, das noch nachhallt. Das ist es, was einen dazu treibt, ein Datum in den Stein von Persepolis zu ritzen; den eigenen Stein zu einem Haufen anderer auf eine Bergspitze zu legen oder das gleiche am Polarkreis zu tun; jahrhundertelang eine bronzene Eidechse an einem Portal zu liebkosen, bis sie abgeschliffen ist; die eigene Unterschrift an der Wand einer alten Kirche zu hinterlassen – und an der eines Klos an der Autobahn. Eine Geste Tausende und Abertausende von Malen zu wiederholen, tausend Jahre lang, und sie immer wieder zu erneuern. Das Einschlagen eines Nagel ist unter allen diesen Zeichen das eindringlichste: ein kollektives Werk von Generationen, mit dem typischsten und dem symbolischsten Werkzeug ausgeführt, das die Natur zum Artefakt macht, den Baumstamm oder den

Klotz oder die in das Holz gemeißelte Statue in ein kompaktes Objekt aus Metall verwandelt. Eine Chinesische Mauer aus Nägeln, ein stählernes Exvoto, eine Freimaurerzeremonie unter freiem Himmel. Im eingeschlagenen Nagel steckt auch eine männliche, verschwörerische Selbstverpflichtung: man schwört, dem Feind den Tod zu bringen und bei Verrat selbst den Tod auf sich zu nehmen. Diese Verpflichtung ist dann eine fixe Idee, man ist vernagelt.

In einigen Fällen paßt die althergebrachte Tradition des Einschlagens von Votivnägeln zum Kreuz und zum Kult der Nägel, mit denen Christus ans Kreuz geschlagen wurde. In der Gegend von Como zum Beispiel steckte man zu Ostern geweihte Olivenzweige in die Nagellöcher eines Holzkreuzes, eine Mischung aus Metamorphose und agrarischer sowie religiöser Wiederauferstehung.

(Den Nagelkult verdanken wir der Ungläubigkeit des heiligen Thomas. »›Wenn ich nicht in seinen Händen das Mal der Nägel sehe und meinen Finger in das Mal der Nägel lege und meine Hand in seine Seite lege, werde ich nicht glauben.‹ … Da kam Jesus und stand mitten unter ihnen… Darauf sagte er zu Thomas: ›Lege deinen Finger hierher und sieh meine Hände‹…« *Johannes*, 20.)

Eine ominöse Legende schrieb den Zigeunern, anerkannten Metallurgen, die Herstellung der Nägel für die Kreuzigung zu.

Nägel als Amulette sind überall verbreitet – vermutlich vor allem schiefe Nägel. Gebraucht und unbrauchbar, aber aufbewahrt und als Glücksbringer noch wertvoller, dienen krumme Nägel (vor allem Hufeisennägel) dazu, »an Eisen zu fassen«, so wie in anderen Ländern auf Holz geklopft wird. Außerdem erinnern sie an die fruchtbare Unförmigkeit des Buckligen. Auch hier wird der Gegensatz zwischen Knoten und Nagel zum Wechselspiel. Plinius schreibt als Amulett gegen das Quartana-Fieber vor, ein Stück Nagel zu tragen, das von einem Galgen stammt, an dem Erhängte gebaumelt haben. Sobald das Fieber abgeklungen ist, sollte man es vergraben, so daß kein Licht darauf fällt. Nägel aus Folterinstrumenten, aus Schiffswracks oder Särgen sollten Unheil abwenden. Im Falle der heiligen Helena, der Auffinderin von Christi Kreuz, erweist sich der wundersame Nagel sogar stärker als das Wasser: um sich vor einem Seesturm zu retten, wirft sie einen Nagel ins Meer, und die Wellen legen sich. (In der Erzählung kommt auch ein Trick vor: bevor sie den heiligen Nagel ins Meer wirft, knüpft Helena ihn an eine Angelrute, so daß sie ihn wieder herausziehen kann, sobald das Meer sich beruhigt hat: »Eingetaucht, aber nicht untergetaucht.«) Die Reliquien vermehrten sich. Es ist interessant, daß die Nägel des Kreuzes nicht nur in der in Monza aufbewahrten Eisernen Krone auftauchten, sondern auch in einer Kandare für das Roß Kaiser Konstantins, Helenas Sohn, die dieser an seine Nachfolger weitergab, darunter auch an Justinian, der sie auf das Kopfkissen legte und damit erreichte, daß die teuflischen Erscheinungen verschwanden, die ihn nachts quälten. Womit der Kreis vom Reliquiennagel zum Hufeisen geschlossen ist.

Auf dieselbe Weise arbeiten Knoten und Durchbohrungen – mit Nägeln oder Nadeln – bei magischen Beschwörungen zusammen. In Süditalien besteht der »Todeszauber« darin, vierundzwanzig Nadeln, deren Kopf mit etwas Stoff umwickelt ist, und sechs Stahlnadeln in eine Zitrone zu stecken: ein bunter Wollfaden wird um alle Nadeln herumgeflochten. Bei vielen afrikanischen Nadelfetischen, vor allem aus dem Kongo, bewirkt die Verschmelzung von Nägeln, Eisenspitzen, Klingen und so weiter und Knoten, Bändern und Lianen einen eindrucksvollen Effekt.

Ich fragte einen Freund, ob er sich eher zum »Knoten« oder zum »Nagel« hingezogen fühle. »Zum Knoten«, antwortete er, »weil ich unter Trennungen und Distanz fürchterlich leide. Sogar mich von anderen zu verabschieden, belastet mich.« Manche Menschen schaffen es nicht, sich von ihren Bindungen zu befreien, und andere können der Versuchung zum radikalen Schnitt nicht widerstehen. Liebesbeziehungen und Ehen pendeln zwischen diesen beiden Gefahren hin und her.

Ebenso wie im privaten gibt es auch im öffentlichen Leben einen Zwang zur Einigkeit, eine Angst vor dem Auseinandergehen, und auf der anderen Seite eine Lust auf Trennung, auf Abspaltung. Einheit und Bruch nehmen jeweils aufeinander Bezug. Die kommunistischen Parteien des Westens entstanden aus einem absoluten Bedürfnis nach Spaltung, wozu Moskau den hartnäckig vorgetragenen Vorwand einer lachhaft ausführlichen Liste von Bedingungen lieferte, einundzwanzig an der Zahl. Der Konflikt zwischen Alt und Neu, konkreter: zwischen den Alten und den Jungen, überlagerte die Auseinandersetzung zwischen Kontinuität oder Bruch mit einer politisch wie organisatorisch doktrinären Linie. Im übrigen beeilt sich das Neue stets, seine Legitimität aus einer verfallenen oder verratenen Tradition zu beziehen. Die Kongresse zur Umsetzung der Bedingungen der Internationale wurden mit echtem Pathos in Szene gesetzt. Mit unglaublicher Ehrerbietung gegenüber Geschäfts- und Tagesordnungen strebte man eine vorher festgelegte Lösung an – eine »chirurgische Operation mit tödlichem

Ausgang«, nach Meinung des italienischen Maximalisten Giacinto Serrati. Dabei verwendete man mehr Mühe darauf, diese Lösung auszurufen und vielleicht ihre Unausweichlichkeit zu bedauern, als sie zu verhindern oder zu begründen. Eine merkwürdige Mischung aus Vertraulichkeit und Fremdheit, Familiarität und Förmlichkeit bestimmte die »Arbeiten«. In Moskau war es einfach, mit dem Hackebeil dreinzuschlagen und etwa mit den kräftigen Worten Grigorij Sinowjews »diesen Leuten das Messer an die Kehle zu setzen: *le couteau à la gorge*«. Aber in Livorno! »Diese Leute« sind »unsere Rechten«: der Genosse Treves, Filippo Turati, wir sind mit ihnen groß geworden, sind ihnen gefolgt, haben im selben Haus gewohnt... Als ob Beziehungen, Ehen, Kinder und gemeinsam verbrachte Jahre verhindern würden, daß man sich in Haß und Zorn oder über den Anwalt trennt, oder manchmal sogar blutig. Gerade unter Revolutionären, die ja immer gern auf Geschäftsordnungen herumreiten, fällt das Abschiedszeremoniell zwangsläufig feierlicher und bewegender aus als jeder Anfang. Trotz der weihevollen Parteichroniken war die eigentliche Zeremonie nicht die Gründungssitzung im Teatro San Marco, einer ungemütlichen, finsteren und heruntergekommenen Halle, in der der Erste Kongreß der KPI einen Tag lang tagte und wo man sich gerade mal Zeit für ein paar Ovationen und hastige Abstimmungen nahm, sondern der Auszug der Kommunisten aus dem Saal des XVII. Parteitags der sozialistischen Partei PSI, der ein paar Tage lang hinausgezögert und schließlich angekündigt, vollzogen und zu Protokoll gegeben wurde: »Die Kommunisten verlassen den Saal, wobei sie die Internationale singen.«

Selbstverständlich darf man die Analogien zwischen öffentlichen Leidenschaften und privaten Liebschaften nicht überziehen, genausowenig wie die psychologische Deutung politischer Auseinandersetzungen. Jedenfalls gibt es einen weiteren Grund, warum die Revolutionäre sich so für Brüche begeistern. Im Unterschied zu privaten Beziehungen, wo der Bruch heilsam sein kann, aber eine Therapie bleibt, erscheint er in der Politik als Eroberung, als Erfolg, und nimmt innerhalb der Arbeiterbewegung jene Revolution vorweg, die die gesamte Gesellschaft erfassen soll. Die Abspaltung *ist bereits* ein revolutionärer Akt – und möglicherweise bleibt er der einzige erfolgreiche. Auch aus diesem Grund klammert sich die Erinnerung an jenen Augenblick mit einer Hartnäckigkeit, die schlecht zu einem schmerzhaften, wenn auch notwendigen chirurgischen Eingriff passen würde. Umberto Terracini, der sich mit am meisten dagegen sträubte, jenen Januarmorgen zu verleugnen, und einer derer, die schließlich am offensten bekannten: »Wir waren im Unrecht«, hatte in Livorno den Auftrag, die Thesen seiner Fraktion vorzutragen, und wies mit geradezu verdächtigem Nachdruck darauf hin: »Wir wollen keine Spaltung um der Spaltung willen, wir sind keine Abspaltungsfetischisten.« Nur sei es einfach und unmißverständlich so, schloß der junge Terracini, daß es »keine Brücken gibt, keine halben Sachen«.

Die Zweite Internationale entstand *nach* der Ersten; die Dritte entstand *gegen* die Zweite. Es war die *wahre* gegen die *falsche* Internationale. Die Ordnungszahl bezeichnete nicht mehr die Reihenfolge, sondern die Andersartigkeit. Wer den Bruch verabscheute, war buchstäblich zu halben Sachen gezwungen: Der Versuch, eine Behelfsbrücke zwischen den beiden Ufern aufrechtzuerhalten, wurde in der Tat sarkastisch 2½-Internationale genannt. So geschah es in Österreich. Einige Zeit zuvor hatte Robert Musil im *Törless* im Hinblick auf wirkliche und imaginäre Zahlen das einzigartige Bild einer Brücke heraufbeschworen, »von der nur Anfangs- und Endpfeiler vorhanden sind und die man dennoch so sicher überschreitet, als ob sie ganz dastünde«. (Freud im Dezember 1914 an Ernest Jones: »Der Verein ist so unhaltbar wie alles andere, was international heißt.« *Briefe 1908–1939*, Frankfurt a. M. 1993, S. 309.)

»Im Geschäft meiner Eltern gibt es viele verlockende Dinge, Bindfaden und Bonbons, Limonaden und Rosinen, große und kleine Nägel, aber am schönsten sind die Kaiserbilder.« (Ernst Toller, *Eine Jugend in Deutschland*, München 1978, S. 15.)

In einer Fernsehserie von Sergio Zavoli über die Ursprünge des Faschismus sah man 1983 einen denkwürdigen Auftritt des alten Amedeo Bordiga: Nahezu röchelnd brachte er die Worte hervor, und die Angewohnheit der Kameraleute, die Hände ins Bild zu rücken, bewirkte diesmal einen merkwürdigen Effekt, da das Gesicht schief und von der Lähmung wie benommen wirkte, während die Hände sich ganz natürlich bewegten. Mit jener krampfartigen Verbohrtheit, in der auch Resignation mitschwingt (nicht wie einer, der endlich die Gelegenheit erhält, vor einem breiten Publikum seine alte, intakte Wahrheit zu verkünden, sondern wie einer, der nicht anders kann, als ein letztes Mal, wenn der Zug bereits abgefahren ist, noch einmal die Rolle zu spielen, die er das ganze Leben lang einstudiert hat), gab Bordiga auf die Frage: »Ihre Gegner behaupten, Sie seien ein Sektierer« zur Antwort: »Ja, ich bin ein Sektierer, und es stimmt, daß ich einen doktrinären Schematismus vertreten habe; und es stimmt, daß ich nicht bereit bin, mich der veränderten Lage anzupassen.«

Ich erinnere mich an eine Anekdote aus der Zeit des politischen Engagements, ein Gespräch zwischen einem von uns und einem kommunistischen Führer aus China. »In unserem Nationalkomitee«, sagte ersterer stolz, »sind gut die Hälfte Arbeiter.« »Und die anderen«, fragte der Chinese, »alles Bauern?« Arbeiter und Bauern: ein Mißverständnis dieser Art findet sich auch in *Madame Bovary:* eine pathetische Vorwegnahme des Unverständnisses, das entsteht, wenn die soziale Polarität wie bei einem Verkehrsunfall mit der geschlechtlichen zusammenprallt, oder mit einer persönlichen Verzweiflung. Madame Bovary ist beklommen und beschließt, beim Pfarrer Trost zu suchen:

»›Wie geht es Ihnen?‹ erkundigte er sich. ›Schlecht‹, versetzte Emma, ›ich fühle mich sehr elend.‹ ›Sehen Sie, ich auch‹, erwiderte der Geistliche. ›Die ersten warmen Tage machen einen unglaublich matt, nicht wahr? Aber es ist nun einmal so! Wir sind zum Leiden geboren, wie der heilige Paulus sagt. Und wie denkt Herr Bovary darüber?‹ ›Ach der!‹ Sie machte eine verächtliche Gebärde. ›Was?‹ erwiderte der ehrwürdige Mann ganz erstaunt. ›Verordnet er Ihnen denn nichts?‹ ›Ach‹, meinte sie, ›irdische Heilmittel, die nutzen mir nichts.‹«

Der Pfarrer wird vom Lärm der Knaben abgelenkt. Sie versucht etwas zu sagen, aber er unterbricht sie. Als sie ihm hoffnungsvoll sagt: »Sie! Ja! Sie heilen alle Wunden!« unterbricht er sie erneut und redet von Kühen. Dann teilt er Backpfeifen aus und kommt wieder: »›Die Landleute sind recht zu bedauern...‹ ›Andere Leute auch‹, meinte sie. ›Gewiß! Die Arbeiter in den Städten zum Beispiel.‹ [...] ›O du mein Gott!‹ seufzte Emma« (nach der Ausgabe Frankfurt a. M. 1975).

Meere und Berge: wieder ein Gegensatz. Andernfalls würden sie nicht gemeinsam in der Redewendung erscheinen: *promettere mari e monti* (Meere und Berge versprechen). Es gibt amphibische Orte, an denen diese unmögliche Verheißung Wirklichkeit wird, die norwegischen Fjorde etwa oder Feuerland... Dort trennt der Wasserspiegel die Berge vom Meer wie das Volle vom Hohlen.

Es gibt beneidenswerte Menschen, die in den Bergen ebenso zu Hause sind wie auf See. In der Regel trifft entweder das eine oder das andere zu. Bei Papst Johannes Paul II. gibt es nur Berge, das Meer existiert nicht. Nägel und Knoten sind dem Bergmenschen ebenso vertraut wie dem Seemann; allerdings ist der Knoten enger mit dem Wasser verwandt. In Büchern über Seemannsknoten sind Einfallsreichtum und Schönheit ebenso wie Heraldik, Magie und Theologie enthalten. Die phantastischen Wasserfahrzeuge Thor Heyerdahls, die *Kon Tiki* und die *Ra*, kommen ohne einen einzigen Nagel aus. (In den italienischen Stahlwerken nennt man den Mann, der Teile an den Kranhaken anschlägt, »den Seemann«.)

Das wunderbarste Buch, das je über das Meer geschrieben wurde, ist *Moby Dick oder Der Wal.*

Als ich mich deshalb erneut an die Lektüre von *Moby Dick* machte, in der Überzeugung, in dieser Bibel der Walfängerei sei jede Art von Knotenkunst zu finden, wurde ich zunächst seitenlang enttäuscht. Zwar kamen hin und wieder einige Abschnitte vor, aus denen sich ein Auszug lohnte, hinreißende Stellen, bei denen der technische Jargon mit einer einzigen Wendung direkt in die Metaphysik führt. »Wie man bei Zimmermannsnägeln geschmiedete und geschnittene unterscheidet, so mögen auch die Menschen zu unterscheiden sein. Der kleine Flask gehörte zu den geschmiedeten, die fest sitzen und lange halten.« Wir befinden uns auf Seite 143. Auf Seite 204, während des aufreibend langen Wartens auf Ahabs Auftritt, beschreibt ein Seemann ihn bei stürmischer See als einen, der weiß, daß man Knoten durchhauen muß: »Ich hab's selber gehört, wie der alte Ahab zu ihm sagte, einer Bö mußt du zu Leibe gehn, so ähnlich wie einer Wasserhose: die sprengt man mit 'nem Pistolenschuß – also mitten reinschießen mit dem Schiff!«

Dann wieder nichts, bis Seite 317 (Kap. 60): Das Warten wird hier mit einem ganzen Kapitel voller Knäuel, Verwicklungen und Gewinde belohnt, Schleifen, Wurfleinen und Kabelgarnen, Schlingen, Windungen und Gehängen, Fransen, Hanftauen und Manilafasern. Es ist der Leine gewidmet, »der zauberisch geheimnisvollen und mitunter tödliches Verderben bringenden Walleine«. Die Leine ist an der Harpune befestigt und stellt ihr Gegenstück dar: die eine kann der Beute den Tod bringen, die andere den Jägern. »Da das geringste Vertörnen, der kleinste ›Klink‹ beim Auslaufen der Leine unfehlbar einen Arm, ein Bein oder auch einen ganzen Menschen mitreißen würde, ist beim Aufschießen in der Balje äußerste Sorgfalt geboten.« Das klingt wie ein weiteres Stichwort aus dem Wörterbuch des Walfangs, statt dessen handelt es sich um die Vorwegnahme des Ausgangs. Leine und Harpune, Knoten und Nagel ergänzen sich und sind dennoch Gegensätze. Eine Harpune, die in ihr Ziel eindringt, ist der Sieg, eine Leine, die sich beim Auslaufen verfängt und verknotet, der Tod. Und weiter: Melville will nicht darauf verzichten, seine Allegorie direkt auszudrücken, und schlägt den Bogen von der riskanten Balge zum Schicksal aller Sterblichen: »Gleich den sechs Bürgern von Calais, die einst den schweren Gang zu

König Eduard gingen, so rudern die sechs Mann Besatzung in den Rachen des Todes: auch sie, wie man wohl sagen kann, mit dem Strick um den Hals.« »Wir sind unser Leben lang in Walleinen vertörnt, wir sind geboren mit dem Strick um den Hals. Erst angesichts des Todes wird der Mensch der Gefahren des Lebens inne, die stumm und verschlagen auf Schritt und Tritt ihn umlauern.«

Die Walfänger sind selbst Zwittergestalten: Seeleute, und dennoch anders als Fischer, da ihre Beute das größte lebende Säugetier ist. Die Harpune am Ende ihrer Leine sticht jede Art von Angelhaken aus: sie ist ein Wurfspieß (im englischen nennt man beides *spear*), der wieder eingeholt wird, damit er nicht versinkt. Das Jagen verhält sich zum Fischen etwa so wie der Keil zum Knoten. Es gibt natürlich eine Jagd mit Netzen und Schlingen und sogar einen Fischfang mit Pfeil und Bogen. Trotzdem besteht ein grundlegender Unterschied. Beim Jagen mißt sich der Mensch – zumindest in seiner Vorstellung – mit einem einzigen Tier, das zu seinem persönlichen Feind wird. Beim Fischen mit dem Netz ist die Beute kollektiv und anonym: Fischen hat für den, der es betreibt, Ähnlichkeit mit dem Sammeln. Fische sind an sich ein Sinnbild für Vielzahl: zahllos wie Sand am Meer oder eben wie die Fische im Ozean. Als Opfer dieser kollektiven Darstellung schlechthin gelingt es den Fischen noch weniger als den Landtieren oder den Vögeln, als Wesen anerkannt zu werden, die Mitleid verdienen. Jesu Ansprache an seine Jünger, die zugleich Fischer sind: »Ich will euch zu Seelenfischern machen« ist undenkbar in der anderen Form: »Ich will euch zu Seelenjägern machen.« Es fällt auch nicht leicht, sich eine wundersame Vermehrung von Broten und Truthähnen vorzustellen oder von Hasen.

Als mannhafte Jäger haben die Männer der *Pequod* in der Harpune die Waffe ihrer Wahl und in der Leine ihren Feind. Wenn sie es mit Weibersachen zu tun bekommen wie etwa einer Geburt, greifen sie zur Kaiserschnittmethode und treiben es dabei auf die Spitze. Wir sind auf Seite 387, Taschtego, der Indianer, verschwindet im Kopf des geschlachteten Wals, und Quiqueg stürmt herbei, um Hilfe zu leisten.

»Quiqueg hatte, als er nach dem langsam sinkenden Walkopf tauchte, mit ein paar Hieben seines scharfen Schwertes ein großes Leck in den Boden des Kopfes geschlagen; dann hatte er die Waffe fallen lassen, mit seinem langen Arm weit nach oben hineingestoßen und so unsern armen Tasch beim Kopfe herausgezerrt. Er behauptete, der Indianer habe ihm, als er ihn zuerst zu packen suchte, das Bein entgegengestreckt; aber wohl wissend, daß dies nicht die rechte Reihenfolge ist [...], hatte er das Bein zurückgeschoben und mit einer kunstgerechten Wendung das indianische Riesenbaby zu einem Purzelbaum gezwungen; beim nächsten Versuch war es dann nach der bewährten alten Sitte zutage gekommen – Kopf voraus [...]. Und so war dank Quiquegs Kühnheit und großer Geschicklichkeit in der Hebammenkunst die glückliche Rückkunft oder vielmehr Niederkunft Taschtegos vollzogen worden [...], woraus eine Lehre zu ziehen und zu beherzigen ist. Geburtshilfe sollte jeder ebenso lernen wie Fechten und Boxen, Reiten und Rudern.« (Kap. 78)

Seltsamerweise taucht ein Geburtsbild – gemeinsam mit dem unheilvollen Bild des Nagels – in dem delirierenden und zugleich hellsichtigen Monolog des armen Pip vor der goldenen Dublone auf, die Ahab mit einem Nagel für denjenigen an den Mast geschlagen hat, der als erster Moby Dick sichtet. »Dies ist der Nabel von dem

Schiff, die Dublone hier, und sie brennen alle drauf, ihn loszuschrauben. Schraubt doch euren Nabel ab, und was wird dann? Wenn die Dublone aber hier hängen bliebe, das wär auch schlimm, denn was an den Mast nageln, ist ein Zeichen, daß es verzweifelt steht. Haha, alter Ahab! der Weiße Wal, der wird dich schon annageln!« (Kap. 99)

Wie man sieht, köstliche Zitate zu unserem Thema, aber leider ziemlich selten und bruchstückhaft. Mehr Aussicht auf Erfolg verspricht die allgemein vorhandene Neigung zum Schneiden, Reißen, Ausweiden, zur Schlächterei und zur Geburtszange. Neben dem wagemutigen Harpunier sticht – wie Hephästus neben Ares – der Zimmermann hervor; und sein Meisterwerk ist nicht eine Waffe, sondern eine chirurgische Operation, eine Transplantation: das mehrfach wiederhergestellte Bein Ahabs. Das wäre kaum der Rede wert, bei einem so dicken Buch, wenn es sich nicht plötzlich auf den letzten Seiten als gelehrte und verhohlene Einleitung zu einem regelrechten Roman über Knoten und Nägel, Leinen und Harpunen herausstellte. Ahabs Harpune wird in Kapitel 113 feierlich geschmiedet, begleitet von einer teuflischen Huldigung: »Sollst mir jetzt eine Harpune schmieden, die tausend Joch Teufel nicht in Stücke brechen [...] Hier, Perth, hast du das Zeug dazu... Sieh, Schmied, lauter aufgelesene alte Nägel aus den stählernen Hufeisen der Rennpferde.« Dann wählt er einen Schaft aus, und die Leine wird um den Harpunenhals geflochten. »Eisen, Stock und Warp waren jetzt unzertrennlich wie die drei Nornen. Finster schritt Ahab mit der Waffe von dannen.«

Endlich eilt die Geschichte ihrer Auflösung entgegen. In Kapitel 117 ist es Fedallah, der Parse, der düster prophezeit: »›Nur Hanf kann dich töten.‹ ›Der Galgen also, meinst du. So bin ich unsterblich zu Wasser und zu Lande‹, hohnlachte Ahab.« Von da an ist es eine Sarabande aus gerissenen Logleinen, verfangenen Schlingen und vom Blitz in Brand gesetzten Harpunen... Zu Pip und zu seiner leidvollen Heimsuchung sagt Ahab: »›Du rührst an das innerste Mark meiner Seele, Kind; was dich an mich knüpft, ist aus meinen Herzfasern gesponnen.‹« Und Pip wiederum: »›Wie ein Manntau kommt's mir vor, Sir, eine schwache Seele kann sich dran festhalten. Nun soll der alte Perth kommen, Sir, bitte, bitte, die beiden Hände soll er zusammennieten [...]‹« (Kap. 125). Zeichen und Anspielungen verdichten sich bis zum letzten Dutzend Seiten, dem zweiten Tag der Jagd (Kap. 134). Ohne auf die Harpunen zu achten, die von allen Seiten nach ihm geschleudert werden, stürmt Moby Dick mitten in die Boote hinein. »... aber der Weiße Wal drehte und wendete sich bald hierhin, bald dorthin mit immer neuen, unvorhergesehenen Schwenkungen und verwirrte auf tausend Arten die drei nun an ihm festgekommenen, im Wasser schleppenden Leinen, bis sie kürzer und kürzer wurden und so die untergangsgeweihten Boote von selbst zu den Eisen zerrten, die in seinem Körper spießten; einen Augenblick jedoch wich er zur Seite, als wollte er Kräfte sammeln für einen noch furchtbareren Angriff. Ahab benutzte die Atempause, um zunächst mehr Leine auszustecken und sie dann mit raschen Rucken wieder einzuholen, denn er hoffte, daß er auf diese Weise einen Teil der Schlingen lösen könne – da, sieh! – ein Anblick, schauriger als der Zinnenkranz von Haifischzähnen!

Verbogen und ineinander verfangen, korkzieherhaft in das Labyrinth der Leine gewunden, kamen lose Harpunen und Lanzen mit all ihren Spitzen und stachligen Widerhaken tropfend und blitzend herauf zu den

Bugrundseln von Ahabs Boot. Jetzt war nur eins zu tun. Ahab packte das Bootsmesser und griff mit sicherer Hand nach dem stählernen Strahlenbündel, faßte hinein – hindurch – und dann darüber hinaus [...]. Im selben Augenblick aber stieß der Weiße Wal plötzlich in das Gewirr der verflochtenen zwei anderen Leinen und riß dadurch die Boote von Stubb und Flask, die jetzt gefährdeter im Gedränge waren, unwiderstehlich an seine Schwanzflosse heran und schmetterte sie gegeneinander wie zwei leere Maishülsen im Brandungsgebrodel eines Strandes [...].«

Ahab bohrt Moby Dick die Harpune in den Leib, ist aber gezwungen, die Leine zu kappen, um sich aus seinem tödlichen Knoten zu befreien. So kommt er lebend davon am zweiten Tag, wenn auch der Lächerlichkeit preisgegeben wie die Freier durch Penelope. Fedallah aber, der ergebene Parse, der ihm in den Tod vorausgehen sollte, ist verschwunden, »verfangen in den Schlingen seiner Leine«.

Der dritte Tag kommt, gerade so lang wie die letzten fünf Seiten. Die Verweise verdichten sich nun zu einem Trommelfeuer. Ahab brüllt den Wellen zu, was ihm vorausgesagt worden ist, daß der Strick und nicht Nägel ihn zu Fall bringen können – das Schicksal des Achilles, der ferne und hinterhältige Bogen, nicht das Schwert. Er schreit seine Unverwundbarkeit hinaus, Ahab: »Schlagt eure Nägel nur ein, Wellen, tief ein bis an den Kopf! Woran ihr hämmert, das hat keinen Deckel. Kein Sarg für mich, keine Bahre – nur Hanf kann mich umbringen!« Da taucht Moby Dick wieder auf, wegen der eingedrungenen Harpunen außer sich, und »auf dem Rücken des Wals, hundertfach umwunden und gefesselt von dem Leinengewirr, in das er sich über Nacht immer heilloser verwickelt hatte, lag da [...] die halb zerrissene

Leiche des Parsen, die weit offenen Augen Ahab zugewendet.

Die Harpune sank ihm aus der Hand.«

Der Nagel weicht vor dem Knoten zurück, aber noch ergibt er sich ihm nicht. Denn Ahab erkennt nun in dem schrecklichen Anblick den Vollzug der schicksalhaften Prophezeiung, läßt aber von seiner Raserei nicht ab. Und immer wieder wird das Nageln beschworen. »Und während das alles an ihm vorüberflog und aus den beschädigten Booten der Hammerschlag an sein Ohr klang, schlugen ihm ganz andere Hämmer einen Nagel mitten ins Herz. Doch er biß die Zähne zusammen. Da sah er, daß am Großmast die Flagge fehlte, gerade in dem Augenblick, als Taschtego oben anlangte. Mit lauter Stimme schrie er ihm zu, er solle Hammer, Nägel und einen neuen Wimpel holen und ihn an den Mast nageln.«

Aber es ist das Ende. Wieder taucht Ahabs Harpune bis zum Schaft ein, doch die »verräterische Leine« reißt. Moby Dick nimmt Sturm auf die *Pequod*. Der rasende Ahab schreit seinen letzten Fluch hinaus (»... aus der tiefsten Hölle noch stoß ich nach dir [...]. So hetz ich dich, bis mich die Leine in Stücke reißt, die mich an dich bindet...«), und er schleudert seine letzte Harpune. »... der getroffene Wal jagte davon, durch die Rundsel fuhr in sengender Schnelle die Leine aus und vertörnte sich. Ahab bückte sich, um sie zu klarieren, es gelang ihm, aber die freigewordene Bucht schlang sich um seinen Hals, und ehe die Männer sich's versahen, war er über Bord gerissen, ohne einen Laut, als hätte einer von den Stummen des Orients ihn erdrosselt. Gleich darauf flog das letzte Ende der Leine mit dem schweren Augspleiß heraus, schlug einen der Männer nieder, klatschte aufs Wasser und verschwand in der Tiefe.«

Wir können *Moby Dick* also mit Fug und Recht in unsere Sammlung aufnehmen und ihm sogar den Ehrenplatz zuweisen. Melville hat mit Vorbedacht den Kontrast zwischen Knoten und Nagel behandelt, den Antagonismus zwischen den unsteten und verschlungenen Wegen des Schicksals und der geradlinigen und schneidigen Willenskraft des Menschen; zwischen dem Faden der Parzen und der Heldenhaftigkeit im Kampf. Ismael, der überlebende Erzähler, weiß von der Unausweichlichkeit des Schicksals, verspürt aber Bewunderung für den Nagel. Wenn es den Wal nicht gäbe und er nicht böse wäre, müßte man ihn erfinden. *Moby Dick* ist eine *Ilias*, keine *Odyssee;* es ist das Epos des Achill, nicht das des Odysseus. Nicht über den Wissensdurst, sondern über den geschlagenen und doch unbezwungenen männlichen Tatendrang breitet sich bei Melville das große Leichentuch des Meeres wieder aus.

Aber Wale sind nicht böse. Ihre Bosheit war wirklich eine Erfindung. *Moby Dick* ist das Buch, das mit den Mitteln der modernen Epik die menschliche Hingabe an den Kampf am treffendsten schildert. Dieser Ahab, der seine Harpunen so lange schleudert, bis das Meer über ihm zusammenschlägt, beklagt so die eigene Besessenheit, die Besessenheit mit dem ständigen Kampf (Kap. 132): »Vierzig Jahre nichts als Wale... Was für ein Leben, trostlos einsam... Wenn ich's bedenke – geahnt hab ich es wohl, so klar gewußt wie heute aber noch nie... Vierzig Jahre lang ein Narr, was ist der alte Ahab für ein alter Narr gewesen!«

Heutzutage ist Walfang verboten, obwohl Russen und Norweger und vor allem die Japaner das Verbot mißachten. An den Küsten Australiens und Kanadas kommen Tausende von Menschen zusammen, um Rudel gestrandeter Wale wieder ins offene Meer zu schleppen.

Naturschutzvereine und Reiseveranstalter machen es möglich, mit Booten in geschützte Buchten der Ozeane zu fahren und sich dort aufzuhalten, während die Wale ihre Jungen gebären und sie entwöhnen. Es kommt vor, daß Kinder die Leviathane streicheln.

Gott möge Kapitän Ahab einen derartigen Anblick ersparen. (Und uns dafür vor dem Eifer der *political correctness* verschonen, die Ahab eines »unkorrekten Verhaltens gegenüber den Walen« bezichtigt.)

Es sei mir an dieser Stelle erlaubt, einen Satz wiederzugeben (wenn er auch in keinem Zusammenhang mit dem übrigen steht), in dem der alte Bakunin bedauert, nicht »in den amerikanischen Wäldern geboren zu sein, unter den Siedlern des Wilden Westens, dort wo die Zivilisation gerade zu keimen begonnen hat und wo das Leben ein ständiger Kampf gegen wilde Menschen und eine wilde Natur ist«.

In Stevensons *Schatzinsel* (Kap. 29) findet sich folgender Satz, der sich auf die Schatzkarte bezieht: »Ja«, sagte einer, »das ist Flints Handschrift, soviel ist sicher. J. F., und einen Schnörkel darunter mit einem Stichknoten drin, so hat er immer unterschrieben.«

Die 1969 vor Mozia gefundene und in Marsala aufbewahrte phönizische Trireme ist ein 35 Meter langes und 5 Meter breites Kriegsschiff mit Lebensmittelvorräten und Ausrüstungsgegenständen – einschließlich einer gehörigen Portion Haschisch –, Münzen, Gerippen von Schweinen, die als Routentiere dienten, und rostfreien Nägeln. Die Ruderer auf den antiken Kriegsschiffen waren nicht immer Sklaven – in Athen waren es Bürger.

Die Seepolitik von Themistokles verfolgte nicht nur expansionistische, sondern auch innenpolitische Ziele: die Vergrößerung der Flotte bedeutete Beschäftigung für das Volk und somit Gefolgschaft. Der Einsatz von Sklaven stieß zudem auf technische und politische Hindernisse. Die drei Ränge der Ruderer waren auf äußerst knappem Platz untergebracht, um das Schiff nicht allzuschwer und den Rumpf nicht allzuhoch werden zu lassen. In den *Fröschen* (Zeile 1075 f.) legt Aristophanes einem Ruderer folgenden Satz in den Mund: »Ich habe gelernt, dem untersten Ruderknecht Winde ins Gesicht zu jagen.« Äußerste Synchronie war gefordert: die Ruder eines Rudererterzetts mußten in absolutem Gleichklang arbeiten. »Auch nur ein einziger Unzufriedener an Bord konnte in einem kritischen Moment das Gelingen aufs Spiel setzen.«

Die Erfindung des Ankers wird dem Skythen Anacharsis zugeschrieben. Die besten Taue waren aus Hanf oder aus Esparto, aber auch Fasern aus Papyrus, Palmen, Lindenstämmen oder Binsen wurden verwendet. Die Ruderer von Mozia waren anscheinend angekettet und somit dazu verdammt, zusammen mit dem Schiff unterzugehen.

Magellan führte bei seiner Expedition von 1519 Kreuze, Nägel und reliquienbesetzte Rosenkränze mit, um Wilde zu bekehren. Während die Schiffe vor dem Land des Verzin, also Brasilien, vor Anker lagen, bestieg eine junge Eingeborene das Schiff des großen Kapitäns. Antonio Pigafetta schrieb in sein Tagebuch:

»Eine junge Wilde kam eines Tages wegen einer Verabredung auf das Kapitänsschiff, auf dem ich mich befand. Wie sie so wartete, warf sie ein Auge in die Kammer des Meisters und sah einen mehr als fingerlangen Nagel, ergriff ihn und steckte ihn mit großer Anmut und Gefälligkeit durch die Lippen ihres Geschlechts.«

Die Sache ging weiter, mit Variationen. James Cook hatte aus den Erfahrungen John Byrons und der Fregatte *Dolphin* gelernt und nahm einen gehörigen Vorrat an Nägeln mit. Am 4. Juni 1769 wurde bei den Tuamotu-Inseln der Matrose Archibald Wolfe mit zwölf Peitschenhieben bestraft – dem doppelten des üblichen Maßes –, weil er »in eine der Vorratskammern eingebrochen war und dort eine große Zahl langer Nägel gestohlen hatte; einige wurden noch bei ihm gefunden«. Nägel waren ein gängiges Zahlungsmittel. Trotz des strikten Verbots, Gegenstände aus Eisen und insbesondere Nägel zu tauschen, die ausschließlich für die Lebensmittelversorgung vorgesehen waren, riß man sich um die Nägel. Die Seeleute schenkten den jungen Tahitianerinnen Nägel – für sie unwiderstehlich – und Geschlechtskrankheiten. Am 13. Juli 1769 schreibt Cook: »Alle Früchte erhielten wir im Tausch gegen Glasperlen und Nägel zu vierzig Pence, da die kleineren Nägel für die Eingeborenen überhaupt keinen Wert hatten. Aber da große Nägel ein Artikel waren, mit dem viele im Schiff versehen waren, fanden die Weiber bald einen leichteren Weg, zu ihnen zu gelangen, als indem sie Lebensmittel herbeischafften.« Ein paar Jahre zuvor war es der *Dolphin* unter dem Befehl von Samuel Wallis schlechter ergangen: Erst nach einer Weile kam man dahinter, daß die Matrosen sogar aus den Schiffsbalken Nägel gezogen hatten.

Bei der Beschreibung der Gebräuche der derart von Nägeln faszinierten Tahitianer bemerkte Cook, daß sie manchmal einen Turban trugen, die Frauen aber vor allem eine Kopfbedeckung namens *tamou*, »die aus menschlichem Haar besteht, das in der Dicke eines gewöhnlichen Fadens zopfartig geflochten ist; ich kann mit Gewißheit behaupten, Teile gesehen zu haben, die fast eine Meile lang sind, wobei immer an einem Ende begonnen wird, ohne daß ein einziger Knoten gemacht wird… Manchmal wickeln sich die Frauen fünf oder sechs davon um den Kopf, und wenn sie es mit Geschmack machen, sieht es sehr schön aus.«

Auf See vertauschen Knoten und Nägel die Rollen: sie dienen zum Anfachen der Winde, zur Verhinderung von Stürmen, zur Beruhigung des Wellengangs. Bartolomeo Crescenzio, Kapitän der päpstlichen Galeeren, berichtet 1602, daß »die in heidnischen Dingen leichtgläubigen und in den christlichen Dingen ganz halsstarrigen Matrosen meinen, eine Wasserhose auf See verschwinde, wenn man ein Messer mit schwarzem Griff nimmt und das Johannes-Evangelium und das Vaterunser aufsagt, ohne *et in terra* zu sagen, drei Kreuze in die Luft schlägt und bei jedem Kreuzzeichen das Messer mit der Spitze in den Schiffsrand rammt«. »All diese Erfindungen«, tadelte Crescenzio, »dienen dem Teufel als Haken für seine Fischzüge.« Nach Kapitän Ettore Bravetta, *Le leggende del mare e le superstizioni dei marinai* (Mailand 1908), gab es gegen Flauten am Äquator folgendes Mittel: »Nachdem sie in ein Hanftau so viele Knoten geknüpft hatten, wie es im Auslaufhafen bekanntermaßen unselige Ehemänner gab, warfen sie es in den Windstrich, dessen Wind sie wünschten, und sagten gleichzeitig das grüne Paternoster auf, ein blasphemisches, an den Satan gerichtetes Gebet.« Auch Hexen verkauften Winde an die ausfahrenden Schiffe. »Windverkäuferinnen gaben dem Käufer eine Schnur mit drei Knoten oder ein an drei Ecken verknotetes Taschentuch. Wenn man einen Knoten löste, ergab das eine gute Brise. Löste man zwei, wurde die Brise zu einem frischen Wind; wer auf den unseligen Gedanken gekommen wäre, alle drei Knoten zu lösen, hätte einen gewaltigen Wirbelsturm entfacht.« (Quelle dieses Berichts ist Olaus Magnus, *Historien der mittnächtigen Länder*, 1555.) Auf nordischen Schiffen wird ein Nagel in den Kreuzmast geschlagen, um einen günstigen Wind aufkommen zu lassen, und so fort. Im Mittelalter glaubte man in Frankreich, auch Seilmacher, die Kopfschlingen herstellten, könnten magische Stürme entfachen, um die Vernichtung der Ernte oder den Untergang eines Schiffes zu bewirken.

In der Magie ist vermutlich kein anderes Instrument so wichtig wie Knoten und Verschnürungen. Knoten spielen eine Rolle bei der Entbindung (die Knoten müssen gelöst werden, um die Geburt zu ermöglichen) und beim Tod (der gelöste Knoten erlaubt es der Seele, den Körper zu verlassen); in Situationen des Wechsels, bei der Jagd, bei einem Duell, im Krieg (echte oder mimisch dargestellte Knoten fesseln die Feinde oder binden sie los); bei der Liebe, um die es bei den meisten Zauberformeln geht (der Knoten ist das wichtigste Symbol der Liebe). In vielen Fällen ergänzen sich Knoten und Nägel in magischen Bräuchen und symbolischen Darstellungen. Auch das von einem Pfeil durchbohrte Herz, das Verliebte malen oder in eine Baumrinde ritzen, ist eine Kombination davon. Aus der Form, die die verknüpfte und dann um die Hand gewickelte Schnur annimmt, lassen sich Glück oder Unglück herauslesen. Den Hexen wurde angelastet, durch das Binden einer Schnur während der Hochzeitszeremonie Impotenz oder die Sterilität des Brautpaars hervorzurufen. Andere Knoten dienten dazu, den armen Kerl magisch zu kastrieren, so wie es Tierärzte mit einem Draht tun. Ende des 16. Jahrhunderts galt das Binden als häufigste und schrecklichste Zauberei. Gut dreizehnmal sprachen Konzilien und Synoden zwischen 1529 und 1679 eine Verdammnis magischer Verschnürungen aus. Jean Bodin berichtet in *La démonomanie des sorciers* (Paris 1580), er habe die fünfzig Arten der Hexerei, ein Lederband zu binden, genau gelernt – eine wunderbare Performance, wenn man es weniger teuflisch betrachtet. Es ist eine Tatsache, daß Bindungspsychosen und Hexenverfolgung zeitlich zusammenfallen: in etwa zwischen 1450 und 1650. Auch hierbei können an die Stelle der Knoten manchmal Nägel treten – die Pferde beschlagen, den Ausfluß von Flüssigkeiten verhindern und so weiter – oder Nadeln und Sicherheitsnadeln. (Knoten und Nägel sind auch in ihrer übertragenen Bedeutung austauschbar, etwa im französischen *clou*.)

Dem Propheten Daniel waren Einsicht und Verstand in jede Art von Weisheit gegeben, auch verstand er sich auf Visionen und Träume. Er und seine Gefährten zeigten sich zehnmal klüger als sämtliche Weisen und Zeichendeuter Chaldäas. Als seine Gefährten sich weigerten, das Standbild von König Nebukadnezar anzubeten, wurden sie mit gefesselten Füßen in den Feuerofen geworfen, der siebenmal so heiß war wie gewöhnlich. Der König fragte: »Haben wir nicht drei Männer in das Feuer werfen lassen?« »Ja«, antworteten die Räte. »Ich sehe aber vier Männer frei im Feuer umhergehen.« (Gott hatte ihnen nämlich seinen Engel geschickt, sagt der heilige Hieronymus, ein Abbild des Herrn Jesus Christus, der in die Hölle hinabstieg, um die dort Eingeschlossenen aus den

Fesseln des Todes zu befreien.) Belsazar, der neue König, holte Daniel, damit er die Schrift entziffere, die eine Hand an die Wand des königlichen Saales gezeichnet hatte. Die Königinmutter hatte Daniel empfohlen: seine Überlegenheit im Verstehen und Deuten von Träumen, in der Offenbarung dunkler Sprüche sowie im *Lösen der gebundenen Dinge* ist bekannt. Belsazar läßt ihn zu sich rufen: »Ich weiß, daß du Deutungen zu geben und *die gebundenen Dinge zu lösen weißt.*« (*Daniel*, V, 12; 16; Übersetzungen wie die der italienischen Bischofskonferenz oder des Rats der Evangelischen Kirchen in Deutschland: »*Rätsel lösen* oder *Geheimnisse offenbaren*«, schwächen die konkrete Ausdruckskraft ab.)

Der jüdische Mystiker und Kabbalist Abraham Abulafia, der sich gegen Ende des 13. Jahrhunderts lange in Sizilien aufhielt, bezeichnete Knoten als Fesseln, die den Menschen gefangennehmen: Raum, Zeit und Persönlichkeit. Einer seiner Schüler schreibt über das geistige Wohlbefinden, das erst erreicht wird, »wenn wir den Knoten der Begierde und der Wut in unserem Hals lösen«. Moshe Idel, Biograph und Exeget Abulafias, schreibt: »Die Quelle für Abulafias Aussagen scheint in den Sätzen von Daniel 5,12.16 zu liegen – *meschare qitrin* und *qitrin le mischra* (Knoten lösen). Die ursprüngliche Konnotation des Ausdrucks ist magisch.« Die Bindungen werden ständig zu den Ketten in Beziehung gesetzt, die die Seele gefangenhalten, dem Gefängnis, in dem der Geist gefangen ist. Das wahre Leben besteht darin, die Seele bis zum Tod von den Verknotungen zu befreien, in der Befreiung von den Begierden dieser Welt, die den Menschen versuchen »wie einen Hund vor seiner Hündin«. Die Loslösung ist die Vereinigung mit Gott: es werden die

Knoten gelöst, die den Menschen an die Natur ketten, es wird ein neuer Knoten zwischen dem Menschen und Gottes Liebe geknüpft. Man betrachte folgende Passage aus Abulafia, die tatsächlich so geschrieben ist, wie man einen Knoten binden würde.

»Bei der kosmischen Achse (*teli*) handelt es sich um nichts anderes als um die ineinander geknüpften Verbindungen der Sphären, und ohne Zweifel garantieren sie deren Existenz, ganz ähnlich den Verbindungen der menschlichen Gliedmaßen, und die Verbindungen der Gliedmaßen im Menschen, die in erster Linie an den Knochen befestigt sind, werden auch beim Menschen Achse genannt. Und der verborgene Sinn ist der, daß ein Magier diesen Knoten der Lust herbeibringt und erneuert, um die Existenz dieses zusammengesetzten Ensembles einige Zeit zu bewahren. Und wird dieser Knoten gelöst, so wird auch das offenbart werden, das den Knoten bezeugt, und derjenige, der sich mit diesen Knoten (*kescharim*) zur Einheit verbindet, wird sich auch mit Lug und Trug (*schekarim*) verbinden, denn da sie in zukünftigen Zeiten gelöst werden, werden auch die Knoten seiner Verbindung zur Einheit (*debekuth*) gelöst und nichts von ihm übrigbleiben; deshalb muß man, bevor man diese Knoten löst, Bande der Liebe knüpfen und sich mit diesen verbinden, wer die Bande seiner Liebe nicht löst und seine Lust nicht an Ihn heftet, nämlich den Heiligen Namen, wird unter gar keinen Umständen je sich erheben.«

Der Mensch ist also das Tier, das knoten kann. 1983 berichtete Italo Calvino vom Besuch der Pariser Ausstellung »Knoten und Verschnürungen« und schloß sogar: »Die Kunst des Knotenknüpfens, Gipfel sowohl der geistigen

Abstraktion wie der Fingerfertigkeit, könnte geradezu als das Hauptmerkmal des Menschen betrachtet werden, vielleicht noch mehr als die Sprache.« Die Ausstellung beschäftigte sich sozusagen mit dem Alphabet der Knoten. In Neukaledonien bedeutete ein Strick aus Rindenfasern des Banyan (*Ficus bengalensis*), der an einem Ende verknotet war, einen Vorschlag zur Bildung eines Militärbündnisses; zum Zeichen der Annahme verknotete der Empfänger auch das andere Ende und schickte die Botschaft zurück. Ein Knoten um eine kleine verkohlte Fackel bedeutete eine Kriegserklärung: »Wir werden euer Dorf niederbrennen.« Ein Knoten, der Rohrstengel, Zweige und Blätter hielt, bedeutete Frieden: »Ihr könnt wiederkommen und eure Hütten wieder aufbauen.« Die Geschichtenerzähler der Maori ließen eine Knotenschnur durch die Finger laufen wie ein Inhaltsverzeichnis von Helden und Abenteuern. Nach Victor Segalen (1907) »wurde dieses Knäuel ›Ursprung des Wortes‹ genannt, weil es die Wörter hervorzubringen schien«. Die Inkas in Peru benutzten das *quipu*, ein Bündel bunter Baumwollschnüre, zur Übermittlung von Botschaften, für Buchhaltung, Volkszählungen und zur Bewertung von Ernten. Calvino, der natürlich von der Entdeckung der mathematischen Knotentheorie beeindruckt war, führte den Katalog der Berufe an, die mit Knoten zu tun haben: »Vom Seemann bis zum Chirurgen, vom Flickschuster bis zum Akrobaten, vom Alpinisten bis zur Schneiderin, vom Fischer bis zum Packer, vom Metzger bis zum Korbflechter, vom Teppichweber bis zum Klavierstimmer, vom Zeltbauer bis zum Polsterer, vom Holzfäller bis zur Spitzenklöpplerin, vom Buchbinder bis zum Hersteller von Tennisschlägern, vom Henker bis zum Perlenkettenmacher...«

In einem Brief an *Le Monde* erzählte damals eine alte Dame von ihrem Großvater, einem Gärtner und Analphabeten: »Da er keine Etiketten beschriften konnte, erkannte er die Vielzahl der Pflanzen anhand der Knoten, die er nach Material und Farbe unterschied: Leinen, Hanf, Bast, Schnur, Nähfaden, Wolle, Bänder, Lederriemen, Stoffstreifen, er verwendete alles, ohne jeden Bezug zwischen seiner Wahl und der Farbe der Blüten und Früchte; zumindest ohne jeden erkennbaren Bezug. Ich erinnere mich, daß seine schönen roten Tulpen Anrecht auf blaue Streifen hatten. Die vielen verschiedenen Materialarten hätten ihm nicht gereicht, wenn er nicht Knoten gemacht hätte: er knüpfte einfache, doppelte, komplizierte, in näherem oder weiterem Abstand, in unterschiedlicher Anzahl...«

Blanquismus galt in der Geschichte der Linken als Synonym für Umsturzversuche einer Minderheit, für ungestümen Aufruhr, für die Abkürzung des revolutionären Weges. Vor 1848 war Alexander Herzen »Blanquist«: »Blanqui ist der Revolutionär unserer Zeit, er hat verstanden, daß es nichts zu verbessern gibt, er hat verstanden, daß die erste Aufgabe jetzt darin besteht, das Bestehende niederzureißen.« Nach der Niederlage von 1848 gingen Herzens Überlegungen ganz in die entgegengesetzte Richtung: Ablehnung des chirurgischen Übereifers, der Dämonisierung des Feindbildes, der Interpretation der Welt als Verschwörung. Es handelt sich um einen der nicht seltenen Fälle, in denen die Niederlage einer revolutionären Bewegung einen ihrer Vertreter dazu bringt, die Ursachen dafür nicht nur außerhalb seiner selbst, in der Stärke oder der Gewalt anderer zu suchen, sondern in sich selbst: bis hin zu der Ansicht, die Niederlage als Gefahr zu betrachten, der man entronnen ist. Auch bei Georg Büchner war dies der Fall, in Italien, prosaischer, bei Vincenzo Cuoco sowie bei Carlo Pisacane (ein Grund mehr, bei letzterem zu bedauern, daß er das Desaster von Sapri nicht überlebt hat). In Herzens Überlegungen ist der Rückgriff auf die Bildhaftigkeit von Knoten und Nägeln, von Weberei und Chirurgie außerordentlich häufig und bezeichnend: Knoten und Nagel scheinen buchstäblich zu den entgegengesetzten Losungen Herzens und Bakunins zu werden. 1866 sollten Herzen und Bakunin sich um die Figur Dimitri Karakasows streiten: »ein Verrückter und ein Fanatiker« für Herzen, während Bakunin es schätzte, »daß sich ein weniger philosophisch entwickelter, aber dafür energischerer Mensch als wir gefunden hat, dem es schien, man könne den Gordionsknoten mit einem Hieb durchhauen«. Herzen schreibt in einem Brief: »Die Menschheit ist jetzt über [den berühmten französischen Chirurgen] Nélaton erhaben und glaubt nicht, daß es auf der Welt *nur Chirurgie und Kauterisation* gibt.« Vittorio Strada bemerkt dazu: »Herzen wiederholt seine Theorie von der historischen Tat, die den Menschen weder zum passiven Bestatter der Vergangenheit macht noch zum unbewußten Geburtshelfer der Zukunft.« Man lese, wie im folgenden Text in einer fast barocken Vielfalt das Repertoire der Knoten, Stickereien und Schußfäden abgespult wird: »[Die Idealisten] sind keinesfalls gewillt zu beachten, daß [...] solange wir am Leben sind, solange der Knoten, der unsere Elemente zusammenhält, sich nicht gelöst hat, wir noch wir selbst sind, nicht aber Puppen, dazu bestimmt, den Fortschritt bloß zu erleiden oder irgendeine heimatlose Idee zu verkörpern. Stolz müssen wir darauf sein, daß wir nicht *Nadel und Faden sind in den Händen des Fatums, das am bunten Teppich der Geschichte näht... Wir wissen, daß dieser Teppich nicht ohne uns gewebt wird*, aber daß ist nicht unser Ziel, nicht unsere Bestimmung, nicht eine Aufgabe, die uns gestellt ist, sondern die Konsequenz jener komplizierten Gesamtbürgschaft, die alles Existierende durch Anfänge und Enden, Ursachen und Wirkungen verbindet. Und das ist noch nicht alles: wir können *das Muster des Teppichs ändern!* Ein Gebieter ist nicht da, es fehlt die Zeichnung, nur der Zettel ist vorhanden, und wir sind ganz allein!« (A. Herzen, *Mein Leben. Memoiren und Reflexionen*, Band III, 1852–1868, Berlin 1962, S. 316.)

Der Rückgriff auf diese Bilder ist nicht zufällig und auch nicht der scheinbare Widerspruch zwischen der Polemik gegen den Hang zur Chirurgie und die Forderung von subjektiver Freiheit und Verantwortung. Es ist die revolutionäre Sprache, die die Geburtszange vorzieht: die Revolution ist für sie die *Geburtshelferin der Geschichte*. Gerade das Festhalten an diesem Bild zeigt die in einem so großen Teil der revolutionären Tradition vorhandene Kombination von »naturalistischem« Determinismus und »subjektivem« Voluntarismus. Die neue Gesellschaft reift im Schoß der alten heran wie das Kind im Bauch der Mutter: eine stärkere Gleichsetzung des sozialen Körpers mit dem menschlichen, der sozialen Evolution mit der biologischen, ließe sich gar nicht erdenken. Die Produktions- und Machtverhältnisse aber – so denkt man – hindern die neue Gesellschaft, die durch die Entwicklung der Produktivkräfte herangereift ist, daran, auf die Welt zu kommen und verursachen krampfartige und bedrohliche Wehen. Die revolutionäre Gewalt ist zur Geburtshelferin berufen, damit die Natur mit einem klaren und gleichzeitig barmherzigen Schnitt ihren Lauf nimmt und das neue Leben das alte überwindet. Evolutionistischer Determinismus und voluntaristischer Eifer können, ja müssen sogar miteinander einhergehen – gleich, in welchem Ausmaß und in welcher Form sie zusammenwirken.

In den finstersten Fassungen des ökonomistischen Determinismus wird der revolutionäre Kaiserschnitt besonders abergläubisch und arrogant: Er rechtfertigt sich nicht aus der Notwendigkeit heraus, ein Gleichgewicht zur Gewalt der anderen Seite zu schaffen, oder durch die Illusion, daß eine unterdrückte Klasse sich nur über einen gewaltsamen Bruch befreien, aufschwingen und den *neuen Menschen* schaffen könne; er verlacht vielmehr die Engstirnigkeit und den Moralismus solcher Begründungen. Er fühlt sich durch eine eherne, unausweichliche Kraft motiviert, durch den Gang der Natur- und Menschheitsgeschichte.

Das ist also das polemische Ziel von Herzens Schrift *An einen alten Freund* gegen die politischen Gegner und gegen die eigenen Anschauungen vom Tage zuvor. »Kein Zweifel«, schreibt Herzen in seinem ersten Brief am 15.1.1869, »der Geburtshelfer kann erleichtern, abkürzen, Hindernisse aus dem Wege räumen, aber innerhalb bestimmter Grenzen, die zu bestimmen schwer und die zu überschreiten furchtbar ist.« 1848 ereignete sich ein blutiger, verzweifelter und grausam niedergeschlagener Aufstand, der unter keiner Fahne stand. Diese Niederlage hat das Rad der Geschichte zurückgedreht. »Was aber wäre geschehen, wenn der Sieg auf die Seite der Barrikaden getreten wäre?« Weit mehr als auf materielle Stärke, warnt Herzen, ist die alte Ordnung auf Anerkennung und Konsens aufgebaut, und keine Theorie des Komplotts, keine Schuldzuweisung kann darüber hinwegtäuschen. »Überhaupt ist an den sozialen Ungereimtheiten unseres heutigen Lebens niemand schuld, und niemand kann mit gerechterem Grund gestraft werden als das Meer, das der Perserkönig auspeitschen ließ [...]. Beschuldigen, strafen, pfählen, das alles steht schon weit unter dem Niveau unseres Verständnisses. Man muß die Dinge einfacher, physiologischer betrachten und den Standpunkt des Strafgesetzbuches ein für allemal aufgeben; leider aber bricht dieser Standpunkt immer wieder durch und bringt die Begriffe durcheinander, indem er persönliche Leidenschaften in die allgemeine Sache hineinträgt und ungewollte Ereignisse fälschlich als *beabsichtigte Verschwörung* hinstellt.« Für das jakobinische Unrecht, führt Herzen weiter aus, gab es wenigstens die mildernden Umstände des »naiven Glaubens an die eigene Gerechtigkeit«.

Ich merke, wie aktuell diese Passagen klingen, und es tut mir gar nicht leid. Ich las diese Texte und entnahm ihnen diese Zitate vor beinahe zwanzig Jahren, bald nach einem weiteren niedergeschlagenen Rebellionsversuch – »was aber wäre geschehen, wenn er Erfolg gehabt hätte?« Ich trug Notizen zu Knoten und Nägeln zusammen und verzeichnete wohlwollend Herzens Skepsis gegenüber der geburtshelferischen Chirurgie und seine Vorliebe für die geduldige Arbeit des Teppichknüpfens. Damals wurde auch der Disput zwischen »Härte« und »Verhandlungsbereitschaft« ausgetragen: töricht wie sonst kaum etwas. »Ich glaube nicht an den Ernst von Menschen,« – las ich bei Herzen –, »die den gewaltsamen Bruch, die Zerstörung und die rohe Gewalt der Entwicklung und der Vermittlung vorziehen [...]. Ich habe Mitleid nicht allein mit den Menschen, sondern auch mit den Dingen, und *manche Dinge bedaure ich mehr als manche Menschen.*« (4. Brief, Herbst 1869)

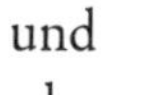

Über das Neue, das Alte und die Nostalgie schrieb Herzen (im ersten Brief) ganz unbefangen: »Und wer wollte sagen, ohne sich einer himmelschreienden Ungerechtigkeit schuldig zu machen, daß es nicht auch im Vergangenen und Verschwindenden viel Schönes gab und daß es mit dem alten Schiffe zugrunde gehen müsse.« Damit nahm er Bakunin aufs Korn, und Bakunin, der Ahab der Verschwörungen, hatte sich mit Haut und Haaren der revolutionären Chirurgie verschrieben. Seine »Prinzipien der Revolution« standen unter dem Motto des chirurgischen Hippokrates: »Was Arzneien nicht heilen, heilt das Messer. Was das Messer nicht heilt, heilt das Feuer« und übertrugen es in die Schlußfolgerungen: »Mögen also alle gesunden jungen Köpfe sofort an die heilige Sache der Ausrottung des Bösen, der Läuterung und Aufklärung der russischen Erde durch Feuer und Schwert gehen und sich brüderlich mit denen vereinigen, die dasselbe in ganz Europa tun werden!« Verliebt, wie er war, in die Strenge von Feuer und Schwert und in die wenigen, die bereit schienen, sich hineinzustürzen – »ein einziger ernsthafter Mann für hundert Schlappschwänze und Schwätzer« –, hatte Bakunin sich in Sergej Netschajew vernarrt, bis er einen Schrecken bekam. Er hatte – auf Netschajew bezogen – von der »Anmut des Fanatismus« gesprochen – ein Ausdruck, der merkwürdig an Pasolini erinnert. Netschajew, dem gerade zweiundzwanzigjährigen Würgeengel mit den falschen Flügeln, hatte Bakunin vergeblich versucht klarzumachen, daß Machiavellismus, Jesuitentum und Skrupellosigkeit gegenüber dem Feind heilig, in den eigenen Reihen aber verflucht sind. (Später, aber zu spät, sollte Bakunin die Abkehr vom Jesuitentum fordern und mahnen: »Unser Volk ist kein unbeschriebenes Blatt...«) Wenn gegen den Feind »alles erlaubt ist«, war Netschajews Lösung nur konsequent: Sie verschob die Grenze zwischen Freund und Feind bis zum Äußersten, bis zum Verdacht eines jeden gegen den eigenen Gefährten und gegen sich selbst. Machiavellismus ist der schmutzige Krieg, gleich, gegen wen er geführt wird: entweder – oder. (Im übrigen wurde dies im Stalinismus zu einer allgemein angewandten Regel.) Netschajew begnügte sich nicht damit, die vorgeblichen Gebote des schwarzen Jesuitentums zu übernehmen und umzukehren. Er tat weit mehr: Er schuf *die Fälschung einer Fälschung*. Wer ihn beschuldigt hätte: »Ihr seid Schlangen!«, hätte von ihm die Antwort bekommen: »Wir sind Schlangen!«

»Nur die widerstandsfähigsten haben Hunger und Kälte, Demütigungen und Schmach unversehrt überstanden, indem sie sich wie Schlangen zwischen den Tyrannen wanden, die über die öffentliche Ignoranz wachen; und nun sind sie überall eingedrungen und haben sich überall festgesetzt.«

Es ist dieses Bild, es sind diese Worte, die die Sache mit den *Protokollen der Weisen von Zion* noch fürchterlicher machen. Eine niederträchtige Fälschung, gewiß. Die Frage ist aber weniger, wer sie aus welchem Grund geschrieben hat, sondern mit welcher Leichtgläubigkeit sie Aufnahme fanden und immer noch finden.

»Im Leben«, las ich bei Alexander Herzen, »besteht alles aus schillernden Farben, Überschneidungen, Überlagerungen und Überwindungen, und nicht aus einzelnen Teilen.«

Unter den Vorstellungen von der *menschlichen Natur* ist die Metapher vom unbeschriebenen Blatt (Mao Zedong: Die chinesischen Massen sind eine unbeschriebene Tafel…), die mit den politischen oder religiösen Vorstellungen vom neuen Menschen, von der Wiedergeburt, der Palingenese, zu tun hat, eine der exemplarischsten. Revolutionäre Politik stellt sich vor, auf das unbeschriebene weiße Blatt des Volkes einen genetischen Code zu schreiben, ihn »neu zu schaffen«. Aber das Volk – und die einzelnen Menschen – sind mit Geheimtinte dicht beschriebene Blätter. In Jacopo Passavantis *Specchio di vera penitenza* (14. Jahrhundert) kann man dieses *exemplum* vom weißen Blatt Papier lesen: »Ein Student mit liederlichem Lebenswandel begibt sich eines Tages zur Beichte zum Prior des Sankt-Viktor-Klosters in Paris. Er bringt aber nichts heraus, da Tränen und Schluchzen ihn daran hindern. Darauf schreibt er auf Anraten seines Beichtvaters seine Sünden auf ein Papier und übergibt es dem Prior, immer noch unter Tränen. Der ist sich wegen der Schwere der Schuld unsicher, welche Buße er auferlegen soll, und bringt das Papier dem Abt. Doch da ist das Papier auf wundersame Weise wieder weiß geworden, da Gott der Herr dem jungen Mann angesichts seines Leids vergeben hatte.« (Die melancholische moderne und halbstaatliche Fassung der Wiedergeburt: ein neuer Name, neue Papiere, vielleicht ein neues Gesicht, wie sie den »reuigen« Kronzeugen der Justiz gewährt werden.)

Manzoni, *Die Verlobten*, Kapitel 13: »Ein Greis [...] schwang einen Strick, einen Hammer und vier mächtige Nägel in der Luft, womit er, wie er sagte, den Proviantverweser zuerst aufknüpfen und dann an einen Flügel des Tores nageln wolle.«

Nagel, aufrecht, recht, rechts. Knoten, gewunden, link, links. Recht und verkehrt. Recht und unrecht.

Natürlich kann der Unterschied zwischen Nagel und Knoten auch übertragen werden auf den zwischen einer einheitlichen, geradlinigen Zeit – »dem Pfeil der Zeit« – und einer kreisförmigen oder gewundenen Zeit. Nichts bringt die Herren der Zeit – die Organisatoren der Arbeit, die Männer, die Weißen, die Erwachsenen – mehr aus dem Konzept als die Forderung nach einer anderen Zeit. Die Zeit ist der echte Fixpunkt der Vernunft, die objektive Grundlage der Rationalität: Man mag sich bis zum Äußersten unterscheiden, aber die Zeit ist für alle gleich...

Christianisierung und Ökonomisierung der Zeit kamen im Gleichschritt daher. Im frühen Christentum führte das Gefühl der Vergänglichkeit, des Todes und der Ewigkeit zu einer Entwertung der Zeit, die der hedonistischen des *carpe diem* entgegengesetzt war; sofern man nicht eine Ambiguität bei den Arbeitern sehen möchte, die unmittelbar vor der Ankunft des Himmelreichs in den Generalstreik treten und mit denen sich der heilige Paulus auseinandersetzen mußte. Später kehrte sich der Effekt um: Ihr müßt sterben, also beeilt euch. Das Evangelium hält dazu an, die eigenen Schätze am richtigen Ort zu hinterlegen, wo sie von der Inflation nicht aufgefressen werden. Zeit wird Geld oder genauer: Umlaufgeschwindigkeit des Kapitals. Ihre Meister sind der geschickte Wucherer, der Börsenmakler, der Bettler, der zerlumpt und hungrig auf einer Matratze krepiert, die mit Geldscheinen gestopft ist. Das Sparen und das Stunden führen zur Aufwertung der Kinder – und ihrer Erzeugerinnen. Wer weiß, inwieweit die Krise der Monetisierung der Arbeitszeit – das heißt des Arbeitslohns anstelle einer Vergütung durch mehr Freizeit und durch mehr Freiheit, über die eigene Zeit zu verfügen – mit dem Pillenknick zu tun hat. Unter den Gewissensbissen, mit denen das Christentum den westlichen Menschen befrachtet hat, ist der fürchterlichste der, »Zeit verloren« zu haben. Außenseiter sind dabei der Langstreckenläufer, der vor dem Ziel stehenbleibt, oder, bedrohlicher, die Frauen, die auf einer Demonstration rufen: »Die Zeiten der Frauen sind die Zeiten, die die Frauen sich selbst setzen.«

Doktor Albert Schweitzer kann nicht umhin, entmutigt zu rufen: »Wir sind alle zermürbt vom aufreibenden Kampf zwischen dem Europäer, für den Arbeit eine innere Notwendigkeit ist, der sich Verantwortung aufhalst und stets gegen die Zeit ankämpft, und dem Primitiven, der keine Verantwortung kennt und nie Eile hat.«

In Montesquieus *Perserbriefen* schreibt Rica (24. Brief): »Seit einem Monat sind wir in Paris, und [...] ich habe noch niemanden gehen sehen ... Die Franzosen rennen, sie fliegen! Die langsamen Fuhrwerke Asiens, die gemessenen Schritte unserer Kamele ließen sie in Ohnmacht fallen.«

Montesquieu war es, der da sprach: der Europäer, der sich die Reaktion eines Orientalen vorstellt. Kaum zwei Jahrhunderte später kommt so etwas Ähnliches Gandhi in den Sinn, der sich in London aufhält (*This Crazy Civilization*, Korrespondenz für den *Indian Opinion*, 1909): London begeistert sich für Herrn Blériot, der den Ärmelkanal überquert hat, und für Doktor Cook, der behauptet, er sei am Nordpol gewesen. Das Leben wird immer unerträglicher, wenn der Himmel voller Flugzeuge ist. Beim Betrachten dieses Landes voller Telegrafendrähte und geräuschvoller Eisenbahnen »sind mir immer mehr meine Illusionen über die westliche Zivilisation verlorengegangen. Die Leute, denen man auf der Straße begegnet, sehen aus wie halb verrückt. Manche verbringen ihre Tage im Luxus, andere führen ein trostloses Leben und kommen am Abend völlig erschöpft nach Hause.«

Bei den bereits genannten Leichtathletik-Weltmeisterschaften in Helsinki werden große Leistungen vollbracht. Carl Lewis läuft und gewinnt, macht Weitsprung –

einen einzigen Sprung – und gewinnt, läuft wieder und gewinnt wieder, er ist froh: Das ist die hinreißende Erhabenheit von einem, der den Vorhersagen entsprechend siegt. Es passiert auch, daß bei einem Halbfinale (nicht einmal einem Finale) über 5000 Meter ein junger Mann aus Costa Rica zweimal überrundet wird. Er sammelt einen ungeheuren Rückstand an, gibt aber nicht auf, und als alle anderen bereits im Ziel sind, hat er noch mehr als zwei Runden zu laufen. Die 55000 Zuschauer spenden dem Läufer während dieser zwei Runden und auch nach seiner Ankunft im Ziel herzhaften und ehrlichen Beifall. Da ist er so erschöpft, daß er nicht einmal mehr den Arm heben kann. Keine Posse. Aber auch nicht Sympathie und Ermutigung für einen, der den Wettkampf ehrt, obwohl er geschlagen ist. Das kommt öfter vor. Dieser hier ist *viel zu spät dran.* Das ist nicht einer, der verloren hat, aber nicht aufgibt: Das ist ein Mißverständnis, eine Panne des Reglements, und er ist auch ein unglückseliger Repräsentant der Spezies derer, die unterliegen, die das Nachsehen haben. Der Beifall, der ihm gezollt wird, ist ungewöhnlich stark. Er übertönt beinahe den für den Sieger, verhält sich symmetrisch dazu. Es ist der Beifall für den *weit Abgeschlagenen*, den, der nie richtig im Rennen lag. Er verletzt die Spielregeln. (Später gab es Proteste gegen die Absurdität eines Reglements, das derart lahme Enten auf die Aschenbahn läßt.)

In der Antike konnte ein fähiger Schütze bis zu zwölf Pfeile in der Minute abschnellen. Im November 1994 erinnerte Frau Joyce Dernely an den jovialen und gewissenhaften Charakter ihres Mannes Syd, der an einem Herzinfarkt gestorben war. Er war von 1948 bis 1953 der letzte britische Henker gewesen. »Der schnellste Henker der Geschichte« erledigte eine Exekution am Galgen in sieben Sekunden.

Albert Pierrepoint, sein Vorgänger, war zwei Jahre vorher mit 87 Jahren unbeschwert gestorben. Er war mit einer Bilanz von 470 Erhängten in Rente gegangen: 433 Männern und 37 Frauen. An einem einzigen Tag in der Nachkriegszeit hatte er 27 Menschen erhängt. Er war gegen die Todesstrafe.

Wer weiß, welcher Sinn für Symmetrie und Ordnung sich hinter dem Abhacken der rechten Hand und des linken Fußes verbirgt, das derzeit verstärkt in islamistischen Staaten praktiziert wird.

Es ist erstaunlich, daß man bei uns so weiterlebt, als sei nichts geschehen. Als hätte es dieses Jahrhundert nicht gegeben. Nach der Atombombe war das Ende der Welt zum letzten Kapitel der Menschheitsgeschichte und nicht mehr der Naturgeschichte geworden. Jetzt ist klar, daß kein Atomkrieg mehr nötig ist, um das Ende der Welt durch Menschenhand herbeizuführen. Es reichen die Vergeudung und die friedliche Zerstörung durch das gewöhnliche Leben. Die schwindelerregende Zunahme der Weltbevölkerung ist der beeindruckendste unter Tausenden von Rekorden.

Nach verschiedenen Berechnungen ist die Zahl der heute lebenden Menschen bereits größer als die aller Menschen, die je zuvor gelebt haben, oder bewegt sich jedenfalls in diese Richtung. Die Zahl der Lebenden ist größer als die der Toten. Ich erinnere mich, daß diese Nachricht, die ich irgendwo gelesen hatte, mich erschüttert hatte wie kaum eine andere. Wir waren gewohnt, uns die Lebenden als kleine, verschwindende Schar vorzustellen, als kleinen Fortsatz der zahllosen Menge derer, die schon gelebt haben: die *Welt der Mehrzahl* – das war bisher die Welt der Toten. In den Bildern vom Jüngsten Gericht konnten wir es sogar *sehen*. Plötzlich werden die Toten *zur Minderzahl*. Massaker, Epidemien und schreckliche Kriege geschehen, ohne den wachsenden Berg der Überbevölkerung auch nur anzukratzen. Das muß zwangsläufig unser Verhältnis zum Tod und zu den Toten verändern – und damit das tiefste Wesen unserer Zivilisation.

Ich weiß nicht, ob und wie sich das Verhältnis zu *unseren* Toten ändert. Möglicherweise sind Schmerz und Verlust sogar stärker und schwerer zu besänftigen. Eine Tatsache ist, daß die sichtbaren Äußerungen unserer Trauer immer mehr verschwinden, sogar aus verkehrstechnischen Gründen, die es nicht mehr zulassen, in einer Stadt einen Leichenzug abzuhalten. Trauerkleidung, häusliche Zurückgezogenheit und Stille sind im modernen Leben lauter unangebrachte Erscheinungen. Die Trauer muß ohne sie auskommen, muß nach innen gekehrt bleiben und sich beeilen. Die Zwischenzeit, in der der Tote noch lebt und die Lebenden wie tot sind, ist nahezu abgeschafft. Die Dinge nehmen ihren Lauf. Auf alle Fälle aber ändert sich das Verhältnis zu *allen Toten*, zum Jenseits der Verstorbenen, das bis vor kurzem den Alltag umgab. Sie sind wenige geworden, wehrlos und versprengt. Wer am Leben bleibt, hat es nicht mehr nötig, vor ihren Ermahnungen, ihren Ressentiments und Gängelungen auf der Hut zu sein. Das unwiderstehliche und verschämte Verlangen des Überlebenden, in der Masse der Toten allein am Leben zu bleiben, nimmt ab, wenn die Überlebenden eine zahllose, anschwellende und sich wälzende Masse sind wie Sand am Meer.

An dem Ort, der bisher den Toten gehörte, macht sich das endlose Heer der Lebenden aus der armen und jungen Welt breit. An die Stelle des Gefühls, den Tod überlebt zu haben, tritt nun der Eindruck, der Belagerung durch die Welt der Armut, der Geburtenexplosion und des Hungers bisher entronnen zu sein. Für die Lebenden der reichen und gebildeten Welt hat die Bevölkerung der anderen Welt – der anderen Welt diesseits, auf der Erde – das kontrastive Aussehen der Jugend, der Aggressivität, der animalischen Natürlichkeit, aber auch das eines nur halben Daseins: Es ist kein richtiges Leben und kein richtiger Tod, es ist Krankheit, Elend und Siechtum. Leben sie tatsächlich oder sind sie schon beinahe tot, die Gestalten in den Lagern oder den Flüchtlingsprozessionen Ruandas, kurz bevor sie sich in die Bündel verwandeln, die Massengräber und Straßenränder anfüllen und in der Strömung der Flüsse schaukeln? Statistische Existenzen, Panoramaschwenks im Fernsehen.

Das Leben der Armen oder der Kolonisierten hatte in einem Großteil unserer Kulturen nie viel gegolten. Nun aber scheinen sie uns zu umzingeln, sie drücken gegen unsere Tore, sie sind schon auf unseren Straßen. Sie bedrohen unser Leben und unseren Besitz – auch unsere Toten. Unsere Vorstellung füllen sie wesentlich schneller als unsere Städte; unsere Kultur muß einen Weg finden, um sie zu exorzieren. Der Tod kommt für uns im Schnitt dreißig oder vierzig Jahre später als für sie. Man spart nicht mehr für die Kinder, man spart die Welt nicht für die kommenden Generationen auf. Immer öfter haben wir gar keine Kinder mehr. Wir sind eine Art letzter Generation. Von den anderen kaufen wir Ersatznieren und Ersatzaugen.

Als Doktor Christian Barnard einem Weißen das Herz eines Schwarzen einsetzte, vollbrachte er ein altes

Wunder. In unseren mittelalterlichen Malereien tauschen die Heiligen Kosmas und Damian einem Mann, der am Wundbrand erkrankt ist, ein Bein aus. Das eingesetzte Bein ist das eines Schwarzen – den Malern gefiel die Mär wegen des Farbenspiels. Wir essen kein Ahnenpulver in Bananenbrei; wir sammeln auch nicht die Gebeine eines Toten in einer Bärenhaut, um ihn wieder zum Leben zu erwecken. Wir setzen Teile von Lebenden und Toten zusammen – und *es funktioniert.* Wir wissen, was unser Leben wert ist; für das der anderen lassen wir uns die Preise nennen. Ich kann mir vorstellen, daß die Nachricht, die mich erschütterte – daß die Toten weniger werden als die Lebenden –, für viele Jugendliche heute selbstverständlich ist oder uninteressant. Abstiege in die Unterwelt werden nicht mehr unternommen: ein Jahr als Freiwilliger in Nigeria oder in Bosnien tut es auch.

IV

Die bei dualistischen Darstellungen verwendeten Gegensatzpaare haben meistens mit Naturerscheinungen oder mit abstrakten Begriffen zu tun: hoch und tief, weiß und schwarz, kontinuierlich und diskontinuierlich, heilig und profan, roh und gekocht, *hard* und *soft* und so weiter. Knoten und Nagel hingegen sind zunächst einmal konkrete Gegenstände. Man kann sie anfassen, muß sie sogar handhaben: Der Nagel wird eingeschlagen, der Knoten geknüpft oder gelöst. Es sind Manufakte, sie gehören zur Kultur und zur Handfertigkeit. Sie haben deshalb mehr als jedes andere Gegensatzpaar mit der Frage von rechter oder linker Hand zu tun.

Einen Nagel einzuschlagen ist praktisch betrachtet eine ziemlich einseitige Angelegenheit. Eine Hand – die Linke bei Rechtshändern – dient lediglich zum Halten, die andere schlägt zu. Das Knüpfen und das Flechten beanspruchen beide Hände weitaus vielfältiger. Eine geschickte Weberin schickt das Schiffchen mal mit der rechten und mal mit der linken Hand; sie kann den Kamm auch abwechselnd mit beiden Händen anschlagen (was allerdings nicht einfach ist, denn die Kraft des Anschlags ändert sich schon je nach guter oder schlechter Laune der Weberin, und aus feinen Geweben kann man die Stimmungsschwankungen herauslesen...). Ein mit der Rundnadel gestrickter Strumpf beansprucht beide

Hände gleichermaßen. Der Knoten im Faden der Nadel, mit der man näht oder stickt, wird mit der anderen Hand gemacht und mit den Zähnen abgebissen. Das Fadenspiel ist symmetrisch, und so fort. 

Nun liegt es eigentlich nahe, die Verbundenheit der Rechten mit dem Nagel festzustellen und umgekehrt eine größere Sympathie zwischen der Linken und dem Knoten: Ich meine damit vorerst die Hände. Als Hertz über den Vorrang der rechten Hand schrieb, konnte er noch nicht die vielen empirischen Erkenntnisse der Neurophysiologie berücksichtigen, die sich über das Verhältnis zwischen den beiden Händen und den »beiden Gehirnen« angesammelt haben. Die Axial-Computertomographie macht es möglich, das zerebrale Parenchym, die eigentliche Substanz des Hirngewebes, zu *sehen*. Die Tomographie mit Positronenemission zeigt in Echtzeit die Arbeit eines Gehirnbereichs. Liest man den Katalog der Funktionen, die die Neurophysiologen den Gehirnhälften zuschreiben, so kommt man nicht um den Eindruck herum, daß man es mit einer anderen Fassung der Unterscheidung zwischen den zwei Arten von Intelligenz (Vernant) oder der Erkenntnisparadigmen (Ginzburg und so weiter) zu tun hat und – weiter zurück – zwischen den zwei Wertekategorien, die einander widersprechend und ergänzend die Welten »primitiver« Kulturen stützen. In der »Baken-Liste« beispielsweise sind die Attribute der linken Gehirnhälfte – die die rechte Hand steuert! –: *verbal*, *analytisch*, *abstrakt*, *rational*, *temporal*, *digital*, *aktiv*, *gespannt*, *euphorisch* und so fort; die der rechten Gehirnhälfte, die die linke Seite steuert, sind: *präverbal*, *synthetisch*, *konkret*, *emotional*, *räumlich*, *analog*, *passiv*, *entspannt*, *deprimiert* et cetera. Außerdem sind die diesbezüglichen Unterscheidungen zwischen der zerebralen Organisation des »westlichen« und des »östlichen« Menschen, sosehr sie auch weiterhin auf Vermutungen beruhen, auf jeden Fall ein weiterer Beleg dafür, daß sich diese Attributslisten miteinander in Deckung bringen lassen. Obwohl ich über keinerlei Fachwissen zu so speziellen, kontrovers diskutierten Themen verfüge, fühle ich mich doch von der These angezogen, daß Linkshändigkeit nicht einfach die Spiegelverkehrung der Funktionen der beiden Gehirnhälften bedeute – wonach also bei einer Minderheit von Menschen die Funktionen der rechten Gehirnhälfte in der linken angesiedelt sind und umgekehrt –, sondern ein anderes Gleichgewicht zwischen Fähigkeiten und Neigungen. Sollte Linkshändigkeit auch einmal nicht mehr schief angesehen und unterdrückt werden, so hätte der Umstand, daß sie nur eine Minderheit von Menschen betrifft, auf alle Fälle kulturell die Betonung dieses Unterschieds zur Folge. Ebenso reizt mich die These, daß die Arbeitsteilung zwischen den beiden Gehirnhälften bei den Frauen und bei den Männern – abgesehen von quantitativen Unterschieden – nicht einfach übereinstimmt. Genauer, daß zwischen den beiden weiblichen Gehirnhälften *im Durchschnitt* mehr Kommunikation und Austausch stattfinden und damit eine weniger rigide Trennung der Kompetenzen erfolgt. Es gibt natürlich linkshändige und rechtshändige Frauen, nicht nur in Romanen. Doch darauf kommt es nicht an und auch nicht auf den Umstand, daß Linkshändigkeit bei Frauen angeblich weniger häufig ist als bei Männern. (Es handelt sich um ein geringes, nach willkürlichen Kriterien erfaßtes Zahlenmaterial.) Es geht um eine eventuell vorhandene größere Anpassungsbereitschaft und »Zweiseitigkeit« der Frauen. Um es ausgesprochen unwissenschaftlich auszudrücken, um die weniger streng »rechten«

Durchschnittseigenschaften der Frauen (manche Studien führen das auf die bei Frauen vorhandene größere Ausdehnung der Knorpelmasse zurück, die die beiden Gehirnhälften verbindet). Mit derselben unwissenschaftlichen Ausdrucksweise kann die »linkshändige« Anlage der Männer als eine relativ stärkere »Weiblichkeit« bei ihnen verstanden werden. In Hertz' Aufsatz ist dies unausgesprochen enthalten. Er identifiziert die rechte Hand mit der männlichen und die linke mit der weiblichen Seite: was sich im übrigen schwer auf Frauenhände übertragen läßt.

Auf die Erforscher der Funktionsweise des Gehirns kann man neidisch werden. Verglichen mit ihren Kenntnissen gleichen unsere Gedanken den Purzelbäumen und den verrückten Versuchen, am Rande einer Militärparade mitzulaufen.

Obwohl die von mir durchgesehenen Fachpublikationen nicht darauf eingehen, ist es für mich offenkundig, daß das so tief verwurzelte und eingefleischte Vorurteil gegen Linkshändigkeit bei Kindern zum Teil auch der Sorge um die spätere Männlichkeit des Jungen zu verdanken ist. Das Italienische liefert mit dem Wort *ambidestro* [wörtlich: beidseitig rechts] ein offensichtliches Indiz dafür. Der Ausdruck stützt sich selbst auf das Vorurteil, da damit die Fähigkeit gemeint ist, über »zwei rechte Hände« zu verfügen, also besonders geschickt zu sein. Der allgemeine Sprachgebrauch des Deutschen kennt die Umkehrung: »zwei linke Hände haben«. Die Linke gilt dabei als verfehlte Rechte – als der linkische, ungeschickte Teil [italienisch: *maldestro*]. *Ambidestro* wird außerdem als ironisches Synonym für bisexuell oder homosexuell verwendet, auch wenn die Wörterbücher noch nicht diese Konnotation anführen. Ähnlich verhält es sich mit Ausdrücken, die auf Homosexualität anspielen als ein »vom anderen Ufer sein«. Sollte diese Beobachtung zutreffen, so würden die Sorge um die Linkshändigkeit bei Jungen und ihre Ahndung strenger gehandhabt als bei Mädchen: ich glaube auch, daß das so ist. Natürlich gelten eine Reihe von Gründen für die Ablehnung der Linkshändigkeit genauso auch bei Frauen: zuallererst der, der Norm zu entsprechen – und der Norm nach steht auch bei Frauen der Rechten der Vorrang vor der Linken zu –, und dann das Schreiben und die unzähligen praktischen Funktionen, bei denen die linke Hand benachteiligt ist, vom Autofahren bis zu den Türgriffen und den Stielen von Töpfen mit Schnabel. Bei Mädchen konnte man der Herausbildung der linken Hand allerdings auch positive Seiten abgewinnen – eine bessere Eignung zum Sticken beispielsweise und zur »Hauswirtschaft« im allgemeinen, der weiblichen Variante der politischen Ökonomie –, bei Jungen wurde über entsprechende Vorteile hinweggegangen. Ein linkshändiger Junge wurde nicht ermutigt, weil er es damit etwa als Chirurg oder als Pianist leichter gehabt hätte.

Den »weiblichen« Teil eines jeden zu erkennen, ist etwas anderes, als homosexuelle Neigungen auszumachen. Tatsächlich hat man aber zwischen Linkshändigkeit und männlicher Homosexualität einen Zusammenhang gesehen. Freud sprach ihn im übrigen in seinem Aufsatz von 1910 – ein Jahr nach dem Erscheinen von Robert Hertz' »Vorrang der rechten Hand« – über einen Traum Leonardo da Vincis offen aus. »Die biologische Forschung unserer Zeit neigt dazu, die Hauptzüge der organischen Konstitution eines Menschen durch die Vermengung männlicher und weiblicher Anlagen im [chemischen] stofflichen Sinn zu erklären; die Körperschönheit wie die Linkshändigkeit Leonardos gestatteten hier manche Anlehnung.« (*Eine Kindheitserinnerung des Leonardo da Vinci*, Frankfurt a. M. 1990, S. 96.)

Dieser Aufsatz sticht geradezu aus der Freudschen Literatur heraus. Wilhelm Fliess, der Freud manche wichtige Anregung geliefert hat, hatte in *Der Ablauf des Lebens* (Wien 1906) behauptet, daß bei Künstlern ein Vorherrschen der linken Hand zu verzeichnen sei, »eine stärkere gegengeschlechtliche Mischung«. Nebenbei hatte er auch den Fall Leonardos erwähnt. Bereits im Oktober 1898 hatte Freud ihm geschrieben: »Leonardo, von dem kein Liebeshandel bekannt ist, war vielleicht der berühmteste Linkshänder. Kannst Du ihn brauchen?«

Freud selbst sollte etwa ein Dutzend Jahre später dem Geheimnis Leonardos nachspüren. Fliess hatte die Entdeckung der konstitutionellen Bisexualität eines jeden Menschen in den Mittelpunkt seiner Forschungen gestellt, und Freud zollte ihm dafür auch nach dem Abbruch ihrer Beziehungen Anerkennung. 1903 – im Jahr seines Freitods – hatte Otto Weininger sein sensationelles Werk *Geschlecht und Charakter* veröffentlicht und sich dabei ausgiebig der Theorie der Bisexualität bedient, ohne allerdings Fliess zu nennen. In einer Rangliste der linken Seite hätte Weininger in der Reihenfolge das Tier, den Juden und die Frau eingeordnet. Weininger erstellte tatsächlich eine Doppeltabelle der Eigenschaften, die »auch tierisch, beziehungsweise organisch überhaupt sind: Individuation, Wiedererkennen, Lust, Geschlechtstrieb, Ende des Bewußtseins, Trieb«; sowie derer, die »nur dem Menschen, respektive dem menschlichen Manne eigen sind: Individualität, Gedächtnis, Wert, Liebe, Aufmerksamkeit, Wille«. Er veröffentlichte sie natürlich nach der entsprechenden Topographie: »Die Eigenschaften, welche die linke Reihe aufzählt, sind allem niedrigen Leben gemeinsam; die Merkmale aus der rechten Kolumne sind die korrespondierenden Zeichen des ewigen Lebens, Künder eines höheren Seins, an welchem der Mensch, und nur er allein, noch überdies Anteil hat« (2. Teil, Kap. XII, S. 372f.).

Man mag sich vielleicht darüber wundern, daß ein so bekanntes und verhängnisvolles Buch in Hertz' Aufsatz über die rechte Hand keine erkennbaren Spuren hinterlassen hat. Es wird darin zwar die Polarität männlich-weiblich erwähnt (zum Beispiel: »Bei den Maori bezeichnet der Ausdruck *tama tane*, ›männliche Seite‹, so unterschiedliche Dinge wie die Männlichkeit des Mannes, die Abstammung väterlicherseits, den Osten, die Schöpfungskraft, die aktive Magie und vieles andere mehr, wogegen der entgegengesetzte Ausdruck *tama wahin*, ›weibliche Seite‹, für alle Gegenteile gilt«), nicht aber unter dem möglichen Aspekt des Gegensatzes von Heterosexualität und Homosexualität.

Der Aufsatz über Leonardo sticht unter den anderen Werken Freuds hervor, weil er so abenteuerlich romanhaft und nach »Groddeckscher« Art ist (»das einzig Schöne, das ich je geschrieben«, nannte Freud es mit einer gewissen Koketterie am 9.2.1919 in einem Brief an Lou Andreas Salomé, die Briefpartnerin mit der größten literarischen Autorität). Es ist aber auch das Werk, das am ehesten auf wackligen Füßen steht und an einigen, wesentlichen Stellen schon fast an Scharlatanerie grenzt. Es geht darin um eine merkwürdige Kindheitserinnerung Leonardos, in deren Mittelpunkt ein Milan steht: Freud liest in einer falschen deutschen Übersetzung »Geier« statt Milan und baut ein kompliziertes Gebäude von mythologischen und biographischen Folgerungen auf dem Mißverständnis auf. (Infolge der von Freud verwendeten falschen Übersetzung ging Oskar Pfister so weit, im Faltenwurf der Madonna im Gemälde der *Heiligen Anna Selbdritt* im Louvre das Profil eines Geiers zu erkennen und es als »unbewußtes Kryptogramm« zu interpretieren.) Dieser und weitere, nicht unwesentliche Fehler sowie die Vorsicht gegenüber einer Leserschaft, von der Freud wußte, daß sie am Nachweis von Leonardos Homosexualität Anstoß nehmen würde, machen diesen Aufsatz, der stellenweise sehr schön zu lesen ist, zu einem willkürlichen Experiment. Sie geben auch denen recht, die wie Sebastiano Timpanaro in dem Aufsatz über die Freudsche Fehlleistung (*Il lapsus freudiano. Psicanalisi e critica testuale*, Florenz 1974) die Rationalität der Offensichtlichkeit und die Wirkung mechanischer Kräfte an die Stelle mancher Enthüllungen, psychoanalytischer Schürfereien und Werkeleien des Unbewußten setzen.

In Freuds Text wird Leonardos Abscheu vor allem »Essensmäßigen«, Niedrigen, Leiblichen – also nicht nur die Verweigerung, sich von Tierkadavern zu ernähren – nahezu völlig außer acht gelassen und schon gar nicht mit seinen sexuellen Neigungen in Verbindung gebracht. »Der Mensch und die Tiere sind wahrhaft Durchzugsort für Nahrung, Beisetzung von Tieren, Herberge der Toten, Hülle der Verwesung, da sie Leben schöpfen aus der anderen Tod.« Ich sehe eine enge Verbindung zwischen dieser und vielen weiteren ähnlichen Äußerungen Leonardos und jenem von Freud zitierten Gedanken: »Der Zeugungsakt und die dazu dienenden Geschlechtsteile sind von einer solchen Häßlichkeit, daß die Menschen bald aussterben würden, wären da nicht die hübschen Gesichter, die Aufmachung der Beteiligten und die sinnliche Veranlagung.« Freuds wiederholter Verweis auf die »gute Stiefmutter Donna Albiera«, bei welcher der kleine Leonardo im väterlichen Haus aufgenommen wurde und die ihm als Modell für die heilige Anna des Kartons in London und des Gemäldes im Louvre dienen sollte, läßt den »Gedanken zur Natur« (XCVIII) außer acht, in dem Leonardo von einer stiefmütterlichen Natur schreibt: »Die Natur scheint hier doch bei vielen und für viele Tiere eher eine grausame Stiefmutter gewesen zu sein als eine Mutter, oder für einige zwar nicht Stiefmutter, so doch armselige Mutter.« Mit der Emanzipation von der Autorität der Alten – also des Vaters – wurde für Leonardo laut Freud »die Natur wieder die zärtliche, gütige Mutter, die ihn genährt hatte« (*Kindheitserinnerung*, a.a.O., S. 78); was die Frau des Vaters betrifft, läßt Freud sich zu der Vermutung hinreißen: »Gewiß trat die junge Stiefmutter Albiera an die Stelle seiner Mutter in seinem Fühlen« (ebenda, S. 75). Die war im übrigen aber am Leben, war nahe und wurde geliebt. Weiter erscheint Freud »die gütige Natur« als die »großartige Sublimierung von Vater und Mutter« (S. 79) – was mag dann die Natur als »grausame Stiefmutter« sein?

Leonardo war laut seinen zeitgenössischen Auftraggebern und zahlreichen späteren Forschern (einschließlich Freuds) von einem Wissensdurst beherrscht, der bis zur Nutzlosigkeit ausartete. Dabei hatte er Vorhaben von niederschmetternder Entschlossenheit geäußert: »Der große Vogel wird zum ersten Flug aufsteigen...« Vor allem: »Spule, ich werd dich so antreiben, daß das Leinen fertig wird« (*Pensieri sulla morale*, LIII).

Freud, der Leonardos Aufzeichnungen im übrigen kaum kennt, hält sie für »eines so großen Geistes kaum würdig« (S. 16). Freud achtet mehr darauf, was Leonardo von sich verschweigt oder was er unbedacht äußert, als auf das, was er denkt und schreibt. In gewisser Hinsicht bedauert er, daß Leonardo da Vinci so wenig Freudianer sei. »Doch blieb sein Wissensdrang auf die Außenwelt gerichtet, von der Erforschung des Seelenlebens der Menschen hielt ihn etwas fern; in der ›Academia Vinciana‹, für die er kunstvoll verschlungene Embleme zeichnete, war für die Psychologie wenig Raum« (S. 22). Über Leonardo als Knotenflechter und Tagedieb liest man besser bei Giorgio Vasari, *Lebensläufe der berühmtesten Maler, Bildhauer und Architekten* (Zürich 1974): »Er verwandte seine Zeit sogar darauf, komplizierte Schnurgeflechte so abzubilden, daß man die kreisförmigen Figuren, die jeder Faden beschreibt, von einem Ende zum anderen verfolgen kann. Es existiert eine besonders kunstvolle und schöne Zeichnung dieser Art, in Kupfer gestochen, in deren Mitte man die Worte liest: ›Leonardus Vinci Academia‹.«

Freud zitiert Walter Pater (aus *Die Renaissance*, Jena 1906) bezüglich der *Mona Lisa:* »Jenes unergründliche Lächeln, welches bei Leonardo stets wie mit etwas Unheilverkündendem verbunden scheint.« Leonardos Linkshändigkeit ist besonders ausgeprägt. »Er schrieb Briefe, die mit der linken Hand verkehrt herum, also von rechts nach links verfaßt sind« (Vasari, a. a. O.). Jede Linkshändigkeit erscheint als Spiegelverkehrung und hat den magischen und regelwidrigen Charakter, der allen Umkehrungen anhaftet (rückwärts gelesenen Wörtern oder solchen mit umgekehrter Bedeutung; verkehrt herum ausgeführten Gesten und so weiter). Im Falle Leonardos verstärkt die verkehrte Schreibweise diesen Effekt. Aber »verkehrt herum« und »andersherum« sind eben gängige Attribute zur Bezeichnung von Homosexuellen.

Neue Deutungen von Leonardos Werk aus jüngster Zeit messen seiner Linkshändigkeit eine große Bedeutung bei und betrachten sie als Symptom für eine ganz besondere Ausprägung seiner rechten Gehirnhälfte.

Die Kunst eignet sich als Gattung ebensowenig wie die Theologie für eine geschichtliche Betrachtung, und ebenso bildet Leonardo innerhalb der Kunstgeschichte eine einmalige Ausnahme. Er ist mehr, aber auch weniger als ein Maler, und nicht nur wegen seiner phantastischen Vielseitigkeit. Es ist auch nicht damit getan, ihn als Künstler und Wissenschaftler zugleich zu bezeichnen. Leonardo ist ein antiker Weiser, ein Meister des Einfallsreichtums und einer der größten Künstler überhaupt. Vielleicht liegt in dieser Verbindung das Geheimnis des Lächelns der Mona Lisa – sofern man es nicht mit Federico Zeri halten möchte, der eine drastischere Antwort weiß: Das Geheimnis der Mona Lisa bestehe in dem Schmutz, der sich darauf abgelagert habe. Einmal gründlich gereinigt, und die Mona Lisa hätte ihre Klarheit wieder – und das Geheimnis wäre dahin.

Da der Umgang mit der Homosexualität ein Indikator für den Umgang mit der Sexualität ist, läßt sich nicht leugnen, daß auch die politische Linke, mit Ausnahme versprengter Minderheiten, von einem starken Hang zu Prüderie und Panik in sexuellen Dingen beherrscht war. Verachtung und Verfolgung der männlichen Homosexualität machten leider vor der Grenze zwischen politischer Rechter und Linker nicht halt, obwohl Männlichkeitskult und Hang zum Priapismus im Faschismus ausschweifender betrieben wurden und konstitutiv waren, früher wie heute. Aber trotz der gemeinsamen Zugehörigkeit zu einer tief verwurzelten männlichen Kultur gibt es grundlegende Unterschiede. Die Verspottung des unkriegerischen, weibischen Charakters der Demokratie ist eine Sache des reaktionären Totalitarismus. Außerdem gab es zunächst im Militarismus und später im Bandenwesen der faschistischen Bewegungen eine sehr starke Komponente männlichkeitsbetonter Homosexualität. Die gedemütigte oder verlachte Frau scheint in einem erheblichen Teil dieser Geschichte das Phantom zu sein, das eine aggressive mannhafte Homosexualität verschleiert, die von der Angst vor einer schwachen weibischen Homosexualität besessen ist. So war es 1934 in der »Nacht der langen Messer«, als den Braunhemden Ernst Röhms der Garaus gemacht wurde. Zu einer so heiklen Angelegenheit läßt sich kaum etwas sagen, was über ein paar Banalitäten hinausginge. Es ist eine Tatsache, daß sich an der planmäßigen Verfolgung der Homosexuellen im Nationalsozialismus das Maß der unterdrückten Homosexualität und der Angst der nationalsozialistischen Führer vor Frauen ablesen läßt. Die Probe aufs Exempel stellt für den Nationalsozialismus die außerordentliche düstere Verstrickung von Homosexualitätsphobie und Antisemitismus dar. Weininger hatte in seinem fürchterlichen, überspitzten Delirium die Juden ebenso verachtet wie die Frauen. Der Jude, mit dem sich die Nationalsozialisten so obsessiv beschäftigten, ist paradoxerweise ein feminines, animalisches Wesen. Ich nenne es ein Paradox, obwohl es sich um Eigenschaften handelt, die typisch sind für alles Teuflische und Hexenhafte. Das Paradox besteht darin, daß der Jude, an dem sich das rassistische Wüten austobt, eine städtische Gestalt ist, völlig fern von Land und Boden, die ihm jahrhundertelang versagt wurden, völlig untauglich für die Jagd, das Duell und den Krieg. Albert Einstein zitierte Walther Rathenaus ironische Bemerkung: »Wenn ein Jude sagt, er gehe zu seinem Vergnügen auf die Jagd, so lügt er.« (Albert Einstein, *Mein Weltbild*, Zürich 1953, S. 119.) Zugleich ist der Jude eine schemenhaft bewegliche Gestalt von jener allgewaltigen und unkontrollierbaren

Mobilität, die die modernen Metropolen und die modernen Kommunikationsmittel möglich machen – der Untergrund der *modernen Untergrundbahnen*, der *Metros*. Gegen diese verhaßte Verkörperung des Städtischen und des Kosmopolitismus, gegen das Geschöpf und zugleich den Schöpfer dessen, was es an Künstlichstem und Verdammtestem auf der Welt gibt, nämlich des Geldes, entlädt sich der angestaute Haß. Und dieser Haß beruht auf dem Schrecken, den die Unbeugsamkeit der Natur, die Frau, das untreue und einschmeichelnde Tier einjagen. Unter allen Arten des Rassismus gelingt es nur dem Antisemitismus, Haß, Neid und Angst vor der Natur und zugleich vor der Moderne unter einen Hut zu bringen. Ebendeshalb wird er von Henry Ford mit seinem Amerikanismus und von den Nationalsozialisten mit ihrer Blut-und-Boden-Ideologie gleichermaßen geteilt. Was der Nationalsozialismus im Juden wittert, ist die Bedrohung durch die dunkle, unfaßliche, schräge und unheilvolle Seite: durch das Ausweichen vor der Kraft, die Passivität des Spinnennetzes. Der nationalsozialistische Männlichkeitswahn möchte die eigene sexuelle Schwäche unterdrücken und verfolgt im Juden und in den Homosexuellen das *schwache Geschlecht*. Der Nagel fühlt sich vom Knoten in Furcht und Schrecken versetzt und gedemütigt. Die rassistische Gleichsetzung von Judentum und Kommunismus soll aber nicht täuschen: Jüdisch erscheinen in ihren Augen die Hände, die die Fäden ziehen, aber die Marionetten sind ihrerseits Opfer, rechtschaffene Männer, Heere, die aus treuen Soldaten bestehen könnten. Beim antisemitischen Nationalsozialismus ist der Kult des Arbeiters genauso stark wie der Haß auf die Arbeiter. Die anderen Faschismusformen, insbesondere der italienische Faschismus, weisen im kleineren Maßstab ihrer jeweiligen Schandtaten ähnliche Zutaten auf.

Die »linken« und schwachen Seiten von Natur, Kultur und Politik knüpfen aneinander an. Linkshändigkeit und Homosexualität, Weibisches, Jüdisches und Animalisches – und die »normale« Diskriminierung der Frauen, ihre Unterdrückung und die Gewalt gegen sie. Deren Homosexualität bleibt hier außer Betracht. Obwohl ich zur weiblichen Homosexualität nichts sagen kann (auch nicht zur weiblichen Sexualität, es sei denn zu der Art, wie sie sich ein Mann vorstellt), halte ich es für abwegig, sie unter dem gemeinsamen Begriff der Homosexualität mit der männlichen auf eine Stufe zu stellen. Denn es handelt sich dabei jeweils um eine Spielart der männlichen beziehungsweise der weiblichen Sexualität. Daß in einer aggressiven rassistischen Kultur auch eine weibliche rassistische Homosexualität vorkommen kann, die der männlichen entspricht, liegt dann auf der Hand.

(Der allgemeine Sprachgebrauch des Italienischen liefert dafür eine Bestätigung in der gängigen Verballhornung *uominisessuali* – aufgrund der Lautähnlichkeit von *omo-* = homo- und *uomo* = Mann: der bekannte Mafia-Kronzeuge Mutolo hatte sie noch vor Gericht benutzt, als er ausschloß, daß je *uominisessuali* zur ehrenwerten Gesellschaft hätten Zugang finden können.)

Paul Wittgenstein, ein Bruder des Philosophen, war ein großer Pianist, verlor aber im Ersten Weltkrieg seine rechte Hand. Maurice Ravel komponierte für ihn das *Konzert in D-Dur für die linke Hand*, ein Stück voller virtuoser Schwierigkeiten. Wittgenstein spielte es mit großem Erfolg.

Eine traurige und schöne Geschichte. Sie bringt mich auf den Gedanken, daß uns fast allen etwas Ähnliches passiert ist – daß wir eine Hand verloren haben, meine ich, und zwar die, mit der wir grüßten, die, mit der wir zu einem Schlag ausgeholt hätten. Nur haben wir sie nicht wirklich verloren: Wir grüßen nicht mehr so, wir bemühen uns, nicht zu schlagen, sind aber mehr oder weniger unversehrt. Ein großes Glück.

Auf den ersten Seiten des überraschendsten und »radikalsten« Buches, das in Italien gegen die Heterosexualität geschrieben wurde (Mario Mieli, *Elementi di critica omosessuale*, Turin 1977), ist zu lesen: »Beschränken wir uns einstweilen auf die Feststellung, daß ›unsere hormonelle Bisexualität weitgehend erwiesen ist‹ und daß die Bestimmung des ›definitiven‹ und bei der Geburt offensichtlichen Geschlechts lediglich seine allgemeine ›Vorrangstellung‹ beim Individuum bedeutet, keineswegs aber die ›gegenteilige‹ sexuelle Präsenz ausschließt.« Zumindest der Gleichklang der Begriffe läßt darauf schließen, daß das Muster von Hertz' Aufsatz über rechts und links sich genauso auf das Verhältnis zwischen Hetero- und Homosexualität hätte anwenden lassen. Der Vergleich ist reizvoll, obwohl die stärkere Polarität männlich/weiblich dem entgegensteht: reizvoll, weil er eine Alternative innerhalb desselben Geschlechts und desselben Körpers beinhaltet, genauso wie bei der rechten und der linken Hand. Natürlich – oder widernatürlich, wenn man so will – waren (sind) Verteufelung und Unterdrückung der Homosexualität nicht mit der Ablehnung der Linkshändigkeit zu vergleichen, denn alles, was die Sexualität direkt betrifft, ist unendlich viel bedrohlicher und empfindlicher. Aus »erzieherischen« Gründen wurden linke Arme festgebunden. Linkshänder wurden nicht in Vernichtungslager geschickt (obwohl Linkshändigkeit einst mit Hexerei in Verbindung gebracht wurde). Kann man, da die Ausgrenzung kulturell entstanden ist, sagen, daß in beiden Fällen eine biologische Grundlage vorhanden ist – oder vorhanden sein kann? Wenn der Vergleich zulässig wäre, würde der Anspruch, eine sexuelle Spielart als »unnatürlich« abzustempeln, noch lächerlicher erscheinen, ebenso wie die entgegengesetzte Argumentation, die die normgerechten Heterosexuellen »Kryptoschwule« nennt, eine allgemeine angeborene Homosexualität vertritt und zur universellen Transsexualität aufruft. Das ist, als wollte man eine »beidseitig rechte« Überwindung der Vorrangstellung einer Hand behaupten – gleich, ob der rechten oder der linken. (Sind Rechtshänder vielleicht »Kryptolinkshänder«?) Es ist nicht einfach, die Überzeugung von einer *angeborenen* polymorph-perversen Sexualität in Einklang zu bringen mit der grundsätzlichen Ablehnung der Möglichkeit, daß die unterschiedlichen sexuellen Vorlieben vielleicht *auch* auf einer organischen Grundlage beruhen, obwohl auch diese Position in Anbetracht einer Jahrhunderte währenden wahnhaft »wissenschaftlichen« Geschichte rassistischer Verfolgungen durchaus verständlich ist.

Sich eine Polarität in der anziehenden Form der Symmetrie und der »zwei Hälften« vorzustellen, verleitet dazu, das Vorherrschen einer Neigung als Verstümmelung zu betrachten oder gar als Halbierung: geteilte Menschen. Heterosexuell (aber auch homosexuell) ist nicht zwangsläufig gleichbedeutend mit *monosexuell.* Man ist *vorwiegend* heterosexuell oder homosexuell oder transsexuell. Man kann aber jedes mehr oder weniger mit Einschränkungen, mehr oder weniger ganz sein. Daß jede dieser Arten mehr oder weniger mit der »Natur« zu tun hat, mit der »Kultur« und mit der Kombination von beiden, ist moralisch und gesellschaftlich völlig belanglos. Man sollte sich auch vor der Versuchung in acht nehmen, andere zu erklären oder gar zu denunzieren auf der

Grundlage dessen, was ihnen selbst verborgen ist oder was sie verbergen oder verdrängen, also aufgrund ihrer eigenen *latenten* Neigungen. Solange sie nicht aggressiv sind und andere in ihren Rechten nicht verletzen, solange man sie nicht zur ausschließlichen Norm machen will, muß man auch im Bereich der sexuellen Identitäten, ebenso wie bei den politischen, zulassen, daß nur die Bezeichnungen gelten, die jeder sich selbst wählt. Keine offiziellen politischen Melderegister mehr, keine religiösen Bekenntnisse oder psychoanalytischen Penetrationen, keine Horoskope, Tests, Fragebögen oder versteckte Kameras.

1994 hat eine Gruppe von Biologinnen des Laboratorio di Genetica in Pavia unter der Leitung von Giovanna Camerino ein Gen entdeckt – das Dss –, das für die Umwandlung der undifferenzierten Geschlechtsdrüse im Eierstock verantwortlich ist. Die Geschlechtsbestimmung des werdenden Menschen erfolgt demnach im sechs Wochen alten Embryo anhand des männlichen Gens Sry oder des weiblichen Dss. Ein Gen wirkt also ebenso auf das Y-Chromosom des männlichen Chromosomengebildes (XY) wie auf das X-Chromosom des weiblichen Gebildes (XX). Nach bisher landläufiger Meinung war das weibliche Geschlecht das Ergebnis eines Mangels, des Fehlens des Y-Chromosoms. Es bleibt noch hervorzuheben, daß diese Entdeckung im Rahmen eines Forschungsprojekts mit dem Ziel erfolgte, die genetische Besonderheit zu erklären, wonach ein männlicher, aber »verdoppelter« Chromosomenbestand eine Umkehrung des Geschlechts bewirken kann (Stefania Miretti in *La Stampa* vom 15. September 1994).

Obwohl die symbolische Übertragung von Nachrichten aus der Wissenschaft beim Übergang in den täglichen

Sprachgebrauch ungebührlich und plump ist, findet sie doch immer wieder statt. So betrachtet führt die landläufige Meinung über die männlichen und die weiblichen Chromosomen – das »fehlende« Chromosom der Frauen – zu einem Ergebnis, das nicht sehr weit von Formeln wie der vom »Penisneid« entfernt ist. Es ist schon beachtlich, wie ein männliches Denken, das in seiner Hauptströmung darauf bedacht ist, von der Körperlichkeit Abstand zu nehmen und sie mit Abscheu zu betrachten, seine Überlegenheit gleichzeitig auf einen körperlichen Unterschied, ein körperliches »Plus« gestützt hat, ein »Volles«, das der angeblichen Leere und dem weiblichen Mangel gegenübergestellt ist. Im Gegenzug verlangt die Frauenbewegung mit vollem Recht die Rückführung des Denkens auf den Körper, das Blut und den Geschlechtstyp, seine »Fleischwerdung« und die Anprangerung der Parteilichkeit oder der Scheinheiligkeit einer sich als neutral ausgebenden männlichen Wahrheit.

Der in der anatomischen Asymmetrie verwurzelte Gegensatz von rechts und links ist vielleicht die anspruchsvollste symbolische Übertragung einer männlichen Überlegenheit, wie der Übergang von dem Begriff *rechts* zu dem des *Rechts* zeigt, wobei es sich in vielen indoeuropäischen Sprachen sogar um Homonyme handelt (etwa beim französischen *droit-droite*, dem englischen *right* oder dem Italienischen *diritto-dritta* und so fort). Die streng männliche Seite, die Rechte, wird schon deshalb wie jeder abstrakte Wert zur neutralen Seite, zur Mitte, zu dem, was richtig ist, was geradeaus schaut.

Würde man die durchschnittliche Geburtenrate des Jahres 1993 ansetzen, so käme die Weltbevölkerung im Jahr 2150 auf 56 Milliarden Menschen. In seiner Gesamtheit folgt das Menschengeschlecht immer noch dem biologischen Imperativ der breit angelegten Fortpflanzung – mit nie dagewesenen Erfolgen. Der reiche Teil der Menschheit hat diesem biologischen Imperativ bereits eine Absage erteilt. Die Vorhersagen für die Zukunft hängen vom Mißverhältnis zwischen dem Umfang der weltweiten Fortpflanzung, vor allem in Afrika, und der Geschwindigkeit des kulturellen Wandels ab.

Das Verhältnis zwischen Biologie und Kultur beruht nicht auf einem »Nacheinander«: Die Geschichte der Evolution ist keine Emanzipation von der Biologie, auch wenn es so aussehen mag. Wir leben länger, wir steuern unsere Symbiose nicht mehr über die Fortpflanzung et cetera. Aber in jeder Lebensform einschließlich der kulturellen »Errungenschaften« sind der Einfluß und die Konditionierung durch unsere biologische Konstitution mit ebensolchem, wenn nicht größerem Gewicht vorhanden wie in archaischen und vortechnologischen Gesellschaften.

Die Sauereien und Schandtaten des rassistischen Biologismus, die heute auf breiter, einträglicher Basis wiederaufleben (und die Abenteuer der Gentechnologie), lassen Mißtrauen gegen jeden Versuch aufkommen, Unterschiede auf eine biologische statt auf eine soziale und kulturelle Grundlage zurückzuführen. Dennoch steht zu vermuten, daß durch den Fortschritt der legitim erworbenen Kenntnisse lediglich das Bewußtsein von den physischen Voraussetzungen der menschlichen Verhaltensweisen zunimmt.

Die selbstverständliche Unterscheidung von »Natur« und »Kultur« kann so erweitert werden, daß daraus eine andere Form wird, die Dichotomie von Materie und Geist am Leben zu erhalten. Der Unterschied besteht nicht einfach in einer Überlegenheit oder Unterlegenheit. Exklusive Hierarchien zwingen häufig zu exklusiven Reaktionen. Die für widernatürlich erklärte und behinderte Linkshändigkeit kann davon träumen, die Dinge über eine Diktatur der Linkshänder wieder ins Lot zu rücken. Die als widernatürlich erklärte und unterdrückte Homosexualität kann die universelle Homosexualität fordern und die Heterosexualität der anderen zur Verzerrung erklären. Und so fort.

Die sanfte und die vorbeugende Medizin, die Homöopathie, die Verweigerung aus Gewissensgründen gegen die universelle Medikalisierung schließen die Chirurgie nicht aus: im Gegenteil, sie lassen sie zum Zug kommen, wenn sie wirklich gefordert ist. Gewaltfreiheit verzichtet nicht auf den Einsatz von Stärke. Es gibt Momente oder Umstände, bei denen man zum Nagel greifen muß. Der Zustand einer Krankheit kann zu weit vorgeschritten sein, als daß mit einer intelligenten Diät, einer Atemübung oder einer Aspirintablette Abhilfe zu schaffen wäre. Der Zustand der Welt, in der wir wohnen, ist zu weit vorgeschritten, als daß wir uns vorstellen könnten, ursprüngliche Harmonien ließen sich wiederherstellen. Zu weit vorgeschritten, im Himmel über der Antarktis ebenso wie auf dem Boden Bosniens.

Mit welcher Vertraulichkeit man doch über Kriege spricht: *Die Kriege* und *der Krieg* sind ganz unterschiedliche Dinge. Das geht so weit, daß erstere sogar beruhigen und letzteren fernhalten.

Krieg und Frieden bilden ein wesentliches Begriffspaar: Wäre die geschichtliche Bedeutung nicht schon groß genug, so würde Tolstois Titel dafür sorgen, daß es als eine unserer stärksten Erinnerungen festgeschrieben wird.

Dennoch sollte man auch dieses Paar in Frage stellen. Sosehr wir den Krieg auch verabscheuen, sind wir es doch gewohnt, ihn als immer wiederkehrende Erscheinung unserer Vergangenheit anzusehen. Mit den internationalen Gesetzen wurde versucht, über allgemeine, aber wesentliche Grundsätze der Humanität und der Ehre hinaus Regeln und Grenzen für Kriege festzulegen. Zur Kennzeichnung der Überschreitung dieser Grenzen hat man den Begriff des Kriegsverbrechens geprägt und internationale Tribunale eingerichtet, die solche Verbrechen ahnden sollen. Damit haben wir dem Krieg über seine Plausibilität hinaus Anerkennung und Legalität verliehen. Dies geschah zu einem Zeitpunkt, als die Kriege längst ihren – wenn auch grausamen – Wettkampfcharakter verloren hatten und das Gleichgewicht der Kämpfenden, die Schonung von Frauen, Alten und Kindern nicht mehr behauptet werden konnte. Die Genfer Konventionen gingen mit dem anteilmäßigen und absoluten Anstieg der zivilen Opfer im Vergleich zu den Kämpfenden einher. Der moderne Krieg hat schließlich den Einfluß der Tapferkeit auf das Endergebnis aufs äußerste eingeschränkt, es zählt nur noch die Macht der Waffentechnologie, und die Zivilbevölkerung dient als Zielscheibe. In der zweiten Hälfte des 20. Jahrhunderts hielt das atomare Arsenal den Anschein früherer Kräftegleichgewichte aufrecht, fachte aber andererseits lokale Konflikte als Stellvertreterkriege an. In dem Maß, in dem das bipolare Gleichgewicht schwand, die technologische Aufrüstung immer schwindelerregendere Höhen erreichte und lukrativer wurde, Nationalismen wieder Oberwasser bekamen, nahmen auch die bewaffneten Übergriffe wieder zu, die rein banditenhaften Ansprüchen von Macht, Eroberung, Razzia und Vergewaltigung folgten. Diese Aggressionen maßen sich die Bezeichnung Krieg an und schmücken sich damit, um auf dem internationalen diplomatischen Parkett und auf den Fernsehbildschirmen eine Daseinsberechtigung zu erlangen. Selbst wenn man ihnen Kriegsverbrechen anlastet, kommt das einem – wenn auch noch so gut gemeinten – Euphemismus gleich, da es sich von allem Anfang an um kriminelle Unternehmungen handelt. Die Welle der Gewalt, die einen Teil des früheren Jugoslawien und vor allem Bosnien-Herzegowina überrollt hat, ist dafür ein beredtes, schreckliches Beispiel. Den Bosnien-Konflikt als regulären Krieg oder gar als Bürgerkrieg zu bezeichnen, hat dazu beigetragen, daß die Realität verschleiert und so getan wird, als gäbe es zwei vergleichbare kriegführende Parteien, daß Opfer und Aggressoren verwechselt, Feigheiten und Zynismus gerechtfertigt wurden und daß man zusah, wie internationales Recht der Lächerlichkeit preisgegeben wurde. Ein besonders dramatisches Kapitel dieser Konfusion lag in der Trägheit (um es schonend zu sagen) sogenannter pazifistischer Bewegungen angesichts der entscheidenden Frage nach der Verantwortung für die Gewalt und nach den internationalen Zwangsmaßnahmen, die imstande gewesen wären, die Gewalt zu unterbinden. (Anders steht es mit der Hilfe für die Bevölkerung, für die sich eine beachtliche Zahl von freiwilligen Helfern in unterschiedlichster und wirkungsvoller Weise eingesetzt hat.) Sofern diese Trägheit nicht mit einseitigen Vorurteilen zu erklären ist, die es auch gibt, hat sie mit einer Art Anhänglichkeit an die Formel von *Krieg und Frieden* zu tun. Es wird als Krieg bezeichnet, was von der Wurzel her nichts ist als Mord, Vergewaltigung, Erniedrigung und Verbrechen gegen die Menschheit. (Der Mazowiecki-Bericht stellt fest: »Die ethnischen Säuberungen erscheinen nicht etwa als Folge des Krieges, sondern eher als sein Ziel.«) Entsprechend wird auch der Einsatz einer internationalen Polizeimacht zum Schutz der Menschlichkeit und des Rechts als Krieg bezeichnet. Würde man mit ansehen, wie an einer Straßenecke ein wehrloser Mensch von einer Schlägerbande verprügelt und ausgeraubt wird, würde man ihm vielleicht zu Hilfe eilen, gewiß aber die Polizei holen. Wenn sich die Untat in der Größenordnung einer ganzen Gemeinschaft abspielt, die von Banden angegriffen wird, die als bestehende oder angehende Staaten auftreten, so werden Mitleid, Legalität und Würde allesamt im Namen der Frage von Krieg und Frieden und der entsprechenden Parteinahme übergangen: für den Frieden natürlich.

Bosnien, hatte Ivo Andrić geschrieben, war der Boden unter den Füßen »wie ein Teppich« weggezogen worden. Nun ist es endgültig vollbracht. Bosnien war für seine Brücken berühmt – die Brücke über die Drina, die von Mostar über die Neretwa, die römische Brücke in Sarajevo. Und Bosnien weiß, daß Brücken Engel mit ausgebreiteten Flügeln sind: Nun ist es wie eine Insel mitten im Strom oder wie der Mittelbogen einer an den Seiten verstümmelten, von den Ufern losgelösten Brücke. Dieses abgeschnittene, belagerte und ausgesetzte Bosnien hat hoffnungsvoll und aus einem Zugehörigkeitsgefühl heraus seine Blicke auf Europa gerichtet: auf Europa weit mehr als auf die islamische Welt. Lange Zeit hat es mit der sanften weltlichen Stimme Sarajevos auf Europa eingeredet. Aus Zurückhaltung und weil Bosnien es mit dem Nachweis der eigenen kulturellen und zivilisatorischen Abstammung übergenau nahm, hat es Europa nicht mit der erstickten Stimme des Opfers angerufen, das seinem Peiniger gleich erliegen wird, es hat nicht »Hilfe« gerufen. Es wollte vielmehr warnen: »Es geht nicht nur um uns, nicht so sehr um uns, sondern um euch, um eure Werte, um euren Lebensstil, um eure konkrete Lebensweise.« Es hat auch das Echo des alten Lieds der europäischen Tragödie wieder anklingen lassen: Der Faschismus kommt wieder, hat es gesagt, heute bei uns und morgen bei euch. So hatte man auch im Spanischen Bürgerkrieg gesagt. Wir sind, hieß es, ein neues Warschauer Ghetto. Stolz und naiv meinte es, ermahnen zu können: Es geht nicht darum, uns zu helfen, sondern darum, der Ansteckung vorzubeugen, solange noch Zeit ist, das Vertrauen und die konkrete Möglichkeit des Humanismus zu retten, und überhaupt um den Grundsatz eines internationalen Rechts. Dieses »moslemische« Bosnien und seine freiwilligen Bewohner jeder religiösen und sonstigen Couleur bildeten auf ihre Weise ein neues Judentum, das Herz Europas, das ausgegrenzt und seinen Henkern überlassen wurde. Für viele Bosnier war »moslemisch« eine im Rahmen titoistischer, bundesstaatlicher Konstrukte ausgeklügelte Bezeichnung, die praktisch nur besagte, daß man nicht Kroate und nicht Serbe war, aber dennoch existierte. Es ist kein Wunder, daß nunmehr »moslemisch« für manche einen positiven, wenn auch nicht zwangsläufig religiösen Beigeschmack gewonnen hat. Von seinen Wurzeln gelöst und zu einer stärkeren, innigeren europäischen Zugehörigkeit gedrängt, wurden Bosnien seine Illusionen genommen. Seine Grenze zur Türkei – zu einer Zeit, in der Nordeuropa ein Wiederaufflammen des militanten Rassismus erlebt, wobei türkische Kinder und Familien in Flammen umkommen – blieb von zweitrangiger Bedeutung. Die arabisch-islamische oder iranisch-islamische Seite blieb lange Zeit ebenfalls von untergeordneter Bedeutung, obwohl der Westen mit seiner Trägheit und Mitschuld alles tat, um Bosnien in diese Richtung zu drängen.

Wir sind Europäer – sprachen die guten Bewohner Sarajevos schließlich nur noch leise zu einem Resteuropa, das viel weniger europäisch war. Mit den Juden war das auch schon passiert. Sogar nach dem Völkermord, als die Lager leer, der Krieg zu Ende und Nürnberg über die Bühne gegangen war, schob Europa von sich aus die überlebenden Juden ab, die »displaced persons«, froh darüber, daß sie eine Heimat außerhalb der eigenen Grenzen suchen würden. Sollten sie doch hingehen, wo der Pfeffer wächst.

Sosehr ich auch Romane, Geschichtsbücher und Artikel lese, Menschen befrage und reise, um mit eigenen Augen zu sehen, bleibt die Frage »Wie konnte es geschehen?« ohne eine definitive Antwort. Da mir diese Frage keine Ruhe ließ, habe ich die Berichte über andere, auch weit zurückliegende Fälle des plötzlichen Abgleitens der öffentlichen Moral in Schrecken und Aggression gelesen. *La Grande peur* in der französischen Provinz, die Beschreibungen vom Aufkommen des Nationalsozialismus in Deutschland auf dem Land. Überall taucht jene fürchterliche Mischung aus Angst, Frustration und Brutalität auf; und dann? Romane sind ergiebiger, dennoch geben sie keine Antwort, im Gegenteil. Die Romane glauben nicht, daß man Antworten geben kann, und erzählen, wie es geschehen ist und wie jeder überwältigt wurde. Ich habe Andrić' *Die Brücke über die Drina* erneut gelesen. Angeregt wurde ich dazu auch durch eine in Bosnien vorhandene, unterschwellige Abneigung gegen den Autor wegen seiner angeblichen Serbienfreundlichkeit. Sie schien mir ungerechtfertigt: nicht nur, weil es ein großartiges Buch ist, schon von der Idee her, die Biographie einer Brücke zu schreiben. Es findet sich darin bildhaft etwas ganz Wesentliches ausgedrückt, um so mehr, als die Schmach und das Leid dieses jugoslawischen Krieges durch nichts besser verkörpert wurde als durch das Gemetzel um die Brücke von Mostar. Bei Andrić kommt diese Symbolik wunderbar zum Ausdruck, und im Zweifelsfall sind es seine moslemischen Romanfiguren, die die größte Achtung und Rücksicht für den heiligen Charakter ihrer Brücke aufbringen. Vor allem findet sich bei Andrić – infolge seiner Nähe in jungen Jahren zum verwegenen, furchtbaren Irredentisten-Terror von Sarajevo 1914 sowie aufgrund der Verwüstungen und Grausamkeiten zweier Kriege – ein hautnahes Gespür für die Zerbrechlichkeit des menschlichen Zusammenlebens. Daraus entsteht eine Neigung, noch bevor und während die Katastrophe hereinbricht, die Beweggründe aller Seiten anzuerkennen. (Daß Andrić unter anderen Umständen davon abgerückt ist, steht auf einem anderen Blatt.)

Vermutlich gibt es keine Antwort auf die zuvor gestellte Frage, wenn einmal alle teilweise gültigen Antworten sorgfältig ausgelotet und alle Fäden einer im Blut ertränkten Verstrickung sortiert sind, was beides notwendig ist. Was bleibt, ist etwas Geheimnisvolles und Elementares, nämlich die Bedrohung durch das absolute Böse in der Geschichte der Menschheit. Das absolute Böse, der blind machende, wütende Zorn, von dem jede Epoche – vor allem unsere nach Auschwitz und den Gulags – meint, Abstand gewonnen zu haben wie von einer schrecklichen Nacht, die nicht mehr herabsinken wird. Unser Unverständnis, unsere Achtlosigkeit und sogar unser Gefühl, durch das so nahe Jugoslawien belästigt zu werden, besteht auch aus dieser Verdrängung der Erscheinung des absoluten Bösen, aus diesem beharrlichen, abergläubischen Bestreben, es uns vom Leib zu halten, es abzuschieben, und zwar zeitlich – zum

Abgrund der vierziger Jahre unseres ausklingenden Jahrhunderts hin – und räumlich – auf die anderen Gesellschaften, die nicht an die Menschenrechte und an das Zusammenleben in Gemeinschaft glauben. Selbst die prophetischen Vordenker unserer Kultur, die sich zwangsläufig mit dem Völkermord beschäftigten, haben nicht einmal beiläufig auf das Wiederauftauchen des Schreckens in Jugoslawien mit seinen ethnischen Säuberungen und den Massakern an der Zivilbevölkerung gesehen. Ich nenne keine Namen: Tut es selbst.

Als die Belagerung Sarajevos bereits seit zwei Jahren andauerte, kam *Schindlers Liste* mit seinem Erfolg in unsere Kinos. Erschütterte Jugendliche erfuhren, daß dies alles geschehen war; und folglich wieder geschehen kann. Nur ganz wenige unter ihnen, und noch weniger Erwachsene, ließen sich dadurch anregen, nach Bosnien zu schauen, *wo es gerade geschah*.

So strahlt das, was im früheren Jugoslawien geschehen ist, ruinös auf die willfährige Scheinheiligkeit unserer historischen Rekonstruktion des Völkermords zurück. Damals wußte man nicht, oder wenige wußten, oder man wollte es nicht glauben, oder man erfuhr es erst spät und unklar...? Nun, hier wußte man es und sah es mit eigenen Augen, vom Sessel des eigenen Wohnzimmers aus, Dorf um Dorf, Gemetzel um Gemetzel, Kindergesicht um Kindergesicht. Ganz anders als bei dem Feuerwerk und dem sichtversperrenden Rauch des Golfkriegs, dieses virtuellen Riesenspektakels mit echten Toten, war hier ein »Krieg« so detailliert zu beobachten, wurde so aufgezeichnet und so ausführlich gesendet wie noch nie. Zuallermeist von mutigen, unvoreingenommenen jungen Photographen, Kameraleuten und Reportern, die nicht indoktriniert waren (schon wegen des Desinteresses ihrer Chefs). Die Anzahl derer unter ihnen, die dabei umgebracht wurden, spricht für sich. Noch mehr spricht für sich die der Privatpersonen und der Unbefugten, der Freiwilligen der Hilfsorganisationen, der Reiselustigen, die sehen und berichten – und handeln – konnten, wie es in keinem anderen »Krieg« je möglich gewesen war. Folglich besteht das Problem der Reaktion auf rassistische Barbarei und Massaker nicht darin, daß die Welt es erst erfahren muß, und es hat auch nie darin bestanden. Ob sie es wissen oder nicht, sehen oder nicht, die Welt und ihre amtierenden Behörden lassen es einfach geschehen.

Vor einigen Jahren hatte es auch denjenigen, die es nicht eilig hatten, das Ende der Geschichte zu erklären, so geschienen, als gehe die Zeit der rohen Gewalt zu Ende und als könnten breitere, solidarischere Kräfte sich der Aufgabe widmen, das Ende der Welt abzuwenden oder zumindest hinauszuzögern. Es war die Stunde der Grünen: schade, daß sie so schnell vergangen ist. Vor mir liegt ein damaliges Buch über die »Kulturen der Grünen«. Es enthält unter anderem ein dreiteiliges Schema auf der Grundlage von: Polit. ideol. Position, Subjekte, Ziele, Verhältnis zur Zeit. Das Schema soll dazu dienen, festzustellen, ob man ein Grün-Alternativer ist, ein gemäßigter Grüner oder ein autoritärer Grüner. Man ist beispielsweise ein Grün-Alternativer, wenn man unter Verhältnis zur Zeit für »Projektion auf die Zukunft« optiert; ein autoritärer Grüner, wenn man sich für »Zurück zur Vergangenheit« entscheidet. (Dem »gemäßigten Grünen« entspricht dabei eine desolate »Verwaltung des Gegenwärtigen«.) Es hatte den Anschein gehabt, als hätten die Leute ein gutes Dutzend Jahre lang nichts anderes getan, als Walter Benjamin und den Engel der Geschichte zu zitieren:

»Er hat das Antlitz der Vergangenheit zugewendet. Wo eine Kette von Begebenheiten vor *uns* erscheint, da sieht *er* eine einzige Katastrophe, die unablässig Trümmer auf Trümmer häuft und sie ihm vor die Füße schleudert. Er möchte wohl verweilen, die Toten wecken und das Zerschlagene zusammenfügen. Aber ein Sturm weht vom Paradiese her, der sich in seinen Flügeln verfangen hat und so stark ist, daß der Engel sie nicht mehr schließen kann. Dieser Sturm treibt ihn unaufhaltsam in die Zukunft, der er den Rücken kehrt, während der Trümmerhaufen vor ihm zum Himmel wächst. Das, was wir den Fortschritt nennen, ist *dieser* Sturm.« (W. Benjamin, »Über den Begriff der Geschichte«, IX, in: *Illuminationen. Ausgewählte Schriften I*, Frankfurt a. M. 1977.)

Es handelte sich um ein Mißverständnis. Eine Schar Grün-Alternativer schleift den Engel der Geschichte, der hartnäckig der Vergangenheit zugewandt ist, in Richtung Zukunft und erklärt ihn zum autoritären Grünen. Sie bindet ihn in einem Paket mit »Fundamentalisten, reaktionären Gruppen und Ökofaschisten zusammen«. Da die Meute sogar die banalsten Anwendungen der Metapher auf ihre unmittelbaren Programme außer acht läßt – das Zusammentragen der Trümmerhaufen, ist das nicht die häusliche Formel für die Wiederverwertung der Abfälle? –, setzt sie ihr Ungestüm an die Stelle des Sturmes, der vom Paradies her weht. Das Ziel des »autoritären Grünen« sind diesem Schema zufolge »tiefgreifende Änderungen im reaktionär-nostalgischen Sinn«. Nostalgie taucht in dem Schema sonst nicht auf. Nostalgie ist nur grün-autoritär. Es hatte den Anschein gehabt, als hätten die Leute sich ein Dutzend Jahre lang am wiedereröffneten Brunnen der Nostalgie gelabt; als wären ganze romantische und verlegerische Erfolge auf diesem Gefühl aufgebaut gewesen, einem der edelsten menschlichen Gefühle. Und schon wurde die Nostalgie wieder in die lexikalische Hölle der reaktionären Gesinnung verbannt, als endlich die unglückliche Konvention der Nachkriegszeit in Verjährung geraten war, die in Italien aus dem »Nostalgiker« ein kaum abgeschwächtes Synonym für Faschist gemacht hatte. Es war merkwürdig: Als bewege man sich hinkend, zwischen linken Flugblättern und guten Romanen der rechten Mitte.

Unter unseren anerkennenden Blicken sind einer nach dem anderen die letzten Achttausender gefallen, wie reife Birnen. Im Nu wurden daraus Berge mit Kühen und Blechdosen, denen die unberührten Schleier und Schneedecken genommen waren, die sie verhüllt und beschützt hatten, solange es noch Zauberberge gewesen waren. Die Zeitungen berichteten, daß sich am 10. Mai 1993 auf dem (bis dreißig Jahre zuvor unangetasteten) Gipfel des Everest achtunddreißig Menschen einfanden, dreißig Männer und acht Frauen. Sie gehörten drei amerikanischen Expeditionen an, einer englischen, einer australischen, einer indischen, einer neuseeländischen und einer südkoreanischen. Wo bleibt da die unberührte Natur? Das ist etwas für Fremdenverkehrsprospekte, ein enormer Begriffswiderspruch – denn wenn es den »Flecken unberührter Natur« wirklich noch gäbe und er als solcher zu schätzen wäre, dann wäre das genau der Ort, an den man nicht hinfahren sollte.

(1985 berichteten die Zeitungen die Geschichte einer jungen Familie aus Kanada, die unweit von einer Raketenbasis wohnte. Aus Furcht vor der Gefahr beschlossen die Eltern, mit den Kindern umzuziehen, und suchten sich auf dem Globus den von allen menschlichen Unbilden abgelegensten Ort aus, einen märchenhaften antarktischen Archipel, Falklandinseln genannt oder Malwinen. Kurze Zeit nach der Ankunft der Familie brach dort der Krieg aus: Das war der Grund, weshalb die Zeitungen ihre Geschichte erzählten.)

Die Reliquien des alten Wissens und der traditionellen Techniken können die Erhaltung der Umwelt nicht gewährleisten. Diese wird vielmehr auch die ausgefeiltesten Kenntnisse, Wissenschaften und Technologien benötigen. Ich stelle mir vor, daß es eine heiklere Sache ist, einen Sumpf zu rekonstruieren, als die geometrischste Anlage eines französischen Gartens. Es ist kein geringes Paradox, daß eine Wissenschaft (und Wissenschaftler aus Fleisch und Blut) ihre Fähigkeiten dem Ziel widmet, die Schäden eines langen Einsatzes der Wissenschaft und der Wissenschaftler wieder wettzumachen. Wie bei den Politikern. Wollen wir hoffen, daß es überhaupt geht. Unsere festen und kaum in Frage gestellten Gewohnheiten scheinen dies auszuschließen. Sind Erde, Wasser und Luft etwa nicht für den Menschen geschaffen worden? Man hat das Privateigentum in Frage gestellt und Gemeinschaftsbesitz gefordert, aber wenige sind bereit zu bezweifeln, daß die Erde – alles, was existiert – Eigentum des Menschen sei. Das Paradies auf Erden haben wir uns nur für den Menschen gedacht: Es ist nicht einfach, sich damit abzufinden, es – um die Reste zu erhalten – wieder zu verlieren. »Für wen bewahren?« wird immer wieder gefragt. Wer so fragt, kann sich nicht vorstellen, daß es sich lohnt, etwas »für sich« zu bewahren. Erst vor wenigen Jahrzehnten löste die Vorstellung, daß man Trinkwasser kaufen müsse, Heiterkeit aus oder Entrüstung. Man sagte: »wie die Luft, die du atmest« – heute beißen wir uns auf die Zunge. Als ein brasilianischer Energieminister, den man daran erinnert hatte, daß die Regenwälder Amazoniens die Sauerstofflunge des Planeten sind, erklärte:

»Wir kommen darauf zurück, wenn man uns für jede Tonne Luft einen bestimmten Betrag zahlt«, fand man seinen Einfall ungeheuerlich, aber auch plausibel. Die Zerstörung Amazoniens ging weiter. Um Florenz oder Venedig zu besuchen, muß man Eintritt bezahlen. Einige Meisterwerke der Kunst wird man nicht mehr besichtigen dürfen, da ihr Überleben davon abhängt, daß sie den Blicken entzogen und dem zu feuchten Atem nicht mehr ausgesetzt werden. Immer mehr Naturreservate wird man für Unbefugte sperren. Zeugnisse unserer Zeit werden eingefroren oder in eine Erdumlaufbahn geschickt... »Für wen?« Für wen will man das, was von Leonardos *Abendmahl* übrigbleibt, in undurchdringliches Zellophan hüllen? Mit welchen Zeichen soll man es von den plastikverpackten Abfällen am Stadtrand der Metropolen und von den (wenn alles gutgeht) einbetonierten radioaktiven Abfällen in unterseeischen Endlagern unterscheiden können? Für welchen künftigen Archäologen werden wir sorgfältig die Etiketten ausfüllen: »Leonardo, *Das Abendmahl*«, »Nicht recyclingfähiger Hausmüll«, »Radioaktiver Abfall« – *»Handle with care«*?

Die Zerstörung nimmt zu, und nebenan wird der Zoo mit den zu rettenden Exemplaren eingerichtet: Alles stirbt, nichts stirbt aus. Ich mißtraue dem leichtfertigen Umgang mit dem Wort »heilig«. Vielleicht hat »heilig« aber mit einem Wert zu tun, der nicht »für jemanden« ist; mit etwas, das wir »für sich« retten wollen und nicht »für uns« – das kann ein schwarzer Stein sein oder ein Kiesel, ein geheimes Wort, ein Buch oder die ganze Welt. Das wirft die Frage nach der Grenze auf. Aber die Grenze markiert nicht mehr den Punkt (sofern sie ihn je markiert hat), über den hinaus es uns nicht gestattet ist, weiter vorzudringen, sondern den Punkt, hinter den wir uns zurückziehen müssen.

Nach drei Jahren der Belagerung, des Mangels, der Produktionssperre und des Smogs ist der Himmel über Sarajevo wieder klar geworden, die Sterne leuchten wieder.

Nagel und Knoten, pfeilschnelle Zeit und zyklische Zeit haben nebeneinander bestanden, obwohl erstere die Oberhand gewonnen haben. Erstere haben die Geschichte für sich in Anspruch genommen; letzteren blieben die Geschichten. Vor zehntausend Jahren lebte die Menschheit vom Jagen und vom Sammeln; vom zweiten viel mehr als vom ersten (mit Ausnahme extremer Klimazonen, beispielsweise bei den Eskimos). Bei allen bekannten primitiven Völkern ist das Jagen Sache des Mannes, das Sammeln Sache der Frau. In kleinen Gruppen, mit den Kindern auf den Schultern, einem Korb auf dem Kopf und einem angespitzten Holzpflock in der Hand graben die Frauen jeden Tag Wurzeln und Knollen aus, sammeln Grünzeug. Sie kennen die Pflanzenwelt bestens. Ein unbedeutendes grünes Blättchen ist das Indiz für eine nahrhafte Knolle. Sie knien oder hocken sich nieder und graben. Sie sammeln alles, was reif ist, sie kennen die richtige Zeit für jede Frucht. Zur Zeit der Eidechsen fangen sie auch diese und andere Tierchen. Es ist die einzige Gelegenheit, bei der die Beute sich rührt, und man muß schnell sein. Während des Sammelns können die Frauen miteinander reden oder singen. Die Tage gleichen einer dem anderen, und schwerlich fällt die Beute einer Sammlerin wesentlich anders aus als die einer anderen. Das Sammeln wird von der Wiederholung und vom Erzählen bestimmt. Es handelt sich bereits um ein Haushalten. (John Phear über Indien: »Die Frauen gingen jeden Tag zum Brunnen, um Wasser zu holen, eine Gelegenheit zum Schwätzen.«) Das Wissen der Frauen ist ein Wissen, das aus der Wiederholung entsteht, aus der zyklischen Wiederkehr, der langen Zeit. Die Intelligenz der Männer ist die des Scharfblicks, der Blitzartigkeit, der schnellen Reflexe. Das Sammeln ist methodisch und prosaisch. Das Jagen ist abenteuerlich und episch, es zielt auf das Unvorhergesehene und auf den Glücksfall. Die Frauen »sammeln sich zu einer Gruppe und singen oder sind laut, um die Gefahr zu bannen«. Die Männer jagen häufig im Alleingang, und ihre Sicherheit hängt von ihrer Geräuschlosigkeit ab. Das Sammeln ist geschwätzig und entspannt, das Jagen ist ein schweigsames Tun, angespannt bis zur Qual. Das eine löst kein Wetteifern aus, das andere besteht in einem Wettstreit. Das eine ist friedlich, das andere kriegerisch. In der Jagd läßt sich die Überlegenheit des Menschen über die anderen Tiere messen: Jagen ist jene Form der Erkenntnis und Liebe, die sich mit dem Fangen und Umbringen deckt. Bei der Rückkehr zum Lager kochen die Frauen oder verstauen ihr Grünzeug. Die Männer sammeln sich in ihrer Runde und machen das Schweigen, das sie während der Jagd bewahrt haben, wieder wett, indem sie Erstaunliches berichten, ihre Abenteuer und Taten erzählen und dabei dick auftragen. Das Sammeln hat keine Geschichte, das Jagen ist die Geschichte.

Die politische Identität der Linken bis auf den archaischen und mythologischen Begriff der linken Seite zurückzuführen, mag man für nicht viel mehr als eine Spielerei halten – eine lehrreiche Spielerei im übrigen. Das Spiel kann auch als unzeitgemäß erscheinen, da doch alles darauf hinarbeitet, allzu starre und allzu bequem übernommene Identitäten aufzulösen. In der Politik sind die Rechte und die Linke meistens schlecht erhalten. Viele von uns waren sie schon lange leid, und das seit

Jahren. Das neue Wort hieß eine Zeitlang *Transversalismus*. (Es ist unglaublich, wie unsere neuen Wörter von der Entstehung an häßlich sind und damit die guten Absichten, die sie benennen, zum Mißerfolg verdammen.) Es war nötig, aus der Reihe zu treten, die vereinnahmenden und disziplinierenden Zugehörigkeiten aufzugeben, mit angepaßten und abwechslungsreichen Frontenbildungen auf besondere Bedürfnisse und Erwartungen einzugehen. Archipel – das ist ein schönes Wort. Die in Mißkredit geratene und demoralisierte Politik gewann die Lust am Hin und Her über Grenzen, den Geist der Ideenschmuggler und der Fluchthelfer. Den Geist der *Mauerspringer*. So nannte Peter Schneider den Protagonisten seiner Erzählung, der zu Beginn der siebziger Jahre die Mauer zwischen den beiden deutschen Staaten in der verkehrten Richtung überwand, von West nach Ost. Dort wurde er verhaftet, verhört und ausgewiesen. Nach einer Weile sprang er wieder über die Mauer. Bezeichnenderweise endete dieses typische Schmugglerverhalten mit dem Abbruch der Berliner Mauer. Eine wunderbare Metapher wurde dort eines Abends zur Wirklichkeit: Junge Leute saßen rittlings auf der Mauer, bunte Mauerspechte; Rentner trugen ihren Mauerstein nach Hause. Das war wunderschön und unvergeßlich. Es war in unseren Augen das Äquivalent zu den feindlichen Soldaten, die aus den Schützengräben des Ersten Weltkriegs heraussprangen, um sich zu umarmen. Unsere Kriege sind ja auch Bürgerkriege mit den Vopos.

Doch die fügsame und sozusagen fließende Politik war nicht auf der Höhe der Zeit. Transversalismus und Transformismus, Eklektizismus und Zynismus haben Grenzen, die sich – in diesem Fall wohl – leicht überwinden lassen. Das Wegräumen der Trümmer macht aber noch keinen reinen Tisch. Es bringt die alten Dinge wieder ans Licht, die guten wie die schlechten. Unter den schlechten sind der Rassismus und der Nationalismus. Das Leben eines zu Demütigungen, Angst und heimlichen Übergriffen verdammten Untergrunds kommt als wildes Gewimmel wieder an die Oberfläche. In Rußland waren die Kremlexperten gerade aus dem Dienst entlassen worden, da wurden sie als Kriminologen wieder eingestellt. In Metzgereien, so die Schlagzeilen, wird Menschenfleisch verkauft und auf den Marktständen von Samarkand Plutonium. Wenige Jahre nach der Berliner Mauer wurden die Brücken eingerissen, die Bögen, die sich am Himmel abzeichnen, und die flachgestreckten Mauern, die zwei Ufer verbinden.

Die Politik hat schleunigst kehrtgemacht. Die Befreiung von Vorurteilen, die sich aus dem Mißkredit der Ideologien ergeben sollte, wurde vielfach zu Skrupellosigkeit und Zynismus. Vor allem wurde das Ausmaß an Aggressivität, an Ressentiments, Grobheit und Haß im gesellschaftlichen Leben nicht geringer: im Gegenteil. Da staunten diejenigen, die Bosheit und Dummheit auf die Ideologien zurückführen, aber Bosheit und Dummheit suchen sich schon selbst die Ideologien, die zu ihnen passen. Es sind Parteien entstanden, die nach neuen Grenzen und neuen Mauern rufen. Der Satz von der Überwindung der Zaungrenzen wurde wie ein Kaugummi wiedergekäut und schließlich grotesken Debatten über die am besten geeignete Reglementierung eines modernen Zweiparteiensystems angeheftet.

Die Linke verlor bei alldem den Kopf, wie sollte es anders sein. Sie hatte ihre Klassenverankerung verloren, das heißt das Vertrauen darauf, daß die unendlichen gesellschaftlichen Widersprüche sich letztlich auf einen grundlegenden Widerspruch zurückführen ließen und daß die Arbeiterklasse durch ihre eigene Befreiung – auch ohne es zu wollen – Freiheit für alle gebracht hätte. Ersatzweise hatte die Linke einen Katalog von sozialen Subjekten erstellt, der sie legitimieren sollte, ein bißchen sozial, ein bißchen sexuell, ein bißchen generationell: die Arbeiter, die Frauen, die Jungen, die Alten. Alle.

Eine Variante oder fast schon eine Kehrseite des allgemeinen Katalogs ist die Idee von einer Linken der Behinderungen, der Minderheiten und der Normverletzungen: einer Linken der Armen, der Ungebildeten, der Einwanderer, der Geisteskranken, der Drogenabhängigen, der Gefangenen. So etwas kann leicht zu einem Sammelsurium von Einzelschicksalen und klinischen Fällen werden, ein Behelf nach dem Wegfall der zentralen Rolle der Politik. Eine neuerliche Unterscheidung der »Normalen« von den anderen. Andererseits ist es möglich, daß uns eine Freiheit geboten wird (Freiheit, das ist das Wort, das eine Linke nie erst an zweiter Stelle nennen sollte und das sich zum Ziel der Gleichheit so verhält wie der Zweck zu einem guten Mittel). Der relative, aber gegenüber dem Rest der Welt enorme *Wohlstand* unserer Gesellschaften hat individuelle Gewohnheiten und Wünsche so verändert, daß sich *spezifische* Verhaltensweisen in ihr Gegenteil verkehrt haben, in erster Linie das demographische Verhalten. Geburten- und Sterblichkeitsraten sind heute vermutlich die exaktesten Indikatoren für den materiellen und kulturellen Wohlstand. Daß die Fortpflanzung kein biologischer Imperativ mehr ist, sondern zu einer bewußten Entscheidung wird, ist phänomenal: Es ist das umwälzendste Ergebnis des Austauschs von Natur und menschlicher Kultur. Das geht mit einem maßlosen Egoismus und Geiz einher oder aber mit der Sorge und Rücksicht für jedes einzelne Leben. Mit einer Verbarrikadierung der *Normalität* und ihrer Privilegien oder aber mit der Bereitschaft, in den Spiegel der Abweichung, des Gegensatzes und der Schwäche zu schauen – zur weitläufigen, verdächtigen, unglücklichen und erschreckenden Population der linken Seite –, Gegenstück zu jedem Gefühl von Kraft, Gesundheit und geregelten Verhältnissen. Eine Neigung zu bleiben, wer man ist, und sich in den anderen wiederzuerkennen. Sich die Hand zu reichen.

Das Wort, das jenen Wert verkörpert, der dem Leben der dezimierten und gedemütigten Bürger Sarajevos geraubt wurde, heißt: *Normalität*. Die Welt, die sie verloren haben, ist die des normalen Lebens, der normalen Menschen: Sehnsucht und Bewußtsein von Gefangenen und Belagerten, Schwerkranken und schwer Beleidigten. Mit dem auf eine blutbefleckte weiße Fahne geschriebenen Wort »Normalität« endet in Sarajevo das Jahrhundert, das mit so großer Verspätung, mit einem Attentat am Rande, in Sarajevo, seinen Anfang genommen hatte.

Wissenschaftliche Entdeckungen hindern die Menschen einschließlich der Wissenschaftler nicht daran, sich in der Welt des täglichen Lebens weiterhin nach den scheinbaren Selbstverständlichkeiten einer naiven und primitiv intuitiven Physik zu verhalten. Wer die einzelnen Handlungen seines gewöhnlichen Daseins nach den Errungenschaften der Wissenschaft ausrichten wollte, hätte Mühe, aus dem Bett zu kommen, ein Glas Wasser zu trinken oder einen Schritt zu tun. Als kleine Kinder haben wir gelernt, wie es ist, zu gehen und unterwegs zu stolpern oder zu fallen, und dann haben wir nicht mehr daran gedacht, sofern wir keine schweren Unfälle erlitten haben – dann allerdings müssen wir uns Mut machen und begreifen und neu lernen. Das trifft auf unseren täglichen Umgang mit wissenschaftlichen Erkenntnissen zu, aber auch auf die

Philosophie, auf die Moral, die Religion und die Ideologie, an die wir uns von klein auf gewöhnt oder die wir uns später angeeignet haben. Die meiste Zeit und bei den meisten unserer Handlungen verzichten wir einfach auf unsere allgemeinen Überzeugungen. Manche achten stärker auf eine konsequente Übereinstimmung ihrer Überzeugungen mit ihrem Dasein im Detail, vielleicht aus Pflichtbewußtsein, vielleicht auch aus Fanatismus. Selbst die bestehenden Religionen sind mehr oder weniger streng: Der Katholizismus hat der menschlichen Schwäche gegenüber die wendigste Nachsicht entwickelt. Ab und zu verweigern sich einzelne Menschen dem Kompromiß und der gewohnheitsmäßigen Trägheit und rufen sich und die anderen dazu auf, die eigenen Taten und Gesten unnachgiebig nach dem verkündeten Wort auszurichten. Das sind Heilige oder Verrückte oder beides zugleich, Erneuerer und Verfolger, Erlöser und Unterdrücker von Menschenmassen. Sie verabscheuen die Normalität, sie sehen unter ihrer Kruste eine Gemeinheit und Verlogenheit, die sie ablehnen, und prüfen sich selbst bis zum Äußersten. »Bewegungen« entstehen auch aus dieser Entlarvung der skandalösen Scheinheiligkeit und Kleinmütigkeit des »normalen Lebens« heraus. Auch sind sie häufig, wenn nicht immer, eine Sache der jungen Generationen, die damit gegen die Engherzigkeit und den Konformismus der Älteren protestieren. Der Extremismus von Bewegungen ist ein menschlicher und psychologischer, noch bevor er politisch ist. Er nährt sich vom Drang, die eigenen Handlungen allesamt – die großen und öffentlichen wie die kleinen und privaten – mit den Worten in Übereinstimmung zu bringen und vor allem den Worten die entsprechenden Taten folgen zu lassen. Deshalb achten sie, auch wenn sie spontan nicht abgenutzte Wörter benutzen und mit unverbrauchter Stimme sprechen, wenig auf die Gedanken und die Sätze, von denen sie sich leiten lassen, sondern sind eher darauf aus, sich an der Praxis zu messen. Das Leben (das mit der »Bewegung« zusammenfällt) beginnt für sie an der Stelle, an der Überlegung und Vorbereitung in Handlung umschlagen; dort, wo der einzelne sich mit vielen anderen trifft, die ihm ähnlich sind und die er sich ausgesucht hat. An der Stelle wird das ersehnte Leben zum »wahren Leben«. Die riskante Vorliebe für das Attribut »wahr« ist ein Zeichen für diese Berufung. Wider eine Welt, die die eigenen offiziellen Worte wie ausgehöhlte Litaneien herunterbetet und dann aus Bequemlichkeit oder Nachlässigkeit verrät, beansprucht die Wahrheit ihren Platz in der Aktion. Im Gegenzug sucht der praktische Impuls seine Grundlage in einer ursprünglichen und nach und nach verformten Wahrheit der Worte und Gedanken. Der »wahre Kommunismus«, das »wahre Christentum« (der »wahre Titoismus«, der »wahre Peronismus«, der »wahre Föderalismus«), alles, was zu einer äußerlichen Kategorie verkommen ist und einst eine urwüchsige, rebellische Kraft hatte, wird wieder ausgegraben, von Verkrustungen befreit, instandgesetzt und in das Licht des Attributs »wahr« gestellt. Die Kämpfer, die »Aktivisten« – ein Wort, das auch wieder auf seine Herkunft zurückgeführt wird, nachdem es zum Synonym für die Scheuklappenmentalität von Wasserträgern geworden war –, die »Eiferer« – nach einem katholischen Ausdruck, der auf den Eifer der wahrhaft Gläubigen anspielte – fühlen sich verpflichtet, im Kleinen wie im Großen nach den Idealen zu leben, zu denen sie sich bekennen. So geht es ihnen in ihrer ethischen Haltung wie jemandem, der sein alltägliches Leben nach den Erkenntnissen der Wissenschaft ausrichtet, der eine Muskelbewegung nach den Prinzipien der Atomphysik würde ausführen wollen, ja mehr noch, denn bei diesem Streben nach Konsequenz führt der moralische Impuls zu einer besonderen Spannung. Sein anfänglicher, radikaler, aber fast gedankenloser Bruch setzt der Normalität, den übernommenen Gesten, vom Scheitel bis zur Sohle eine minuziöse Rebellion entgegen. Wie jede moralische Entscheidung wird auch diese von zwei Seiten her in Frage gestellt: Die Lehre ist nicht konsequent, das tägliche Leben ist es auch nicht. Nach und nach wiederholen sich die Ideen und werden zu leeren Hülsen. Die Aktionen verfehlen ihre Ziele oder führen durch unvorhergesehene Umleitungen zu ganz anderen Ergebnissen. Man fühlt sich wehmütig und beklommen. Eine politische Gemeinschaft gibt nicht auf, wenn sie mit ihren Aktionen Schiffbruch erleidet oder wenn ihre Bestrebungen scheitern: Sie gibt auf, wenn sie ihren eigenen Worten keinen Glauben mehr schenken kann; sie nimmt sie dann als Mißklang wahr. Sie gibt auf, wenn sie sich nicht mehr damit zufriedengibt, daß der Fehler wiederum in der mangelnden Übereinstimmung von Worten und Taten liegt. Solange bleibt sie als Gemeinschaft, wenn auch geschrumpft, bestehen und spaltet sich unablässig auf. Jede Fraktion sucht sich ihren eigenen Weg, jede ist wieder zur Wahrheit der Aktion bereit, die die andere verleugnet oder verraten hat. Wenn die Niederlage oder das Desaster der Aktion endlich vom erklärten Vorsatz her betrachtet wird, löst die Gemeinschaft sich selbst schlagartig auf und entläßt ihre Mitglieder in die Einsamkeit – ins offene Meer hinaus oder in die wiedergewonnene Freiheit.

An dem Punkt kann es dann geschehen, daß man ein Wort durch ein anderes ersetzt und von einer Gemeinschaft in die nächste wechselt – der verlorenen Gemeinschaft wird man dabei noch ein wenig nachtrauern. Oder man bewahrt sich seine Einsamkeit und tritt an anderem Ort und zu anderer Zeit wieder aus ihr heraus, ein wenig besser bedeckt, wie bei der Genesung nach einer Krankheit. In diesem Fall wird man auf ein neues Wortsystem verzichten, wird mit Komplikationen und Schwächen nachsichtiger umgehen. Man wird das normale Leben nicht mit Unbehagen betrachten, wird auch nicht meinen, daß es lediglich seine Ansprüche nicht erfüllt und daß seine Bescheidenheit nur ein Ausdruck der universellen Scheinheiligkeit sei. Man wird sogar entdecken, wie abenteuerlich es ist, vielleicht gegen den Willen derer, die es führen: voller Kriege, Krankheiten, Schmerzen und Mühen. Voller Wohltätigkeit, freiwilliger Initiativen und mutiger Handlungen von seiten von Menschen, die kein Bekenntnis daraus gemacht haben und auch hätten darauf verzichten können.

In dem Augenblick, da der demobilisierte Aktivist die Normalität wieder gelten läßt, nimmt er Abschied von dem Bemühen um eine strenge Übereinstimmung der vertretenen Grundsätze mit dem täglichen Leben. Er nimmt die Kultur weiterhin ernst, fühlt sich ihr aber nicht unterworfen wie einem sehenden und strafenden Blick, noch erhofft er sich von ihr mehr, als vernünftig ist. Er wird den Eindruck haben, Lernen sei schön, und es lohne sich, zunächst aus Leidenschaft und unsystematisch zu lernen. Er weiß, daß Eklektizismus Unverantwortlichkeit verdecken kann und daß nur ein schmaler Grat ihn vom Zynismus trennt. Er fürchtet ihn aber nicht derart, daß er sich zu einer abgeschlossenen Ideologie gezwungen sähe. Er schafft es nicht, herrschende Formeln wie die vom starken und vom schwachen Denken zu übernehmen. Er denkt, daß zwischen der täglichen Moral und seinen Philosophien das gleiche Verhältnis besteht wie zwischen dem Gehen und der Motorik oder der

Anatomie oder der Theologie. Daß es Werte gibt, die ebenso unantastbar und absolut wie »normal« sind und mit einer naiven Moral zu tun haben: Werte, die in einem Teil der zehn Gebote enthalten sind, in einer Reihe von Staatsverfassungen, in zwei oder drei Proklamationen der internationalen Institutionen.

Seit drei Jahren trauern die Leute in Sarajevo der Normalität nach und simulieren sie. Sie reparieren Verkehrsampeln an Straßenecken, die im Schußfeld der Heckenschützen liegen. Sie weinen vor Rührung, wenn ihre Straßenbahn dank eines vorübergehenden Waffenstillstands wieder einmal fährt. Tag um Tag bessern sie das zerfetzte Geflecht des Lebens in ihrer Stadt wieder aus. Eine sehr alte, sanfte Dame hielt mich an und fragte mich in altmodischem und umständlichem Deutsch, ob ich ein Photo machen und es ihrer Tochter und ihren Enkeln zukommen lassen könne, die nach Italien gezogen seien und sie seit zweieinhalb Jahren nicht mehr gesehen hätten. Nehmen Sie mich nur zur Hälfte auf, sagte sie, ich möchte nicht, daß man diese häßliche Männercordhose sieht, ich mußte plötzlich aus meiner Wohnung fliehen, ich habe keine anderen Kleider. Später, in einem Café, sagte sie zu mir: »Wenn Sie wüßten, wie schön Sarajevo war.« Alle sagen das: Wie schön war Sarajevo! Wie angenehm war das Leben in Sarajevo! Das ist, neben dem Leid und den Demütigungen, die am tiefsten gehende Erfahrung der Einwohner Sarajevos: Daß das Leben vorher angenehm und kostbar war und daß jemand es – aus Dummheit und Bosheit – plötzlich hat zerstören können. Sie versuchen, uns die Lektion von dem »Leben vorher« zu erklären, glauben aber selbst nicht daran, daß es ihnen gelingt. Sie hätten es selbst nicht verstanden, »vorher«.

Bei einigen Vögeln des Himmels geht es anders zu als unter den Menschen im allgemeinen. Es gibt über hundert Arten von Weber- und Knotervögeln. Hier ist es das Männchen, das webt und das Nest vorzeigt, um auf das Weibchen Eindruck zu machen.

Bei einigen Arten zerstört das Männchen das Nest, wenn das Weibchen ein anderes gewählt hat, und wirft es weg.

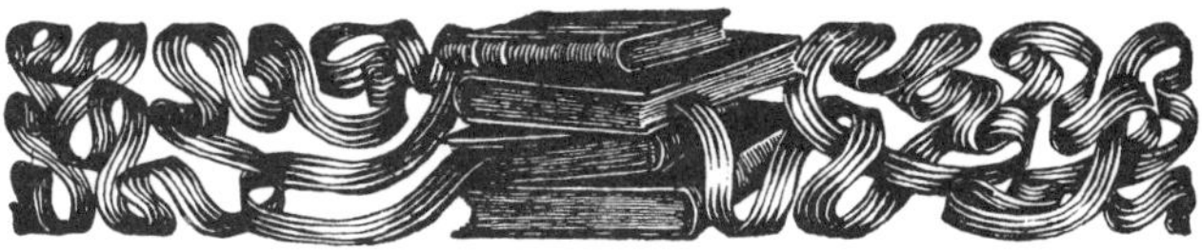

ANMERKUNGEN

Die vorangestellte Zahl verweist auf die Seite, auf die sich die Anmerkung bezieht.

5
Robert Hertz, *Prééminence de la main droite*, jetzt in: *Sociologie religieuse et folklore* (Paris 1970). Der 1881 geborene Hertz kam 1915 im Krieg während einer Aktion um, die sein Lehrer Emile Durkheim als »selbstmörderisch« bezeichnete; erstaunlich, wenn man bedenkt, daß Durkheim eine berühmte Abhandlung über den Selbstmord verfaßt hatte.

10
Zur Pädagogik als Orthopädie sei – abgesehen von den Kindern, die laut Platon mit Schnüren festgebunden werden, damit sie gerade wachsen, und den zum Hinken zwingenden eingeschnürten Füßen chinesischer Frauen – auf jene fürchterlichen Maschinen hingewiesen, die Vater Schreber sich ausgedacht hatte und die in Morton Schatzmans Buch über den elenden und genialen Vorsitzenden Moritz Schreber abgebildet sind (*Die Angst vor dem Vater*, Reinbek 1982). Die Pädagogik dieses Urhebers der »Zimmergymnastik« sowie der in Deutschland heute noch so genannten Schrebergärten wird in Schrebers Traktat *Kallipädie* (1858) erläutert. Siehe auch Han Israëls, *Schreber: Vater und Sohn: eine Biographie* (München 1989).

10
Zu den »geteilten Menschen«, siehe Carlo Ginzburg, *Hexensabbat. Entzifferung einer nächtlichen Geschichte* (Berlin 1990, S. 243). Siehe

auch Meyer Schapiro, *Romanische Kunst* (Köln 1987, S. 81–83 und 150–154), über eine illuminierte mozarabische Handschrift aus dem 11. Jahrhundert. Darin kommt ein einarmiger und einbeiniger Dämon namens Aqimos vor, der möglicherweise auf eine gnostische Quelle zurückgeht: »eine Art Halbmensch«. »Das Fehlen eines Gliedes scheint für spätantike und orientalische Dämonen ganz typisch zu sein...« In China haben die Regen- und Mondgötter nur ein Bein und einen Arm, ebenso ein »Regenmacher« bei den Buschmännern. Die Überlieferung berichtet von einem »Halbmenschen« namens nisnan in *Arabia Felix*. »Der europäische Volksglaube kennt Unmengen von... Halbmenschen mit einem Auge, einem Bein, einem Arm, einem Zahn oder einem Horn.« Vermutlich lassen sich die »Halbmenschen« aus den klassischen literarischen Erzählungen des Orients, vor allem Indiens, herleiten. »Die fehlenden Glieder der *linken* Körperseite lassen an Kastration denken.« (Alle Zitate aus Meyer Schapiro, a.a.O.)

11
Man denke an den Text von Italo Calvinos Lied über den guten Manichäismus der Zwanzigjährigen, *Oltre il ponte:* »Tutto il male avevamo di fronte / tutto il bene avevamo nel cuore / a vent'anni la vita è oltre il ponte« [Alles Übel hatten wir vor uns / Alles Gute trugen wir im Herzen / mit Zwanzig ist das Leben hinter der Brücke].

11
Die hier angeschnittenen Themen verweisen auf die Thematik des Doppelten, des Doppelgängers, des einen, aus dem zwei werden, der zwei, die zu einem werden, und so fort. Ich bin nicht in der Lage, darüber zu schreiben. Ich bin mit Zwillingsschwestern befreundet, von denen eine rechts-, die andere linkshändig ist: als Mädchen wurden sie gefilmt, wie sie beim Schreiben nebeneinandersaßen, so daß es aussah, als handelte es sich um nur eine mit ihrem Spiegelbild.

11
Als Rechtfertigung dafür, daß in der Schule Altgriechisch gelernt wird, reicht eigentlich die Entdeckung des Dualen aus. Daß sich zwischen dem Ich und den vielen die Zwei befindet, stellt eine geistige und körperliche Sicherheit dar. Eine Brücke. Die Verwendung des Dualen hat in einigen Kulturen damit zu tun, daß es nur drei

Zahlenbezeichnungen gibt: eins, zwei und viele. Die binäre Basis wurde auf die natürliche Bedeutung der zwei Geschlechter zurückgeführt oder auf die beidseitige Symmetrie des menschlichen Körpers: zwei Hände, zwei Füße, zwei Augen. In verschiedenen Sprachen ist das Wort »zwei« eine Ableitung von Armen, Händen oder Füßen (in der bildlichen Numerierung des Sanskrit Hände, Arme, Flügel oder Augen. Bei den Sumerern bedeutet »eins« Mann, »zwei« Frau). Siehe Giovanni Buffa, *Fra numeri e dita* (Bologna 1986).

12
Die andere Hälfte des Himmels. Abgesehen von der Beseitigung der Tarnungen brach der durch den Konflikt Mann-Frau hervorgerufene Zwiespalt mit den Regeln der »Dialektik«, die sich die Linke so schülerhaft angewöhnt hatte. Nach diesen Regeln war die Dichotomie eigentlich nur vordergründig und beruhigenderweise vorläufig: These, Antithese und Aufhebung, die nun wieder ihrerseits und so weiter. Bei den Frauen, vor allem bei den zornigsten, war klar, daß die Sache überhaupt nicht mehr zu kitten und der dialektische Prozeß verloren war. Zum erstenmal spürten die linken männlichen Aktivisten in der Dichotomie nicht die Verheißung einer Gesamtheit, sondern die Angst vor einer Verstümmelung. Es bedurfte einer gewissen Zeit, bis die Kommunikation wieder aufgenommen wurde und man bei Claude Lévi-Strauss las, daß auch duale Strukturen asymmetrisch und anpassungsfähig sind.

Siehe bei Adrienne Rich, *Von Frauen geboren* (München 1979), die »Ablehnung des Dualismus«: »Durch die Ablehnung dieses Dualismus bekräftigen wir die Existenz all jener, die jahrhundertelang negativ bezeichnet wurden: nicht nur die Frauen, sondern die ›Unberührbaren‹, die ›Weibischen‹, die ›Nicht-Weißen‹, die ›Analphabeten‹: die ›Unsichtbaren‹.«

13
Die *Cahiers – Aufzeichnungen* von Simone Weil erschienen in drei Bänden von 1991 bis 1996 (München, hrsg. von Elisabeth Edl und Wolfgang Matz). Außerdem liegen vor: *Schwerkraft und Gnade* (München 1952), *Fabriktagebuch und andere Schriften zum Industriesystem* (Frankfurt a. M. 1978), *Die Einwurzelung* (München 1956), *Das Unglück und die Gottesliebe* (München 1953). Die klassische Biographie trägt den Titel *La vie de Simone Weil* (Paris 1973) und stammt von ihrer Studienkollegin und Freundin Simone Pétrement, die Studien über Dualismus und Gnostizismus betrieb. Siehe

auch Gabriella Fiori, *Simone Weil, biografia di un pensiero* (Mailand 1981).

13
Man lese in dem Buch von Mario Mieli, *Elementi di critica omosessuale* (Turin 1977), die Seiten über das »Transvestitentum«. Tarnung ist Identifikation und Distanz zugleich: man versetzt sich in den anderen hinein und bleibt dabei, was man ist. Wenn die Distanz im Namen des *omnia experiri* bis zur Nichtigkeit schrumpft (Mieli: »Wenn die Ideologie der Macht absurd ist, kann man die Wirklichkeit, die sie verbirgt, nur dadurch erkennen, daß man lebt, was sie negiert und in die Ecke des Absurden verbannt. *Schizophrenie ist ein Zugang zum revolutionären Wissen...*«), wird es schwierig, zu sich zurückzukehren, sich wiederzufinden. Das sei gesagt, obwohl die nüchterne Betrachtung traurig ist, und ohne Anspielung auf Mielis Selbstmord im Jahr 1983, zu dem ihm die Freiheit weder ganz noch teilweise genommen werden soll. 1994 erschien in Mailand sein autobiographischer Roman *Il risveglio dei faraoni*.

14
Carlo Ginzburg, *Hexensabbat*, a.a.O., S. 225–288.

15
Auch der Fußballer Pelé ist Linkshänder. Bei Maradonna hat die Linkshändigkeit nicht nur einen metaphorischen Anstrich der »Verdammnis« erhalten, sondern geht mit einer Art körperlicher Mißbildung einher, die zu den vielfältigsten Interpretationen Anlaß gab. Maradonnas argentinischer Sportarzt erklärt das Phänomen mit einer auf die Muskulatur wirkenden Wirbelsäulenverkrümmung, genauer gesagt: einem kürzeren und dichteren, gedrungeneren Lendenquadrat. Die orthopädische Auskunft verdanke ich Enrico Deaglio (leider ist es mir nicht gelungen, Edmondo Bersellis *Il più mancino dei tiri*, Bologna 1995, zu lesen). Hingewiesen sei auch auf folgenden Eintrag in Gustave Flauberts *Wörterbuch der Gemeinplätze:* »Linkshänder: Furchtbar gefährlich beim Fechten. Viel weniger linkisch als die, die ihre rechte Hand benutzen.« Unter den »verdammten« Hinkern ist Talleyrand nicht zu vergessen, der Held aus Roberto Calassos *Der Untergang von Kasch* (Frankfurt a.M. 1996). Calassos Talent befreit seinen Zeremonienmeister allerdings nicht von einer verdächtigen Ähnlichkeit mit Giulio Andreotti; und auch nicht Talleyrands *douceur de vivre* vom Gleichklang mit

jenem *quieto vivere*, mit dem Andreotti die fünfzigjährige Herrschaft von Christdemokraten und Mafia – nach ihrem Sturz – auf einen Nenner brachte.

17
James Cook, *Entdeckungsfahrten im Pazifik. Die Logbücher der Reisen von 1768 bis 1779* (Tübingen 1971).

18
Über links und rechts erinnere ich mich aus meiner Kindheit an den Satz: »Er sitzt zur Rechten des Vaters.« Dieses ganze Miteinander-zu-tun-haben zwischen Vater und Sohn ist für einen kleinen Jungen wichtig. Von dorther sollte er kommen, die Lebenden und die Toten zu richten: ein weiteres Bild von rechts und links haben wir beim Jüngsten Gericht, mit dem ungeordneten Haufen der Verdammten auf der einen und der disziplinierten Reihe der Seligen auf der anderen Seite. Die Verdammten sind die Linke: eine Darstellung der wahren Macht der Mitte, die mitten zwischen ihnen thront.

20
Die *Bibel oder die ganze heilige Schrift des Alten und Neuen Testaments* nach der Übersetzung Martin Luthers, revidierter Text 1975 (Stuttgart 1978). Edgar Hennecke, *Neutestamentliche Apokryphen* (Tübingen 1959). Die Handlung von Sebastiano Vassallis Roman *Marco e Mattio* (Turin 1992) spielt im Zoldo-Tal bei Belluno, einem Ort von Nagelschmieden, wie sich bereits an den Ortsnamen ablesen läßt (Forno [zu deutsch Ofen], Fusine [Schmieden]; die heutigen Einwohner verbringen den Sommer als Eisverkäufer in Deutschland). Siehe insbesondere das Kap. X, »La croce«, in dem Mattio sich mit einer qualvollen Vorrichtung aus Nägeln und Seilen selbst kreuzigt.

21
Die wesentlichen Hinweise stammen aus dem von Rodney Needham herausgegebenen Band *Right and Left. Essays on Dual Symbolic Classification* (Chicago 1973). Marcel Gauchet, *Storia di una dicotomia. La destra e la sinistra* (Mailand 1994), rekonstruiert, wie dualistische Darstellungen seit der Französischen Revolution in den Institutionen und in der Gesellschaft Fuß faßten. In einem Artikel in *La Repubblica* vom 31. Juli 1993 hatte Maurizio Bettini mit den Argumenten von Robert Hertz, ohne diesen zu erwähnen, die

anthropologische Verankerung des Dualismus von rechts und links in Erinnerung gerufen; Norberto Bobbio, *Rechts und links. Gründe und Bedeutungen einer politischen Unterscheidung* (Berlin 1994), weist in einer Fußnote darauf hin.

22

Robert Hertz: »Von hundert Individuen sind zwei von Natur aus Linkshänder…« Man rechnet heute, daß die Linkshänder etwa 6% der Bevölkerung ausmachen (in Italien). Auch höhere Prozentsätze werden genannt (Geschwind und Béhan 1982: bis zu 10% der Männer und 6% der Frauen). Nach Henry Hécaen und Julian de Ajuriaguerra, *Les gauchers* (Paris 1963), »sind nur 2,1% der Linkshänder von rechtshändigen Eltern geboren. Bei einem linkshändigen Elternteil beträgt der Anteil der linkshändigen Kinder 17,3%; sind die Eltern beide Linkshänder, beträgt er 46%.« Der Neurologe Norman Geschwind brachte Linkshändigkeit und Immunstörungen mit einer Überproduktion von Testosteron während der Entwicklung des Fötus in Verbindung und erklärte damit auch den höheren Anteil an männlichen Linkshändern. Forschungen an Studentengruppen in den USA und anderswo kamen zu dem Schluß, daß bei Linkshändern die mathematischen und künstlerischen Neigungen stärker ausgeprägt sind und daß häufiger Sprachfehler auftreten.

Nach einer Untersuchung der Universität Sidney im Herbst 1994 haben 42 von 100 Australiern Schwierigkeiten mit der Unterscheidung von rechts und links.

Zwar hat sich der althergebrachte Gegensatz von rechts und links bis hin zur Nomenklatur von rechtem und linkem Lager in der Politik verfestigt, dennoch ist teilweise auch das Umgekehrte geschehen. Der gute Ruf, den sich beispielsweise die politische Linke erworben hat, hat sich rückwirkend günstig auf die herkömmliche Linke ausgewirkt und sogar auf das Ansehen der Linkshändigkeit: »Daß Linkshändigkeit rehabilitiert wurde, ist auch auf die positive politische Bedeutung zurückzuführen, die der Begriff ›links‹ derzeit in der Gesellschaft genießt.« (Ida Magli, *È mancino, dunque è buono*, in: *La Repubblica*, 10. Februar 1983.)

22

Zur faszinierenden Frage der auf prähistorische Höhlenwände gemalten Hände – eigentlich: der Negative von Handabdrücken, die durch das Auftragen von Farbe rundherum erzielt wurden –, mehrheitlich linke Hände (wofür es möglicherweise eine rein mechanische Erklärung gibt), siehe André Leroi-Gourhan, *Le Fil du temps: éthnologie et préhistoire* (Paris 1983). Es geht darin, bezogen auf das Schweigen der jagenden Buschmänner, auch um die Sprache der Hände.

22
Der Astronaut Neil Armstrong betrat als erster Mensch den Boden des Mondes – sofern er ihn überhaupt betrat: manche glauben es nicht –, und zwar mit dem linken Fuß.

23
Siehe in der genannten Aufsatzsammlung von Hertz, *Représentation collective de la mort* (und Adriano Prosperis Vorwort zur italienischen Ausgabe). Über die Toten als Antipoden der Lebenden siehe Alb. C. Kruyt, *Right and Left in Central Celebes* in dem genannten Band von Rodney Needham. Mit dem »langen Tod« hat C. M. Turnbulls Bemerkung über die Pygmäen zu tun: »Die Pygmäen drücken die verschiedenen Stadien einer Krankheit aus, indem sie sagen, einer sei heiß, fiebrig, krank, tot, ganz oder völlig tot und schließlich für immer tot.« (Colin MacMillan Turnbull, *Molimo. Drei Jahre bei den Pygmäen*, Köln 1963.) Auf die Angst der Lebenden vor der möglichen Unsterblichkeit der beerdigten Toten und vor der verderblichen Bedrohung durch Organe und Instrumente, die zum Tod geführt haben, wird der in der Antike (nach einigen Quellen auch in Athen) verbreitete Brauch zurückgeführt, Selbstmördern die rechte Hand abzuhacken und sie weit vom Körper entfernt zu vergraben.

24
Das große Gedränge von Geistern und Gespenstern im 19. Jahrhundert äffte der Auftakt des *Kommunistischen Manifests* nach: »Ein Gespenst geht um in Europa ...«

25
Siehe hierzu Mario Vegetti, *Il coltello e lo stilo. Animali, schiavi, barbari, donne, alle origini della razionalità scientifica* (Mailand 1979). »Die paradigmatische Figur des echten Mannes kann nicht bestehen [...] ohne Kontrastierung durch jene defektiven Figuren, die ihn komplementär ergänzen: das Vieh, der Barbar, der Sklave, die Frau.« Vegetti zitiert eine Stelle aus dem *Panathänaikon* des Isokrates, wonach die alten und weisen Regierenden Athens »den als

den gerechtesten und notwendigsten Krieg ansahen, den alle Menschen gegen die Wildheit der Tiere führen, und dann den Krieg im Bunde mit den Hellenen gegen die Barbaren, die schon von Natur unsere Feinde sind und jederzeit Böses gegen uns im Schilde führen«.

25
Das Kind ist nach Platon (*Die Gesetze*) »unter allen Tierchen das lästigste, das schlaueste, das widerspenstigste«. Aber im Unterschied zu den anderen Tieren, den Frauen und den Barbaren ist das Kind nur vorläufig Kind, solange es nicht erwachsen ist. Daß sich im Kind auf unbezwingbar gefährliche Weise immer wieder das Wilde und Primitive seinen Weg bahnt, ist eine hartnäckige Vorstellung, die es in die Nähe dessen rückt, was man sich gewöhnlich unter dem Unbewußten vorstellt.

26
Friedrich II. (1194–1250), *De arte venandi cum avibus* (*Das Falkenbuch Kaiser Friedrich des Zweiten. Über die Kunst mit Vögeln zu jagen, Frankfurt a.M. 1964*). Als gezähmt galt nach dem Gesetz ein Tier, das sich daran gewöhnt hatte, beim Menschen zu leben, so daß es immer wieder zu ihm zurückkehrte. Es sei an Francesco Petrarcas Traum von einer gezähmten Laura in dem Sonett »Chiare fresche e dolci acque« erinnert: »das schöne zahme Wild sich wiedrum wende« (*Canzoniere*, CXXVI).

26
Die Vertauschung Frau–Tier wird wohl in der Frage der Verfremdung deutlicher. Die aus dem Blickwinkel von Tolstois jungem Wallach betrachtete Schlacht stellt sich malerischer dar als der typische Fall, bei dem die Dinge mit den Augen einer Frau gesehen werden. Tolstoi schrieb selbst auch in der ersten Person weiblich. (Man denke nur an das überzogene filmische Beispiel von Greta Garbo in der Rolle Anna Kareninas, als der Geliebte ihr ankündigt, daß er in den Krieg zieht: »Krieg? Welcher Krieg?«) Über Verfremdung siehe Carlo Ginzburgs Aufsatz »Straniamento. Preistoria di un espediente narrativo« in: *Occhiacci di legno. Nove riflessioni sulla distanza* (Mailand 1998).

26
Bei der Ausbildung zum Krieg treten Tiere an die Stelle der Männer und das Wild an die des Feindes. Während der Zhou-Dynastie

in China (von 1122–255 v. Chr.) waren Jagdübungen zu militärischen Zwecken üblich. Machiavelli in *Vom Staate* (III. Buch, Kap. 39): »Die Jagd ist, wie Xenophon befindet, ein Abbild des Krieges.« Ebenso hat für Baldassare Castiglione (*Der Hofmann*, zuletzt Berlin 1996) die Jagd »eine gewisse Ähnlichkeit mit dem Kriege«. (Ganz anders Giordano Bruno: »Jäger zu sein ist eine nicht weniger unwürdige und feige Übung und Kunstfertigkeit als die des Totengräbers.«)

26
Für das Volk der Beti ist die Frau »ein sicherer Übergang zwischen dem Mann und seinen Ursprüngen, zwischen dem Mann und seinen Ahnen und dem Jenseits«. Vgl. auch bei Nicole Loraux, *Les enfants d'Athéna* (Paris 1981), das Kapitel »Sur la race des femmes et quelques-unes de ses tribus«. Hippolytos beklagt sich bei Zeus: Wenn du wolltest, daß das Geschlecht der Sterblichen sich ausbreitete, brauchte das ja nicht über die Frauen zu geschehen. Der Traum von einer Welt ohne Frauen und Mütter, von der linken Rippe Adams zum Holzstück von Collodis Meister Geppetto, hat zu den Phantastereien vom schwangeren Mann angeregt: siehe Roberto Zapperi, *Geschichten vom schwangeren Mann. Männer, Frauen und die Macht* (München 1994). Für Zapperi ist die Folklore der Ort einer weiblichen Revanche über die männliche Überheblichkeit in der Literatur und in den anderen Bereichen des gehobenen Ausdrucks.

26
Zum Menschen der Wildnis, vgl. R. Bernheimer, *Wild Men in the Middle Ages* (New York 1970). M. Centini, *L'uomo selvatico* (Mailand 1992), enthält eine grundlegende Bibliographie. Gestalten der Wildnis sind auch Johannes der Täufer und Magdalena unter den christlichen Heiligenfiguren. Siehe auch Eleonora Fiorani, *Selvaggio e domestico* (Padua 1993). In Italien kommen viele dieser Themen in der Zeitschrift *Il piccolo Hans* zur Sprache. Das Wort *orangutan* hatte bei den Einheimischen die Bedeutung »Waldmensch«. Eine Bekräftigung der Verwandtschaft von Menschen und Menschenaffen mittels der Molekularentwicklung enthält das Buch von John Gribbin und Jeremy Cherfas, *The Monkey Puzzle: Reshaping the Evolutionary Tree* (New York 1982). Siehe auch die Nummer der Zeitschrift *Kos* (III, Juni 1986), die »King Kong & C. Gli abominevoli uomini delle selve« gewidmet ist; vor allem den

Aufsatz von Giacomo Giacobini und Riccarda Girandi, »E l'uomo incontrò la scimmia«. Sowohl zum Thema der Wilden als auch zum Begriff der »menschlichen Natur« ist das Buch von Sergio Landucci von Bedeutung, *I filosofi e i selvaggi. 1580–1780* (Bari 1972). Die dort behandelten Wilden sind vor allem die Indianer der Neuen Welt, eine wahre Offenbarung des Neuen und Andersartigen in den Augen der Europäer und Modell für den vermeintlichen »Naturzustand«, die Diskussion über die »zweite Natur« des Menschen und so weiter. Siehe insbesondere die These von der grundlegenden Identität der menschlichen Natur bei Bernard de Mandeville, Barnard Le Bovier de Fontenelle oder bei Voltaire (S. 62–63) sowie die Einwände dagegen. Ebenso die Untersuchungen über die »Wilden« auf den unteren Stufen der Natur (Hottentotten, Feuerländer et cetera): »Alle Forschungen des 18. Jahrhunderts zu den untersten Arten von ›Wilden‹ hatten zum Ziel, das Bindeglied ... zwischen Affen und Menschen zu entdecken« (S. 83). Landucci betont in seiner Abhandlung besonders Giambattista Vicos mächtige Konstruktion vom wilden Zustand – die »Halbaffen« –, der klar zu unterscheiden sei von dem bereits »kultivierten« der amerikanischen Eingeborenen.

27
Der Feminismus ist laut Evans als Phänomen von *middleclass* und *liberals* gegen Krieg, Duell und Grausamkeit zu Tieren entstanden. Die gesamte Thematik des Wilden wurde durch feministische Theorien über die Andersartigkeit wieder ins Gespräch gebracht.

28
Hannos Bericht fand Eingang in die klassische Sammlung von Giovan Battista Ramusio (1485–1557), *Delle navigationi et viaggi*, von M. Milanesi in 6 Bänden neu herausgegeben (Turin 1978ff.). Auszüge in deutscher Übersetzung finden sich in Richard Hennig, *Terrae incognite. Vorcolumbische Entdeckungsreisen*, Bd. I, S. 72 (Leiden 1944). Eine zwar fachspezifische, aber unerschöpfliche Fundgrube zu Hanno, den Säulen des Herkules und der antiken Geographie im allgemeinen ist die umfangreiche philologische Studie von Aurelio Peretti, *Il Periplo di Scilace* (Pisa 1979). Anhand der Rekonstruktion von Entstehungsdatum und Struktur des umstrittenen Textes des ersten Mittelmeer-Portulans behandelt das Buch das Verhältnis zwischen einem seemännischen Wissen von Dingen, die

»nicht aus dem Papier gezogen, sondern mit Händen berührt und mit den Augen gesehen werden« auf der einen und einer gelehrten, rationalistischen Kultur auf der anderen Seite.

28
Auf der Basis einiger weniger in Südafrika gefundener und umstrittener Fossilien behauptete Raymond Dart in den fünfziger Jahren und nun Randall L. Susman (*Science*, Bd. 265) aufgrund neuer Funde, daß vor 1,8 Millionen Jahren neben dem *Homo erectus* noch eine andere Spezies existierte, der *Paranthropus robustus*, mit einem kräftigen, entgegengesetzten Daumen, aber nicht so feinem Hirn. Der *Paranthropus* sei also in der Lage gewesen, Werkzeuge herzustellen und zu benutzen, für die eine vorherige Entwicklung der Gehirngröße nicht erforderlich gewesen sei; und nur äußere Einwirkungen hätten eine Entwicklung in Konkurrenz zu uns verhindert.

29
Die Welt, »in der die Trennungslinie zwischen Göttern und Sterblichen noch abenteuerlich und zitternd war«. Roberto Calasso, *Die Hochzeit von Kadmos und Harmonia* (Frankfurt a. M. 1990), S. 257.

30
Herodot war davon überzeugt, daß Ägypten die Götter erfunden habe. Entgegen der etwa in der Mitte des 18. Jahrhunderts aufgestellten These von der nordischen, »indoeuropäischen« Herkunft der griechischen Zivilisation und ihren prärassistischen Folgen hat Martin Bernal in *Schwarze Athene. Die afroasiatischen Wurzeln der griechischen Antike* (München 1992) energisch die ägyptische und semitische Abstammung des antiken Modells bekräftigt.

Die laut Herodot verkehrte Welt Ägyptens wiederholt sich in den Berichten von der Entdeckung Perus: »Wer wollte nicht sehen, wie barbarisch es ist und wider die Natur des Geschlechts, daß unter den Ägyptern (nach Herodots Zeugnis) die männlichen Tätigkeiten den Frauen zugewiesen sind und die weiblichen den Männern? Genauso gehen bei den Kanaren, der Bevölkerung Perus, die Frauen der Feldarbeit und anderen männlichen Mühen nach, während die Männer zu Hause bleiben, Gewichte tragen, weben und sich überhaupt nicht schämen, andere Frauenarbeit zu verrichten, wie Jo. de Laet in seinem Novus Orbis berichtet« (J. M. Boecler, 1663).

32
Bernardo Bernardi, *Il Mugwe, è forse un animale?*, in: *Tra uomo e animale*, herausgegeben von Ernesta Cerulli (Bari 1991). Die Stelle aus der *Epistola Premonis* wird in der Einleitung Franco Porsias zum *Liber Monstrorum de diversis generibus* (Bari 1972) zitiert.

33
In seinem schönen Buch *Die Feudalgesellschaft* (1939–40; deutsche Ausgabe Frankfurt a. M. 1982) bedauerte der Historiker Marc Bloch, daß man im Mittelalter »noch nicht wie wir im Schoß einer durch die Ausrottung wilder Tiere völlig befriedeten Natur« lebte (S. 364). Einigermaßen haarsträubend klingt demnach heute Martin Luthers Wunschvorstellung aus den *Tischreden* (Nr. 1150): »Da wird keiner den andern fressen, wie Kröten, Schlangen, und dergleichen giftige Thier, die um der Erbsünde willen hie vergiftet und schädlich sind.« Bekanntlich werden manchmal Unterführungen für Kröten eingerichtet, wenn neue Straßen angelegt werden. (Georges Brassens, *Don Juan*, Frankfurt a. M. 1989: »Hoch lebe, wer sofort auf seine Bremse tritt / und den verirrten Frosch und Igel nicht zerquetscht.«) Keith Thomas, *Man and the Natural World. Changing Attitudes in England 1500–1800* (London 1983), zeichnet nach, wie erst vor kurzem an die Stelle des bäuerlichen Empfindens für die Natur die Überzeugung getreten ist, daß alles bewahrt werden muß, was noch nicht von Menschenhand berührt und verdorben wurde, und schreibt: »Erst wenige Jahrhunderte zuvor wäre der Gedanke, die Bebauung der Erde seitens des Menschen sei etwas, dem man sich widersetzen müsse, anstatt es zu unterstützen, völlig unvorstellbar gewesen. Denn wie hatte die Zivilisation Fortschritte erzielt, wenn nicht durch Rodungen, durch die Bewirtschaftung des Bodens und die Umformung der natürlichen Landschaft zu menschlichen Siedlungen?« Das Buch beginnt mit einer Zusammenfassung der Geschichte der »Überlegenheit des Menschen«, bevor es deren zunehmende Krise in der Neuzeit erforscht.

35
Carlo Ginzburgs Äußerung über die Änderung seines Blickwinkels hinsichtlich der »menschlichen Natur« zog erwartungsgemäß die Aufmerksamkeit aller Rezensenten auf sich. Einer davon, Paolo Rossi (»Gli storici e la natura umana«, in: *Rivista di filosofia*, Dezember 1990), hält ihm vor, die Errungenschaften der zeitgenös-

sischen Biologie nicht hinreichend berücksichtigt zu haben. Eines von deren grundlegenden Ergebnissen bestehe darin, daß »die Verbindungen zwischen Natur und Kultur in den letzten Jahrzehnten wesentlich stärker geworden sind«. Rossi verweist auf vergleichende Untersuchungen zu Lernprozessen, auf die Möglichkeit, daß diese Prozesse die Organisation des zentralen Nervensystems verändern, auf die Verhaltenslehre und so weiter. Ausgehend von der allgemeinen Ablehnung von Ökologismus und »antibiologischem Hyperkulturalismus« rekonstruiert Rossi den Kontrast zwischen dem biologischen Determinismus Edward Wilsons (»spezifische Gene für spezifische menschliche Verhaltensweisen«) und dem von Stephen Jay Gould vertretenen Begriff der biologischen Potentialität: »Das menschliche Gehirn ist potentiell zur gesamten Palette menschlicher Verhaltensweisen in der Lage und nicht von vornherein auf irgendeine davon ausgerichtet.« (S. J. Gould, *Die Entdeckung der Tiefenzeit: Zeitpfeil und Zeitzyklus in der Geschichte unserer Erde*, München 1990.) »Um der Behauptung, Kultur sei wichtiger als die Gene, oder Gene seien wichtiger als Kultur, einen Sinn zu geben«, fährt Rossi fort, »muß man von einer spezifischen Theorie ausgehen (die nach wie vor zur Diskussion steht): nämlich von der Theorie, die besagt, daß Gene und Kultur unterschiedliche, voneinander unabhängige Einheiten darstellen.« Obwohl der Vorschlag einleuchtet, auf die Vorstellung von einer klaren Grenzziehung zwischen den Bereichen der Natur und der Kultur zu verzichten und diese Grenze statt dessen durch ein breites Niemandsland zu ersetzen oder durch beide Bereiche zusammen oder durch »eine schiefe Ebene, die vom einen zum anderen abfällt«, sträubt sich der Laienbiologe – der ich nun mal bin – gegen eine drastische Angleichung der beiden Begriffe. Selbst der Unterschied im Rhythmus der biologischen beziehungsweise der kulturellen Entwicklung, die Rossi im Fahrwasser von Luca Cavalli Sforza und Marc Feldman bekräftigt (»der ›monotone‹, ›konservative‹ und langsame Charakter der biologischen Entwicklung und der ›innovative‹ und ›schnelle‹ Charakter der kulturellen, die sich durch einfachen Kontakt auch ›horizontal‹ überträgt«), scheint mehr als ausreichend zu sein, um jene Grenze, wenn auch mit einer weniger strengen Zollkontrolle, aufrechtzuerhalten. Rossis Artikel (und die Forschungen, von denen er berichtet) ist lehrreich, einschließlich der Schlußfolgerungen. »Der genetische Determinismus, die These von der Unveränderlichkeit der menschlichen Natur, kann zu jenen fürchterlichen politischen

Folgen (faschistischer oder rassistischer Art) führen, die wir alle kennen. Weniger bekannt, aber genauso schrecklich sind die Folgerungen, die sich aus der Vorstellung ziehen lassen, daß man aus der menschlichen Natur ›machen könne, was man will‹.« Siehe Edward Wilsons *Sociobiology. The new synthesis* (Cambridge 1976) sowie *Biologie als Schicksal: die soziobiologischen Grundlagen menschlichen Verhaltens* (Frankfurt a.M. 1980). Dagegen argumentieren Richard C. Lewontin, Steven Rose und Leon J. Kamin in *Die Gene sind es nicht… Biologie, Ideologie und menschliche Natur* (München 1987).

36
Die Debatte über die »menschliche Natur« schwankte ständig zwischen der Tendenz, die Tiergesellschaften zum Modell zu nehmen, und der entgegengesetzten, die die Unangemessenheit der Vergleiche zwischen Menschen und Tieren unterstreicht. Im ersten Fall bildeten Bienenstock und Bienenvolk das traditionelle Paradigma, zumindest solange die Entdeckung, daß sich an deren Spitze kein Monarch, sondern eine Königin befindet, nicht für einige Verlegenheit sorgte. Die Entdeckung wurde bis weit ins 18. Jahrhundert hinein in Zweifel gezogen (Thomas, a.a.O., S. 66; und auf S. 101, Nr. 70, wird rekonstruiert, wie das Geschlecht der Bienenköniginnen festgestellt wurde). Obwohl Thomas Hobbes' Vergleiche zwischen der menschlichen Natur und der von Ameisen und anderen Insekten strikt ablehnte, neigten Ordnungsdenker stark zu einer Rechtfertigung des Prinzips der Hierarchie anhand der Tiergesellschaften. Abgesehen von Platons *Staat* läßt sich sogar aus den Thesen eines George Dumézil über die dreigeteilte indoeuropäische Struktur ein Echo der weitverbreiteten, eindringlichen anthropomorphen Beschreibungen eines Maurice Maeterlinck über die Termiten heraushören (»die drei Kasten… die man die Arbeiterkaste, die Kriegerkaste und die Fortpflanzungskaste nennen kann«; *Das Leben der Termiten*, Stuttgart 1955, S. 109).

36
In *Das Unbehagen in der Kultur* (Frankfurt a.M. 1972, Kap. VIII, S. 127) hält Sigmund Freud, mit ziemlichen Zugeständnissen an die Kritik des Privateigentums, den Sozialisten »ein neuerliches idealistisches Verkennen der menschlichen Natur« vor: »Ich meine, solange sich die Tugend nicht schon auf Erden lohnt, wird die

Ethik vergeblich predigen. Es scheint mir auch unzweifelhaft, daß eine reale Veränderung in den Beziehungen der Menschen zum Besitz hier mehr Abhilfe bringen wird als jedes ethische Gebot; doch wird diese Einsicht bei den Sozialisten durch ein neuerliches idealistisches Verkennen der menschlichen Natur getrübt und für die Ausführung entwertet.«

38
Sebastiano Timpanaro, *Classicismo e illuminismo nell'Ottocento italiano* (Pisa 1965; vor allem die Aufsätze über Leopardi). Timpanaros Beiträge über Friedrich Engels aus den Jahren 1966 bis 1969 erschienen in dem Band *Sul materialismo* (Pisa 1970). Das Thema der »menschlichen Natur« oder vielmehr der »anhaltenden« Aspekte der menschlichen Realität ist darin eines der Hauptthemen. Siehe auch: *Il lapsus freudiano. Psicanalisi e critica testuale* (Florenz 1974). In seinen jüngeren Arbeiten zu historisch-politischen Themen, etwa über Edmondo De Amicis als Sozialisten, über Giacomo Matteotti und so fort, führt Timpanaro den aufschlußreichen Nachweis, wie haltlos die Gleichsetzung von Reformismus und Nachgiebigkeit ist. Siehe die gesammelten Aufsätze in: *Il nostro Ottocento* (Pisa 1995).

38
In einem Brief vom 3. November 1912 an seine Freundin in Triest erzählt Scipio Slataper die Entdeckung seiner politischen Leidenschaft so: »Ich studiere die Geschichte, das Fach, das mir am meisten Freude macht, vielleicht mehr noch, im Moment zumindest, als das dichterische Schaffen. Ich bin vernarrt in den Listenreichtum und den klugen Geist der Menschen. Ich spähe nach ihren Handbewegungen und ihrem Augenzwinkern bei der Entdeckung der Hintergedanken eines anderen oder bei der Vereinbarung eines Abkommens [...]. Die Welt öffnet sich, weil alles seine Bedeutung erhält. Es ist wunderbar.« (Giani Stuparich, *Scipio Slataper*, Mailand 1950, S. 272.)

41
Der bosnische Ministerpräsident Haris Silajdzić verglich die Haltung der internationalen Gemeinschaft angesichts der Aggression gegen sein Land ausdrücklich mit der Haltung bei unvorhersehbaren und unvermeidlichen Naturkatastrophen.

42
Gustaw Herlings Artikel »Tutti i naufraghi dello stalinismo« erschien in der Tageszeitung *La Stampa* am 4. Oktober 1994. Von Herling siehe auch: *Welt ohne Erbarmen. Russische Aufzeichnungen* (Köln 1953).

42
Lawrence Krader, *The Asiatic Mode of Production* (Assen 1975). Ders., *Karl Marx. Die ethnologischen Exzerpthefte* (Frankfurt a. M. 1976).

43
Vom Wechsel von der kurzen Zeit der politischen Geschichte und der extrem langsamen der Naturgeschichte ist auch Lenins berühmter Text von 1917 geprägt, *Staat und Revolution*, mit dem verblüffenden Widerspruch zwischen dem gröberen, realistischen Teil über die Zerschlagung des bürgerlichen Staates und die eiserne Notwendigkeit der Diktatur des Proletariats und dem »utopischeren« Teil über das künftige Absterben des Staates. Der Begriff des »Absterbens« ist nicht umsonst dem naturalistischen Sprachgebrauch entnommen.

44
»Die Natur des Menschen ist die Kultur«, meint zum Beispiel der Verhaltensforscher Danilo Mainardi, der den Kulturtransfer bei einigen Tierarten untersucht. Mainardi polemisiert dagegen, daß eine erst vor kurzem erworbene Erkenntnis wie die der fruchtbaren Tage, auf denen die Knaus-Ogino-Methode beruht, als »natürlich« bezeichnet wird, während die Verwendung eines Instruments wie des Präservativs oder der Spirale als »unnatürlich« gilt. Er bemerkt, daß umgekehrt bei einigen Arten die Kindstötung »natürlich« ist, und zitiert hierzu Stefano Parmegiani und Frederick von Saal, *Infanticide and Parental Care* (Newark 1994).

44
Siehe André Leroi-Gourhan, *Hand und Wort: die Evolution von Technik, Sprache und Kunst* (Frankfurt a. M. 1988): »... so daß die Geschichte auf drei gesonderten Ebenen abläuft, auf der Ebene der Naturgeschichte, die dafür sorgt, daß der Homo sapiens des 20. Jahrhunderts sich nur sehr wenig vom Homo sapiens des 300. Jahrhunderts vor der Zeit unterscheidet, auf der Ebene der

sozialen Evolution, die die fundamentalen Strukturen der biologischen Gruppe eher schlecht als recht mit den aufkommenden Strukturen der technischen Evolution in Einklang bringt, und auf der Ebene der technischen Evolution, jenem gewaltigen Auswuchs, dem die Art des Homo sapiens seine Effektivität verdankt, ohne doch auch biologisch die Kontrolle über ihn zu haben« (Erster Teil, V, S. 216).

44
Marx-Engels, *Briefe*, *Marx-Engels-Werke* Bd. 35. Nach dem holländischen Forscher Jurgen Rojahn (»Der Fall der sogenannten Ökonomisch-philosophischen Manuskripte aus dem Jahr 1844«, in: *International Review of Social History*, 28, 1983) sind die »Manuskripte« Lesenotizen von Marx, der »gewissenhaft die politische Ökonomie studierte«, und alles andere als der Entwurf zu einem abgeschlossenen Werk.

48
»Morgen kaufe ich dir neue Schnürsenkel, ich will nicht, daß deine Knoten immer aufgehen, häng dich an den Arm deiner Mama.« (Violette Leduc, *La folie en tête*, Paris 1970.)

49
Wertvolle Erkenntnisse über das Angeln und noch viel mehr verdanke ich Tonino Lucarelli.

49
Man mag es amüsant finden, daß Prosper Mérimée bei seiner ersten Begegnung mit George Sand sagte, sie sei der Mann und er die Frau; und daß er sie als »dünn wie ein Nagel« beschrieb.

49
Zu Beau Brummell siehe Giorgio Agamben, *Stanze. La parola e il fantasma nella cultura occidentale* (Turin 1977). Unter den dort versammelten Aufsätzen habe ich viel Wesentliches zu meinem Thema gefunden.

50
Zu Krawatten siehe Davide Mosconi und Riccardo Villarosa, *188 nodi da collo* (Mailand 1984). Krawatten wurden (ebenso wie Fliegen) im Iran 1994 durch einen religiösen Aufruf von Ali Khamenei offiziell verboten als »Zeichen der Nachahmung und Verbreitung der kulturellen Invasion der Nicht-Muslime«.

In Warlam Schalamows *Kolyma. Insel im Archipel* (Köln 1967, S. 131 f.) findet sich eine bewegende Erzählung über die Zwangsarbeiterinnen, die im Lager von Kolyma sticken mußten: eine von ihnen fertigt aus Dankbarkeit eine Krawatte als Geschenk für den mitgefangenen Arzt und den Krankenpfleger, die sie gepflegt haben, »einen schmalen Streifen Seide aus einem Berg von Dutzenden, Hunderten von Metern Stoff, der in vielen Tagesschichten im ›Haus der Direktion‹ bestickt wurde«. Der Lagerleiter entdeckt die Krawatte und stiehlt sie. Zu einem Konzert der Lagerkapelle erscheint er mit der Krawatte: »grau, gemustert, von bester Qualität«. Die Stickerin steht von ihrem Platz auf und winkt dem mitgefangenen Krankenpfleger zu: »Ihre Krawatte!«

50
Die Formel »fastest recorded time«, die schnellste je gestoppte Zeit, geht auf die achtziger Jahre des letzten Jahrhunderts zurück. Siehe Allen Guttmann, *Vom Ritual zum Rekord. Das Wesen des modernen Sports* (Schorndorf 1979).

51
Frederick W. Taylor, *Shop Management* (1903), jetzt in: *Grundsätze wissenschaftlicher Betriebsführung* (Weinheim 1995). Der Text enthält die lebhaften Aussagen Taylors vor der Parlamentskommission 1912. Taylor war genial und verrückt wie eine Ziege.

52
Thomas Mann, *Der Zauberberg* (1923), 4. Kapitel, »Politisch verdächtig!«.

53
Robert Musil, *Der Mann ohne Eigenschaften* (1930). Bändern und Schnüren sind jede Menge erotologischer Abhandlungen gewidmet.

54
Bei Herodot knüpft Darius 60 Knoten in einen Lederriemen: Die zur Bewachung der Brücke abgestellten Soldaten sollen jeden Tag einen davon lösen (*Historien*, IV, 98). Die Frauen der Gindanen tragen für jeden Mann, den sie gehabt haben, einen Lederring am Knöchel (IV, 176). Die Entstehung der Schrift wurde oft mit den Methoden der numerischen Speicherung mittels Runen oder verknoteter Schnüre in Verbindung gebracht.

56
Daß die Form *chiodo* im gesprochenen Italienisch bereits vorhanden war, läßt sich auch aus dem frühzeitigen Nachweis von *clodus* im Bologneser Latein von 1248 vermuten. Michele Feo, Petrarca-Experte und Entdecker eines unveröffentlichten Textes von Petrarca, wies mich auf die Passage im *Secretum* hin (III, 8, 2), in der aus Ciceros *Tusculanae Disputationes* (einem der von Petrarca am meisten geliebten und geplünderten Texte) der Satz mit dem Nagel, der den anderen austreibt, zitiert wird. Petrarca fingiert einen Dialog mit Augustinus, dem Meister, der ihm ins Gewissen redet und beim Aufzählen der Mittel gegen die Ketten der Liebe sagt: »Primum igitur, quod ait Cicero, nonnulli ›veterem amorem novo amore tamquam clavum clavo eiciendum putant‹.« [Wie Cicero sagt, sind manche der Ansicht, eine alte Liebe solle mit einer neuen verjagt werden, so wie ein Nagel den anderen austreibt.]

Das Sizilianische, das für Nagel die Form *chiovu* beibehält, hat für Knoten das Wort *gruppu*, was als *groppo* im modernen Italienisch eigentlich fast nur in der Bedeutung »wirres Knäuel«, »Wirrnis«, »Verwicklung« benutzt wird – oder als »schmerzhafter Verschluß« wie in der Wendung *un groppo in gola* [ein Kloß im Hals]. Diese Besonderheit könnte zu psychologischen Spekulationen animieren.

Die zitierten Verse von Francesco da Barberino stammen aus *Documenti d'amore*, erschienen in der von F. Egidi besorgten vierbändigen Ausgabe (Rom 1905–27); die Verse von Antonio da Tempo aus dem *Trattato delle Rime Volgari*, hrsg. von G. Grion (Bologna 1869; neu aufgelegt von Richard Andrews, Bologna 1977). Ein *chiodi* in einem Prosatext (1338) findet sich in *Valerio Massimo. De' fatti e detti degni di memoria della città di Roma e delle stranie genti*, hrsg. von R. De Visiani (2 Bände, Bologna 1867–68). »Ma s'io v'era…« stammt aus Petrarca, *Canzoniere*, Sonett 45. Von 49 Nennungen in Werken vor Petrarcas *Trionfo d'Amore* haben 46 die Form *chiovo*. Valentina Pollidori von der *Opera del Vocabolario* an der Florentiner Accademia della Crusca hat mir freundliche und kompetente fachliche Hilfe zuteil werden lassen, für die ich ihr dankbar bin.

60
Friedrich Nietzsche, *Die fröhliche Wissenschaft*, »Scherz, List und Rache«, 51, in: *Werke*, 5,2 (Berlin 1973). Nietzsche war Linkshänder, man sollte allerdings nicht der Versuchung erliegen, diesen

Umstand mit einer bei ihm vorhandenen dionysischen Neigung in Verbindung zu bringen, da der – bis auf weiteres – apollinische Goethe ebenfalls Linkshänder war.

62
Das Urteil Droysens stammt aus *Geschichte Alexanders des Großen* (zuletzt Zürich 1986, S. 178). Robin Lane Fox, *Alexander the Great* (London 1973), stellt fest: »In den letzten 150 Jahren wurden zu diesem Thema meines Wissens 1472 Bücher oder Artikel verfaßt.« Die endlose Folge von Geschichten und Legenden um Alexander wird von Chiara Frugoni in ihrem Buch *La fortuna di Alessandro Magno dall'antichità al Medioevo* (Florenz 1978) erzählt, das auch eine ausführliche Bibliographie und eine Anthologie von Texten enthält. Die Gordische Episode wird dort nicht berücksichtigt, obwohl sie doch »das Interesse der Gelehrten fast übermäßig in Anspruch genommen hat« (Mario Attilio Levi, *Alessandro Magno*, Mailand 1977). Die Bibliographie über Gordion findet sich in Jakob Seibert, *Alexander der Große* (Darmstadt 1972, S. 92–96 und 268f.). Nach der Legende wurde Alexander von seiner Mutter Olympias und der Schlange (oder dem Drachen) und Zauberer Nektanebos gezeugt, was mit der Gordischen Begebenheit in Verbindung gebracht werden könnte. (Über den Knoten der göttlichen Paarung mit Schlangen siehe R. Calasso, *Die Hochzeit*, a. a. O., insbesondere S. 218.) Die Alexandersage läßt viel Raum für Größenwahn: Er wollte mit bloßen Händen die Sterne vom Himmel holen, die größten Berge auf der Waage wiegen, das Meer hoch zu Roß überqueren und das Festland mit dem Schiff. Umgekehrt hatte Dinokrates sich vorgenommen, auf dem Berg Athos eine riesige Statue Alexanders zu errichten, in dessen rechter Hand eine Stadt von zehntausend Einwohnern Platz haben und aus dessen linker ein Fluß entspringen sollte.

Eine phrygische Tradition siedelte in der Hauptstadt Gordion den *Nabel der Welt* an, dem der reliquiarische Knoten des Königs Gordion, des Vaters von Midas, zugeordnet war. Zur »Symbolik des ›Zentrums‹« siehe das gleichnamige Kapitel bei Mircea Eliade, *Ewige Bilder und Sinnbilder* (Frankfurt a. M. 1986; Originalausgabe 1952), sowie René Guénon, *Der König der Welt* (Freiburg 1987). In der phantastischen Erzählung von Curtius Rufus waren die Knoten, »inextricabile vinculum«, so geschickt versteckt, daß man »weder erraten noch mit dem Auge feststellen konnte, wo die Verknüpfung begann oder wohin sie sich verlor«. »Als er sich lange vergeblich mit den versteckten Verknotungen abgemüht hatte, machte Alexander, indem er alle Riemen mit dem Schwerte durchhieb, den Orakelspruch zunichte oder erfüllte ihn.« Gordischer Art ist auch das Dilemma in Hamlets Monolog. Ein starker Anklang an die Konfrontation Alexander–Asien ist bei den Schlüsselfiguren des großen Romans des 19. Jahrhunderts gegeben: siehe das gezogene Schwert Napoleons beim Rußland-Feldzug und die sich langsam zuziehende Schlinge seines Gegenspielers Kutuzow, der auf einem Auge blind war. (Ernst Jünger fügt dem Bild noch General Paulus in Stalingrad hinzu.) Auch beim Kontrast zwischen regulärem Krieg und Guerilla standen Nagel und Knoten sich gegenüber, solange die Guerilla nicht eine vorwiegend moralische Prägung erhielt, statt als ein anderes Verfahren militärischer Intelligenz angesehen zu werden: auch hierzu finden sich die klassischen Seiten bereits in *Krieg und Frieden.*

Von den umgekehrten Geschichten, von Asien, das ins Abendland kommt, ist die schönste die von Kan-Ying, jenem Chinesen, der im ersten Jahrhundert n. Chr. als Botschafter bis ins römische Syrien gelangte, bis nach Babylonien und Mesopotamien. Als er sich gerade nach Rom einschiffen wollte, bekam Kan-Ying von den parthischen Seeleuten folgende Warnung zu hören: »Das Meer ist weit und groß; bei günstigem Winde kommt man in drei Monaten nach Ta-tsin (Syrien bzw. Römerreich). Sind aber die Winde ungünstig, so kann die Reise zwei Jahre dauern. Unsere Schiffe werden deshalb mit Proviant auf drei Jahre versehen. Dann ist auf dem Meere etwas, was den Menschen veranlaßt, nach seiner Heimat zu verlangen. Wer sich aufs Meer begibt, wird von melancholischen Gefühlen ergriffen. Viele haben so schon ihr Leben gelassen.« Kan-Ying verzichtete auf seine Reise, und so gelangte nie ein Chinese ins alte Rom (R. Hennig, *Terrae incognite*, a.a.O., S. 330). Auch der mystische Knoten des Buddhismus hat keine Enden. *Der gordische Knoten* (Frankfurt a.M. 1953) ist auch der Titel eines Buches von Jünger über die Beziehungen zwischen Orient und Okzident. In neueren Ausgaben schließt Jünger seinen Aufsatz mit dem Zitat aus einem Brief, den er von Professor Giko Takahashi erhalten hatte: »Der Knoten heißt japanisch ›Musubi-me‹. Die verbale Form ist ›musubu‹. ›Knoten machen‹ ist eine der uralten japanischen Redensarten. Eigentlich bedeutet das Verbum ›die Menge beherrschen‹, dann ›vereinheitlichen‹, ›vereinigen‹, ›versprechen‹, ›vollenden‹; ferner ›gebären‹, ›schöpfen‹, ›schaffen‹, ›bauen‹, ›konstituieren‹, ›Wasser schöpfen mit den Händen‹.«

63
Aus einer »polnischen« Rede Johannes Pauls II. am Mittag des 2. Mai 1982: »Nicht der Versuchung erliegen, zum Schwert zu greifen, um die Knoten zu lösen...«

63
Pascolis »Alexandros« ist in den *Poemi conviviali* (1904) enthalten.

63
Aristophanes, *Lysistrata*, übersetzt von Erich Fried (Berlin 1986, S. 49f.).

65
James Gleick, »New Math Discoveries Help to Penetrate the Secrets of Knots«, in: *International Herald Tribune*, 17. Juli 1986. Die Zitate stammen aus Michela Fontana, »E con i nodi si anticipano le mosse del Dna«, »Tuttoscienze«, in: *La Stampa*, 12. Oktober 1994. Siehe Lee Neuwirth, »La teoria dei nodi«, in: *Le scienze*, August 1979. 1874 erschien eine *Knotensammlung* von Carl Friedrich Gauß. Eine organische Theorie der Knoten entstand 1926 dank Alexander, Briggs, Dehn und Seifert. Zu den Borromäischen Knoten in Lacanschen Seminaren siehe insbesondere Jacques Lacan, *Das Seminar, Buch XX, Encore* (Weinheim 1986), Kap. X, »Fadenringe«; siehe auch Jean-François Chabaud, *Le nœud dit du fantasme, avec deux réflexions de Henri Cartan* (Bienne 1984). Lacan befaßt sich mit jener Figur, nach der es ausreicht, einen Knoten zu zerschneiden, damit alle anderen sich auflösen, und er tut dies so geschickt, daß es – das sage ich voller Hochachtung – an die faszinierenden Handbücher der Sorte *La prestidigitation dévoilée par la photo* erinnert, mit Kapiteln wie »Le Nœud dénoué«, »Les Mains déchaînées«, »Le Mystère de l'homme enchaîné« et cetera. Ronald D. Laing gab seinen poetisch-mathematischen »Paradigmen« der zwischenmenschlichen Beziehungen den Titel *Knoten* (Reinbek 1978).

68
Die männliche Abneigung gegen Waffen, die aus der Ferne treffen – und noch mehr gegen Netze und Fallen –, kommt anläßlich der Erfindung der Feuerwaffen in ähnlicher Form wieder auf. Beispielsweise schreibt Tito Giovanni Ganzarini, genannt Scandianese, in seinen *Quattro libri della caccia* (1556): »Pfeil und Bogen wird

man Jägerinnen überlassen, und der starke Jäger, der nach Art der alten Jäger flink und ohne Röcke ist, benutze Speer und Sichel und schlafe nicht ein, auch suche er nicht mit der Büchse zu schießen...«

69
Giorgio Brugnoli hat mir erklärt, daß die durch Statius vorgenommene Umwandlung Achills in einen höfischen Ritter eine Interferenz enthält, die eine Korrektur der Homosexualität bezweckt. Dante kannte die *Ilias* nicht. Was Flaubert angeht, so hatte er einen Vater und einen älteren Bruder, die beide Achill hießen.

70
Nicole Loraux, *Tragische Weisen, eine Frau zu töten* (Frankfurt a. M. 1993). In den in diesem Band versammelten Aufsätzen untersucht die Autorin auf brillante Weise das Verhältnis zwischen dem Freitod durch das Schwert und dem durch den Strang, wie es in den Tragödien Athens zum Ausdruck kommt. Die Unterscheidung zwischen mannhaftem und unrühmlichem Selbstmord, auf der Loraux besteht, mildert die Gegensätzlichkeit zwischen männlichem und weiblichem Tod, anstatt sie zu verstärken, obwohl die Forscherin sie ansonsten betont: »So wie in der Vorstellungswelt der Griechen kein Universum existiert, es sei denn, es artikuliert sich um die Polarität männlich/weiblich, so ergibt sich für den Selbstmord eine Aufteilung zwischen Strick und Schwert.« Meinem Eindruck nach hat der Makel, der schon im archaischen Griechenland dem Tod durch den Strang anhaftete, mit dem Blutvergießen zu tun. Das bestätigt auch die Analogie zu den Opferritualen, um so mehr, wenn sich durch eine Metamorphose in letzter Minute das Menschenopfer durch ein Tieropfer ersetzen läßt. Der quasi gerichtsmedizinische Blick, mit dem die antiken Texte die anatomische Beschaffenheit der Wunden und das vergossene Blut betrachteten, deutet weniger auf blutrünstige Gelüste hin als vielmehr auf religiöse und rituelle Anschauung: sakrales Schlachten, bei den Griechen der Antike ebenso wie bei den japanischen Samurai. (Siehe Marcel Detienne und Jean-Pierre Vernant, *La cuisine du sacrifice en pays grec*, Paris 1983.) Eine düstere Bedeutung erlangt in diesem Sinne die Umkehrung, die sich durch das Erhängen bei Frauen ergibt, jenen Wesen, deren angebliche Unreinheit in der Monatsblutung regelmäßig wiederkehrt. (Demgegenüber könnte man im Zuge der hippokratischen und aristotelischen Auffassung von der Menstrua-

tion als Katharsis, als Reinigung, die Auffassung vertreten, daß zwischen dem »reinen« Tod des erstochenen Kriegers und jedem Blutvergießen eine Analogie bestehe. So sieht es Loraux, die Giulia Sissa zitiert. Mich hingegen überzeugt der Gegensatz zwischen der Reinheit des vergossenen männlichen Blutes und der Unreinheit des sickernden weiblichen Blutes eher. Entsprechend sind die auf dem Austausch von Blut beruhenden Initiationsriten oder Brüderschaftsrituale ausgesprochen männlich.)

71
Auf die Verbindung von Bogensehne und Frau im *Rigweda* (»Mandala«, VI, 75) verweisen Jean Chevalier und Alain Gheerbrant in ihrem *Dictionnaire des symboles, mythes, rêves, coutumes, gestes, formes, figures, couleurs, nombres* (Paris 1969): »Wie eine, die etwas sagen will, kommt sie immer wieder an das Ohr, den lieben Freund umarmend. Wie eine Frau schwingt sie am Bogen angespannt, diese Sehne, die in der Schlacht durchhilft.«

71
Jean Starobinski, *Besessenheit und Exorzismus: drei Figuren der Umnachtung* (Percha am Starnberger See 1976), beginnt mit einem schönen Aufsatz über »Das Schwert des Ajax«. Der Aufsatz enthält die Abbildung jener Amphore des Exekias (etwa 530 v. Chr.) mit der Figur des Ajax, der sich zum Selbstmord anschickt, wobei er sein Schwert in einen Erdhügel stößt.

72
Das »Baumeln« der Erhängten trägt zum Ruch ihrer Schande bei. Im *5. Buch Mose* ist zu lesen: »Wenn jemand eine Sünde getan hat, die des Todes würdig ist, und wird getötet und man hängt ihn an ein Holz, so soll sein Leichnam nicht über Nacht an dem Holz bleiben, sondern du sollst ihn am selben Tage begraben – denn ein Aufgehängter ist verflucht bei Gott...« Im archaischen Rom wurden Votivbilder – oscilla – an Äste gehängt (ein Ritual, das auch bei Amuletten angewendet wird, Nägeln und Knoten in einem, aus denen später Bänder wurden oder Kleider- und Stoffetzen, wie sie in traditionellen Kulturen an Bäume gehängt werden). Der doppelt magische Charakter der hängenden Figur, die ohne Bodenkontakt baumelt, steht im Gegensatz zu Nägeln in Baumstämmen, deren Kontakt eine Entladung in den Boden bewirkt, oder zu einem Schwert, das einen Körper von der einen zur anderen Seite durchdringt und sich dann in die Erde bohrt (oder wie bei Ajax mit dem

Heft in den Boden gestoßen wird): der Getötete wird dabei wortwörtlich an den Boden genagelt. Bei M. Detienne und J.-P. Vernant, *Les ruses de l'intelligence. La metis des grecs* (Paris 1974), findet sich ein Beispiel für einen »wie eine Grabstele in den Boden genagelten Krieger« (den Trojaner Alkathoos durch den magischen Eingriff Poseidons): »Die Stele symbolisiert die Starrheit, die Verwurzelung jener beweglichen, nicht faßbaren und ubiquitären Kraft, die die *psyché* des Verstorbenen darstellt, in einer bestimmten Stelle im Boden.« Aufmerken läßt auch die Nachricht (gefunden in dem Aufsatz von Hertz aus dem Jahre 1904, »Représentation collective de la mort«, in: *Prééminence de la main droite*, a.a.O.), wonach »bei verschiedenen Indianerstämmen Südamerikas die Leiche sofort beerdigt wird, man bindet ihr dabei eine Schnur so an, daß das eine Ende an der Oberfläche des Grabes zu sehen ist; wenn es, durch den Regen oder durch Verschleiß, verschwindet, bedeutet das, daß die Seele des Toten, die bis dahin neben dem Körper weilte, endlich im Jenseits angelangt ist«. Die Schnur ist in diesem Fall wohl eine Art Restfaden zwischen dem Untergrund, in dem der Tod sein Werk vollbringt, und dem Boden, auf dem die Lebenden wandeln. Außerdem schließt sich damit möglicherweise der Kreis, der mit dem Neugeborenen beginnt, das durch die Nabelschnur mit der Erde verbunden ist wie durch eine Wurzel. So ist es bei den Bambara im Sudan, für die die Geburt nicht abgeschlossen ist, solange die Nabelschnur nicht abgefallen ist, was am siebten Tag geschehen muß.

Siehe auch Eva Cantarella, *I supplizi capitali in Grecia e a Roma* (Mailand 1991).

72
Siehe N. Loraux, a.a.O.: »Wenn ein hippokratischer Autor bei der Aufzählung der Störungen von Mädchen im Pubertätsalter neben dem Wunsch, sich zu erhängen, auch den Wunsch, zu ertrinken, erwähnt, steckt in dieser Juxtaposition vermutlich mehr als nur ein Zufall.« Loraux unterläßt es, Arachne zu erwähnen: Ihr Fehlen ist gerechtfertigt, da sie sich mit den tragischen Heldinnen befassen will. (Aber die Forscherin meint, daß »wahrscheinlich der Gegensatz von Strick und Schwert im wesentlichen tragisch ist«: eine einschränkende Auffassung, die ich aus dem einfachen Grund, daß ich dieses Buch zusammengestrickt habe, nicht teilen kann.) Arachne mit aufzunehmen hätte bedeutet, der eindring-

lichen Ähnlichkeit von erhängten Frauen und Vögeln jene der am eigenen Faden hängenden Spinne hinzuzufügen. Sie erinnert an das gemeinsame Schicksal aller Sterblichen, deren »Leben an einem Faden hängt«.

73
Die Zitate aus Ovids *Metamorphosen* entstammen der Übersetzung von Gerhard Fink (Zürich 1989, S. 133–137).

75
Georg Groddeck, *Der Seelensucher. Ein psychoanalytischer Roman* (Leipzig 1921, Kap. 14, S. 78).

76
Um einen Kelim zu weben, nimmt die Weberin das Ende eines Knäuels, bindet vorne einen Knoten und dahinter eine doppelte Gewebekette, schiebt den Knoten nach unten und schneidet den Faden mit dem Messer ab, das sie in der rechten Hand hält. Bei Teppichen kann eine sehr feine Struktur den Eindruck gebogener Linien erwecken, wie dies beim Blumenstil schlechthin, dem der Pharsi, der Fall ist. Aus der Zeit vor 1500 n. Chr. ist nur ein einziger bogenliniger Teppich belegt, der berühmte Pasyryk, der etwa 2400 Jahre alt ist. Er wird in der Eremitage aufbewahrt und wurde 1947 in einem vereisten Grabhügel im Altaigebirge in Südsibirien entdeckt. Das Grab stammt aus dem 5. Jahrhundert v. Chr., der Teppich selbst ist eindeutig älter, womöglich aus skythischer Herstellung. Er ist 200 mal 183 cm groß, enthält 360 000 türkische Knoten pro Quadratmeter und ist der älteste mit verknotetem Haar. Das Muster des Pasyryk taucht auch in der Fußbodenplatte des Palasts von Assurbanipal in Ninive aus dem 7. Jahrhundert v. Chr. auf.

Knoten werden geknüpft: Das Gül der turkmenischen Teppiche, das heraldische Motiv der verschiedenen Stämme, umfaßt auch die Motive des »Schicksalsknotens«: ein auf rotem oder blauem Feld wiederholtes Vieleck. Wenn ein Stamm einen anderen besiegte, wurde der unterlegene verpflichtet, in die eigenen Teppiche das Gül des Siegers einzuweben und auf das eigene zu verzichten. Die Bewertung von Teppichen ist eine hoch angesehene Kunst.

76
In den Hofmanufakturen des safawidischen Reiches im heutigen Iran entstanden vor der afghanischen Invasion von 1722 in müh-

samer Ameisenarbeit Meisterwerke der Webkunst, die große technische Talente sowie kostbare Materialien erforderten. Dies wurde nach Ansicht einiger Gelehrter durch den orientalischen Despotismus ermöglicht und endete mit dessen Zusammenbruch. Es ist beeindruckend, daß die zentralistische Gigantomanie des orientalischen Despotismus mit dem unheimlich minuziösen Spiel der Fingerkuppen unendlicher Scharen anonymer kleiner Weber in Zusammenhang stand und in den Details ihrer prunkvollen Meisterwerke – auf dem Kopf stehenden Pyramiden – ihren bleibenden Niederschlag fand. (Werner Grote-Hasenbalg, *Der Orientteppich, seine Geschichte und seine Kultur*, Berlin 1922.)

77
Zum Netz des Hephästus, das so fein ist wie ein Spinnengewebe (*Odyssee*, VIII, 266–366), vgl. Vernant-Detienne, *Les ruses de l'intelligence*, a.a.O. Hephästus ist eine verkrüppelte Gottheit, die sich kreisend bewegt und schräg wie ein Krebs (ebenda). Der laut Homer hüftlahme Gang des Hephästus wurde mit dem Hinken Jakobs nach dem Kampf mit dem ungenannten Feind verglichen, der ihm die Muskeln der Schenkel kürzte (*Genesis*, XXXII).

77
Eine eher mittelmäßige Biographie Houdinis ist Bernard C. Meyers *Houdini. A Mind in Chains* (Dutton 1976). Houdini war mit Arthur Conan Doyle befreundet, brach aber mit ihm und beschuldigte ihn der Leichtgläubigkeit gegenüber dem Spiritismus. Doyle hatte einen erschreckenden Hang zum Okkultismus. Einer kürzlich erschienenen psychoanalytischen Biographie zufolge (Ruth Brandon, *Life and Deaths of Harry Houdini*, London 1993) hatte Houdini angeblich eine gewisse Ähnlichkeit mit Woody Allen.

79
Der Fall Deianiras (Sophokles, *Die Trachinierinnen*) ist nach Nicole Loraux' Argumentation in zweifacher Hinsicht einzigartig. Aus Verzweiflung darüber, daß sie unabsichtlich den Tod des Herakles verursacht hat, dem sie das Hemd des Nessus geschenkt hatte, bringt Deianira sich mannhaft um, indem sie sich »das zweischneidige Schwert zwischen Leber und Zwerchfell« stößt (a.a.O., S. 78). Dabei sagt der Text, daß Deianira, um die Leber zu treffen, ihre linke Seite entblößte: Die Unstimmigkeit wird mit einer Zerstreutheit des Sophokles erklärt oder mit der allgemeinen Bedeutung

von *hepar* im Sinne von »Lebenszentrum« anstelle der eigentlichen Bedeutung von »Leber«: »Ganz im Gegenteil wage ich die Hypothese, daß diese Anomalie sinnbeladen ist; denn indem die Gattin des Herakles ihre linke Flanke entblößt, hat sie die Seite des Weiblichen entblößt – eine textuelle List, ein absichtlicher Widerspruch, um zu betonen, daß der Tod einer Frau, und sei er auf die männlichste Weise erreicht, unerbittlich den Gesetzen der Weiblichkeit unterliegt« (a.a.O., S. 79). Loraux lehnt George Devereux' Auffassung ab, wonach die Verwechslung von rechter und linker Seite mit den »starken homosexuellen Neigungen« des Sophokles zu tun habe (»Zwei Kategorien von Menschen, die Homosexuellen [...] und die Linkshänder, neigen dazu, rechts und links zu verwechseln«; aus *Tragédie et poésie grecque*, Paris 1975.) Der Anspruch auf den selbstmörderischen Knoten gegenüber der männlichen Gewalt klingt deutlich in Äschylus' Beschwörung aus den *Schutzflehenden* an, 787–790: »Ich wollte durch Strickes Schlinge lieber finden meinen Tod, eh ein verfluchter Mann mir meinen Leib berührt.«

79
Anton J. L. Van Hooff, *From Autothanasia to Suicide. The Self-killing in Classical Antiquitiy* (London 1990), trug aus der griechisch-römischen Antike 960 Selbstmordfälle zusammen. Als häufigsten Grund stellte er *pudor* fest, das Schamgefühl. Immerhin 125 der 960 erfaßten Fälle aus der Zeit vom 16. Jahrhundert v. Chr. bis zum 6. n. Chr. stammen aus der Mythologie. (Diese und weitere Informationen entnehme ich der Doktorarbeit von Alessandro Buonomo, *L'immagine della morte volontaria in Grecia sino ad Alessandro*, Pisa 1991.) Nach Van Hooff ist das Erhängen bei den Griechen die häufigste Art der Selbsttötung. Abgesehen vom Unterschied der Geschlechter neigen damals wie heute besonders junge und alte Menschen zum Selbstmord: Die jungen, bemerkt Van Hooff – genauer gesagt: die jungen Mädchen –, greifen vor allem zum Strick.

80
Eine Biographie von Victor Tausk ist enthalten in Paul Roazens *Brudertier* (Hamburg 1973). Tausks Brief an Freud befindet sich auf S. 133f.

81
In der Erzählung »Patriotismus« (in: *Tod im Hochsommer*, Reinbek 1986) lieferte Yukio Mishima 1960 eine detaillierte Beschreibung

des Rituals, mit dem er selbst 1970 in den Tod gehen sollte. Vgl. Henry Scott Stokes, *The Life and Death of Yukio Mishima* (New York 1974). Der Kreis zu unserem Thema schließt sich mit Mishimas Eingeständnis seiner Homosexualität sowie mit der Erinnerung an seine Begeisterung für Guido Renis Darstellung des heiligen Sebastian. Mishima, der Gabriele D'Annunzios *Le martyre de Saint Sébastien* (Paris 1911) übersetzt hatte, hatte sich in der Pose des Gemäldes porträtieren lassen: mit über dem Kopf zusammengebundenen Händen, den nackten Leib von Pfeilen durchbohrt.

84
Roberto Calasso, *Die Hochzeit*, a.a.O. Der Abschnitt über Pasiphäe befindet sich auf S. 23; der über Dionysos als Löser auf S. 52; über Ödipus und das Rätsel auf S. 369. Calassos Buch ist nicht nur ein Initiationsprogramm, sondern auch eine herrliche Geschichte der Geschichten aus den Zeiten der Götter und Helden. Ich freute mich über seinen Erfolg in den Vereinigten Staaten und erinnerte mich an ein altes Interview mit Jorge Luis Borges in *Le Monde* nach einer Reise in die USA: »Ich hatte Gelegenheit, bei den Studenten einen tiefgreifenden Mangel an Kultur auf allen Gebieten festzustellen. Sie wissen nicht, wer Napoleon ist oder George Bernard Shaw und haben zum Beispiel auch keine Ahnung, was ein Zentaur ist.«

85
Vladimir Nabokov bedient sich des Nagels, um dem Andenken Sigmund Freuds den letzten Stoß zu versetzen: »Sir, ich begrüße Freuds ›Woodrow Wilson‹ nicht nur wegen seiner Komik, die beträchtlich ist, sondern auch, weil das nun bestimmt der letzte rostige Nagel zum Sarg des Wiener Quacksalbers ist.« (Brief an den Herausgeber von *Encounter*, Februar 1967, jetzt in: *Deutliche Worte*, Reinbek 1993, S. 332.) Nabokov gibt im übrigen zu erkennen, daß er die Bedeutsamkeit von Nägeln bei den Malern von Scheinarchitektur zu schätzen weiß: »Der Scharlatan, der sein Gekrakel unter der Losung *épater le bourgeois* losschlägt, verfügt weder über Talent noch Technik genug, um auch nur einen Nagel, geschweige denn den Schatten eines Nagels zeichnen zu können« (ebenda, S. 263).

86
Dieselbe Szene mit Jael und Sisera war kurz zuvor von Ludovico Cardi, genannt Cigoli, gemalt worden. (Das Gemälde aus einer

Turiner Privatsammlung ist im Ausstellungskatalog *Ludovico Cigoli tra manierismo e barocco*, Florenz 1992, abgebildet.) Ähnlichkeiten zwischen den zwei Gemälden sind vorhanden, aber Cigolis Jael drückt eine gekünstelte, beinahe schon affektierte Eleganz aus, während Artemisias Jael – die Ärmel hochgeschoben, den Nagel fest an die Schläfe angesetzt – ernst macht. Artemisias Gemälde wurde 1991–92 in Rom und in Florenz in der ihr gewidmeten Ausstellung gezeigt: Den Katalog besorgten Roberto Contini und Gianni Papi (Rom 1991). Die umfangreichste Abhandlung stammt von Mary D. Garrard, *Artemisia Gentileschi. The Image of the Female Hero in Italian Baroque Art* (Princeton 1989). Allerdings übergeht sie das Bild (vielleicht hatte sie keine Gelegenheit gehabt, es zu sehen). Die Protagonistin aus Pedro Antonio de Alarcóns Erzählung »Der Nagel« (aus: *Die Werbung des Richters*, Darmstadt 1991) schlägt ihrem Mann aus Liebe zu einem anderen einen Nagel in den Kopf.

89
Über *Zum Leuchtturm* gibt es einen wunderschönen Aufsatz von Erich Auerbach, »Der braune Strumpf«, in: *Mimesis. Dargestellte Wirklichkeit in der abendländischen Literatur* (Bern/München 1967[4]). Auerbach achtet allerdings nicht auf die Affinität zwischen dem Stricken und dem Rhythmus des Erzählens und auf das Spinnen der Gedanken, wie sie beim Stricken kommen. In ihrem Tagebuch schreibt Virginia Woolf unter dem Datum des 18. Februar 1928: »Gestern hatte ich mir vorgenommen, die schnellsten und glänzendsten Seiten von Orlando zu schreiben, und nicht ein Tropfen ist herausgekommen: bestimmt wieder wegen der üblichen körperlichen Gründe, die sich heute gelöst haben. Es ist ein ganz sonderbares Gefühl: als ob ein Finger den Fluß der Gedanken im Gehirn aufhielte; ist er befreit, fließt das Blut und überströmt alles.« (*A writer's Diary*, Bd. 3.)

90
»Es gab keine Familie, die nicht ebenso viele Webstühle unterhielt,« schreibt ein sizilianischer Autor gegen Ende des 19. Jahrhunderts, »wie sie Töchter hatte, und die ganz kleinen spulten auf. Kein Mensch hätte ein Mädchen geheiratet, das nicht weben konnte, kein Mensch.« A. Avolio, *Canti popolari di Noto* (Palermo 1875), zitiert nach Simona Laudani, »Tra autoconsumo e mercato.

Le attività tessili delle donne siciliane nell'Ottocento«, in: *Memoria*, 3, 1990.

92
Pauline Schmitts »Athéna Apatouria et la ceinture«, in: *Annales*, November/Dezember 1977, handelt von den männlichen und weiblichen Übergangsriten bei Athene: Der Gürtel markiert den Austritt des jungen Mädchens aus der Welt der Wildnis.

93
Alkaios, *Lieder*, 82: Peleus »löste den Gürtel der keuschen Jungfrau«. Plutarch: Die Nympheuteria empfing die Braut und löste den Gürtel und brachte sie dann auf ihren Armen ans Bett. *Griechische Anthologie*, VII, 324: »die ihren Gürtel nur für *einen* Geliebten gelöst hat«. Alkestis bei Euripides: »O Lager, wo ich einst den Gürtel meiner Jugend ließ.«

Laut Francisco Javier Clavijero (*Geschichte von Mexico*, 1780) wurde der Ehevertrag auf folgende Weise geschlossen: Ein Priester band eine Spitze des *huapilli*, des Brautkleids, an den *tlimathi*, den Umhang des Bräutigams. Henry S. Maine berichtet von Indien, daß es in der Macht des Häuptlings stand, seinen Stamm mit Verträgen zu binden, wörtlich »zu verknoten«.

94
Zu Arcangela Tarabotta, die in bewundernswerter Weise die patriarchalische Triade von Familie, Staat und Kirche entlarvt, siehe Emilio Zanette, *Suor Arcangela monaca del Seicento veneziano* (Venedig 1960). Der Anspruch der Männer, über die Haartracht der Frauen zu verfügen (und den der Erwachsenen über die der Heranwachsenden) spiegelt sich in den häufigen Zeitungsmeldungen der fassungslos staunenden Art: »Fünfzehnjährige nimmt sich wegen einer Haarsträhne das Leben«.

Das Urteil des heiligen Paulus im 1. *Korintherbrief*, 11, 14 – »Lehrt euch nicht auch die Natur, daß es für einen Mann eine Schande ist, wenn er langes Haar trägt, aber für eine Frau eine Ehre, wenn sie langes Haar hat? Das Haar ist ihr als Schleier gegeben« – löste heftige Diskussionen aus, als sich mit der Entdeckung Amerikas herausstellte, daß gerade die »Wilden«, die dem Naturzustand am nächsten waren, die Haare lang wachsen ließen. »Die meisten barbarischen Völker der Neuen Welt schneiden den Frauen die Haare ab und lassen sie den Männern wachsen« (Salmasius, 1644).

Daraus zog man den Schluß, daß die unterschiedlichen Gebräuche eine Sache der Gewohnheit seien und nicht der Natur. Dies hinderte die Missionare im allgemeinen nicht daran, ihre Aufgabe hauptsächlich darin zu sehen, die Halbnackten zu bekleiden und ihnen die Haare zu schneiden: Die Ergebnisse waren nicht nur demütigend oder grotesk, sondern zuweilen auch tragisch, wie bei den Feuerländern, die noch im 20. Jahrhundert gestriegelt und geschoren und damit den Unbilden des Klimas sowie tödlichen Krankheiten ausgesetzt wurden.

94
Eine Ausstellung von 1977 im Musée des Arts Déco in Paris erwies, daß ein guter Teil der kostbarsten französischen Stickereien, insbesondere aus der Zeit Ludwigs XIV., von Männerhand stammte.

96
Im verworrenen Bestiarium der Verschwörungen belegen Spinnen, Schlangen und Kraken die ersten Plätze. Die Spinne ist ein Meister der Verknüpfungen, die Schlange ist selbst ein Knoten. Die Akan in Afrika bezeichnen ihren tödlichen Biß ausschließlich mit einer beschwörenden Umschreibung: »Der Strick hat mich erwischt.« Die Spinne, die Ränke schmiedet, weiß sie gut zu verwenden. In den Akan-Kulturen wird der Sklave, der den Doppelgänger des Königs und den Hüter seiner Seele spielt, *ekenda blenbi* genannt, »Spinne des Königs«. Im übrigen sind Hexe und Spinne miteinander verwandt. Die Hexe wandelt nachts auf Spinnenfäden zum Ort der Verzauberungen. Das Spinnennetz stellt die Verbindung zwischen Himmel und Erde her. Die Spinne ist geradezu die Lehrmeisterin der Weber, denen sie als Vorbild dient (vgl. Ernesta Cerulli, »Le culture Akan: status eccezionali e coinvolgimenti animali«, in: *Tra uomo e animale*, a.a.O.). In vielen Kulturen bestehen der Himmel und die Luft aus einem äußerst fein und dicht gesponnenen Fadengewebe: eine archaischere Fassung des Netzes aus Strahlen und Strahlungen, wie es von allen paranoiden Vorstellungen der modernen Zeit an die Wand gemalt wird. Die Jesuitenzeitschrift *Civiltà Cattolica* schrieb 1893 über die Juden: »Das ist der riesige Krake, der mit seinen maßlosen Tentakeln alles umschlingt und an sich reißt; der seinen Magen in den Banken hat... und seine Saugnäpfe überall: bei Bauaufträgen und Monopolen, Kreditanstalten und Banken, bei Post- und Telegraphenämtern, Schiff-

fahrtsgesellschaften und Eisenbahnen, den Gemeindekassen und den Staatsfinanzen.« Bereits 1890 hatte *Civiltà Cattolica* über die Freimaurer geschrieben: Die Gemeinschaft der Christen »gemahnt an das Bild eines Nachens, der – wie die Annalen der Seefahrt berichten – von einem fürchterlichen Kopffüßer angegriffen wurde, Riesenkrake genannt; der maß gute zehn Meter in der Länge, hatte einen riesigen Kopf, zwei Zyklopenaugen auf der Stirn und acht Tentakeln oder Arme, deren jeder über vier Meter lang und vollständig mit Saugnäpfen bedeckt war«. Das Gespenst des Kraken begann in den sechziger Jahren des letzten Jahrhunderts in Europa umzugehen, als 1861 Jules Michelets *Das Meer* erschien, 1866 Victor Hugos *Die Arbeiter des Meeres* und 1869 Jules Vernes *Zwanzigtausend Meilen unter dem Meer*. Roger Caillois, *Der Krake. Versuch über die Logik des Imaginativen* (München 1986) hat die enge, phantastische Verwandtschaft von Krake und Spinne näher untersucht. Was das Entsetzeneinflößende angeht, hat der Krake gegenüber der Spinne den Vorteil der Saugnäpfe: einfache Organe zur pneumatischen Haftung, die aber von der nach Ungeheuern gierenden Vorstellungskraft als ebenso viele – nämlich 1920 – Saugnäpfe interpretiert wurden, womit der Krake dem Blutegel gleichgesetzt wird. So wird der arme Krake-Polyp für antisemitische, antikapitalistische, antiimperialistische Beschwörungen und solche gegen die Mafia eingespannt. Der Polyp wurde mit dem Haupt der Medusa verglichen, und asiatische Fabeln führen seine Entstehung auf einen von Schlangen im Wasser gebildeten Knoten zurück. Wegen der verschlungenen Tentakel wird der Polyp seit der Antike mit der Magie der Bindungen in Zusammenhang gebracht. Außerdem steht er im Ruch der Lüsternheit: Hokusai und sein Meister Shunsho schufen aus der Schönen und dem Polypen eine eindrucksvolle Fassung unserer Leda mit dem Schwan. Die Spinne, die in der Mitte des Netzes lauert, wo die Fäden zusammenlaufen, ist ihrerseits der Prototyp des Großen Alten. Eine kürzlich gezeigte Wanderausstellung von Arachnoiden, die sich als wissenschaftlich ausgab, trug den geheimnisvollen Titel »Drei Viertel Terror«. Damit war gemeint, daß diese Tiere drei Viertel aller Lebewesen ausmachen und daß sie Schrecken erregen. Der Kassenerfolg gab diesen Parasiten der Vogelspinne wieder einmal recht. So gibt es heute immer freundlichere und gewinnendere Tintenfische und Polypen in den ethologischen Dokumentarfilmen des Nachmittagsprogramms und immer schrecklichere Kraken in den Spielfilmen am Abend. Der schwedische Anthropologe Ulf Hannerz hat soeben das Bild des »kreolischen Polypen« als positives Symbol der falschen Komplexität in der globalen Ökumene vorgeschlagen (*Cultural Complexity, Studies in the social Organization of Meaning*, New York, 1992; siehe die Rezension von Vincenzo Bitti in *Ossimori*, 5, 1994).

Beachtenswert ist V. Zajzews Kommentar zu dem Attentat, bei dem Sergej Krawtschinski-Stepnjak den Chef der zaristischen Dritten Sektion, Nikolaj V. Mesenkow, ermordete: »In der menschlichen Gemeinschaft ist die Tötung eines Spions *ebenso wie das Töten einer Spinne* die gewöhnlichste Sache der Welt und erregt keinerlei Aufsehen« (Franco Venturi, *Il populismo russo*, Turin 1972, Bd. 3, S. 279).

Die Gorgonen hatten Schlangen um ihr Haupt geschlungen und ebenso um die Hüfte, wie Gürtel. Äschylus in der *Orestie*, *Die Choephoren* (Z. 1048–1050): »Siehst du die Frauen! Dort! Mit ihrem grauen Kleid? Und Schlangen! Überall! Im Haar: Das Brutnest! Schlangensträhnen auf dem Kopf!« In den Versen vorher – es spricht Orest – häufen sich die Bilder von Schlangen und Knoten (Z. 980–1001): »Das Werkzeug hier, das meinen armen Vater band, die Hände und die Füße ihm in Fesseln schlug...! Ein Meeraal? Eine Otter? Berührung schon, kein Biß, läßt ihre Opfer faulen, kraft ihrer Frechheit, ihrer Ungerechtigkeit...! Wie nenne ich das treffend und dabei höchst milde? Ein Netz für Wild? Ein Sargtuch, das den Toten deckt bis über seine Füße? Fanggarn, Netz für Menschen, so nenn ich es getrost, ein Kleid, das Füße fesselt!«

98
Sofja Andrejewna Tolstaja, *Tagebücher 1882–1897* und *Tagebücher 1888–1910* (Königstein 1982–83): »Im Moment möchte ich tanzen... Er ist alt und allzu konzentriert. Und ich spüre im Moment so sehr meine Jugend und habe ein großes Verlangen nach etwas Verrücktem. Statt schlafen zu gehen, möchte ich Purzelbäume schlagen. Aber mit wem?«

Im *Corriere della Sera* vom 11. September 1918 berichtet der Korrespondent Vaucher aus Jasnaja Poljana: »Die alte Gräfin Tolstoi verbringt ihre Tage zurückgezogen in der großen Bibliothek, die ihr Mann gesammelt hat und die 17000 Bände zählt, und schreibt auf der Schreibmaschine Tolstois Briefe an eine seiner Töchter ab.

Sie ist nun fast 74 Jahre alt, ist aber noch rüstig und munter. Ihr ganzes Leben hat sie ihrem Mann gewidmet. Nun widmet sie ihm noch ihre letzten Tage, indem sie in den Familienpapieren nach bisher unveröffentlichten Gedanken und Fragmenten des Schriftstellers sucht.«

Dem doppelten Schreiben, dem männlichen und dem weiblichen – das eine »kreativ«, das andere »reproduktiv« –, entspricht auch der Unterschied zwischen der männlichen Handschrift, die nach der Norm männlich kantig, streng und schludrig zu sein hatte, und der weiblichen, die rund, zart und wie gestochen aussehen sollte.

98
Um den Briefwechsel zwischen Tolstoi und Gandhi geht es in der Doppelstudie von Pier Cesare Bori und Gianni Sofri, *Gandhi e Tolstoj. Un carteggio e dintorni* (Bologna 1985). Vor einigen Jahren hatte ich zusammen mit Pier Cesare Bori eine nette Unterhaltung mit Tatjana Albertini Tolstoi, einer Enkelin von Lew. Ich veröffentlichte sie in *Fine secolo*. Die Dame erzählte unter anderem: »Mein Vetter Sergej, der in Paris lebt, machte einmal einer schönen Italienerin den Hof. Als die hörte, er heiße Tolstoi, rief sie aus: ›Ah, der von Greta Garbo‹. Mir ist aber auch folgendes passiert: Nach meiner Heirat kam ich in Parella, einem Dorf in der Nähe von Ivrea, wo die Familie meines Mannes ein Haus hatte, in eine Schusterwerkstatt, in der die Wände mit Porträts von Tolstoi bedeckt waren.«

98
Apropos Schuster: bei Sergej Krawtschinski-Stepnjak (*L'Europa sotterranea*, 1882) findet sich die Formel eines zornigen Nihilisten: »Ein Schuster ist mehr wert als Raffael.«

98
In seinem Tagebuch von 1917 verzeichnet Nikolaus II., der letzte Zar, die gelesenen Bücher – *A Millionaire Girl*, »das Buch von S. Holmes, *The Hound of Baskerville*«, *Der Graf von Monte Christo*, *Arsène Lupin contre Sherlock Holmes*, *The Poison Belt* von Conan Doyle, *A Study in Scarlet*, *The Scarlet Pimpernel*, *Dracula* und »mit Begeisterung« *Anna Karenina*, »das Buch von Nilus über den Antichristen«, und viele andere – (eine Menge Bücher in der Tat), und er registriert das zersägte und gehackte Holz (eine Menge Holz). Auch der Zar fertigte seine Stiefel selbst an.

98
Das Zitat von Pausanias findet sich bei Giorgio Colli, *La sapienza greca*, Bd. I (Mailand 1977). In der *Poetik*, 22, 2, sagt Aristoteles: »Denn das Wesen des Rätsels besteht darin, daß man, obwohl man von wirklich vorhandenen Dingen spricht, dennoch dabei (scheinbar) Unmögliches zusammenfügt.«

98
Die Gleichstellung der Beziehung zwischen Jäger und Gejagtem zu der zwischen Ödipus und der Sphinx kommt in Gustave Flauberts *Legende von Sankt Julian dem Gastfreien* deutlich zum Ausdruck. Der Unschuldige, der einen öffentlichen Auftrag übernimmt, entpuppt sich als der Schuldige.

99
Die Anekdote aus Moçambique ist Henrique A. Junod entnommen, *Usos e costumes dos Bantos* (1895, neu aufgelegt in Maputo 1975).

102
Carlo Ginzburg, *Spurensicherung. Die Wissenschaft auf der Suche nach sich selbst* (Berlin 1983). Obwohl er sich zur Verteidigung des nackten, wehrlosen Vorfahren, der einer feindlichen und erbarmungslosen Natur ausgesetzt war, polemisch als »Erbe des Jägers« bezeichnet, hat Ginzburg überhaupt nichts Weidmännisches an sich und hat sich in *Spurensicherung* lieber auf das Weben bezogen: »Wir könnten die Fäden, die diese Untersuchung zusammenhalten, mit denen eines Teppichs vergleichen.«

102
Marcel Detienne und Jean-Pierre Vernant, *Les ruses de l'intelligence*, a.a.O. Die einzelnen Kapitel dieses Buches waren zum Teil bereits ab 1965 veröffentlicht worden. Das Buch schillert selbst vor Intelligenz – und Schläue – und hat es verdient, weit über den Kreis der Fachleute hinaus Verbreitung zu finden. Die Kategorie der *metis*, der klugen Vorsicht, der scharfsinnigen und auch spitzbübischen Intelligenz, wurde damit in den allgemeinen Sprachgebrauch aufgenommen, mit mehr oder weniger kuriosen Ergebnissen. (Zur *metis* und den Frauen siehe Eva Cantarella, »Ragione d'amore. Preistoria di un difetto femminile«, in: *Memoria*, Nr. 1, 1981.) Mit seiner langen Arbeit über die vorsokratische »Weisheit«, die im Zuge der Jugendbewegungen der späten siebziger Jahre in Italien

einen ungewöhnlichen Widerhall fand, hatte Giorgio Colli dem Interesse für die »zwei Arten der Vernunft« den Weg geebnet. Obwohl von unorthodoxem Denken zu erwarten wäre, daß es unberechenbar ist, gibt es auch Gebrauchsanweisungen; zum Beispiel Edward De Bonos, *Laterales Denken für Führungskräfte* (Reinbek 1972).

104
Das Epos von den Geduldsarbeiten der Gefängnishäftlinge fand seinen Höhepunkt in einer Zeitungsmeldung vom Juni 1994: »In South Charleston, West Virginia, knüpfte der Häftling Robert Shepard Zahnseide so lange zusammen, bis sie mehrere Millimeter dick war: Mit diesem Strick überwand er die fünfeinhalb Meter hohe Gefängnismauer.«

104
Samuel Butler, *The authoress of the Odyssey, where and when she wrote, who she was, the use she made of the Iliad, & how the poem grew under her hands* (1897), berief sich zur Untermauerung seiner These, die Odyssee sei von einer »jungen, autoritären, ledigen« Frau verfaßt worden, auf die seiner Ansicht nach wenig grausame Rache des Odysseus an den Freiern: Da bin ich ganz anderer Ansicht.

Vgl. bei Walter Benjamin, der in *Literarische und ästhetische Essays* (Frankfurt a.M. 1977) über Marcel Proust schreibt, die Überlegungen über die Handlung als Intermittenz, die Erinnerung als Kontinuum, das Tuch Penelopes als Kehrseite von Erinnern und Vergessen.

In der griechischen Legende flicht Oknos in der Unterwelt ewig an einem Seil, das eine Eselin nach und nach auffrißt.

106
Die Verbindung von Nagel und Phallus erscheint auf einigen griechischen Vasen in expliziter Form. Sprachlich wird sie im Serbokroatischen deutlich, wo Nagel abgesehen von *ekser* auch *klin* heißt und in dieser Form auch »Kind« bedeutet (*klinac* Junge, Knabe; *klinka* Mädchen) sowie männliches Glied, wie in dem äußerst verbreiteten Ausruf *u klinac* (was wörtlich dem italienischen *col cazzo* entspricht, aber eher im Sinn von: Scheiße, verdammt!). Eine Spur stärker in übertragenem Sinn steht *chiodo* [Nagel] bei Pietro Aretino für *cazzo* [Schwanz].

Mit derselben Konnotation war *chiovo* in einem von Gewissenhaftigkeit geprägten Zwiegespräch von Guido Orlandi aus dem 13. Jahrhundert erschienen, in dem die Frau die Attacken des Verehrers auf ihre Integrität zurückweist:

Simiglianza di grue
tenut'ò di volare;
ora non sbatto l'ale né le movo,
servando lo pensare
di non seguire in drue.
Omo sposato ten'e' e me ne giovo,
perché né 'l lui né 'l chiovo
ne punse il primo dono
d'amor giamai niuno
*non amerò che 'l meo diritto sposo.«**

(Aus: *Contrasti amorosi nella poesia italiana antica*, hrsg. von Antonia Arveda, Rom 1992, S. 123 f.)

107
Ich kann der Versuchung nicht widerstehen, die Überschrift eines Textes von Benjamin Franklin wiederzugeben: *Beschreibung des Ofens aus Pennsylvanien, erfunden vom amerikanischen Herrn Franklin, durch dessen Einführung in Italien die Menschen von Erkältungen und verschiedenen anderen Leiden verschont bleiben, die sie sich durch Zugluft zuziehen, welche durch Ritzen und Türen in Zimmer eindringt, die mit gewöhnlichen Kaminen ausgestattet sind...* Zu Venedig, in der Druckerei Graziosi, 1791. Franklin war Linkshänder.

108
Die Sätze aus Giorgio Pasqualis Porträt von Ulrich von Wilamowitz-Moellendorff sind dem Buch *Pagine stravaganti di un filologo*

---

* Einem Kranich gleich
schwang ich mich durch die Lüfte;
nun schlag' und rühr' ich die Schwingen nimmer
und wahre den Entschluß
Keinem, der mich umwirbt, zu folgen.
Ich habe einen Mann und bin es froh
da er nicht, noch der Nagel
die erste Liebesgabe stach:
Keinen will ich je lieben
als meinen rechten Bräutigam.

(Lanciano 1933) entnommen. (Siehe die neuere Fassung von Gianfranco Contini: »Der Typ des modernen Wissenschaftlers einschließlich des Linguisten mag vielleicht nicht mehr der Naturalist aus der Zeit Darwins sein, noch weniger aber ist er Historiker oder Romanschriftsteller, also ein Mann, der redet: er ist Geometer oder vielmehr theoretischer Physiker, ein Mensch der Stille, ein Mensch der Erläuterungen und der Schiefertafel, einer, der Gesetzmäßigkeiten im streng mathematischen Sinn entwickelt.«) Wie man sieht, zögerte Pasquali nicht, auf die Intelligenz bezogen ein Attribut wie »intuitiv« zu verwenden, das ich zwar für riskant halte, aber nicht für so riskant wie das parallel verwendete »kreativ«, dem man auf Schritt und Tritt begegnet. Meistens ist letzteres ein vages und auf alles mögliche angewendetes Synonym für Genie und Extravaganz. Howard Gardner, *So genial wie Einstein. Schlüssel zum kreativen Denken* (Stuttgart 1996), wendet den Begriff auf Freud, Einstein, Picasso, Igor Strawinsky, T. S. Eliot, Martha Graham und Gandhi an. Die gemeinsame Triebfeder: ihr Außenseitertum. Die gemeinsame Gabe: ihre Bindung an die Kindheit. Einstein: »Die Physiker sind die Peter Pan des Menschengeschlechts. Sie werden nie erwachsen und bewahren folglich ihre Neugier. Wenn man ein ausgewachsener Mensch wird, weiß man zuviel, eindeutig zuviel.« Einige, deren Biographie vorgestellt wird, sollten den üblen Absichten des Nobelpreisträgers für Physik, William Shockley, zu Diensten sein, der Samenbanken für Nobelpreisträger befürwortet und zusammen mit Artur Jensen die verhängnisvolle Auffassung vertritt, Schwarze seien weniger intelligent. Diese These wurde vor einem offen rassistischen Hintergrund kürzlich von Charles Murray und dem verstorbenen Richard Herrnstein in *The Bell Curve* (1994) wiederaufgenommen. Zu den Arten wissenschaftlicher Intelligenz vgl. neben dem Klassiker von Thomas S. Kuhn, *Die Struktur wissenschaftlicher Revolutionen* (Frankfurt a. M. 1991), auch Norbert Wiener, *Invention: the Care and Feeding of Ideas* (Cambridge 1993); ebenso die Autobiographie Paul K. Feyerabends, *Zeitverschwendung* (Frankfurt a. M. 1995), mit Überlegungen zu den Unterschieden zwischen den Kulturen als »wandelbaren Ausdrucksformen einer einzigen menschlichen Natur«. Zur Intuition, einem »verminten Begriff«, siehe die Schlußseite von C. Ginzburg, *Spurensicherung*, a. a. O. Die Beschreibung der unterschiedlichen Arten von Intelligenz ist eine der besten Antworten auf den Fetischismus der Universaltests mit ihren bedauerlichen Folgen. Dazu ist noch folgendes anzumerken: Sollte es wider alle Vernunft dennoch einmal möglich werden, »wissenschaftlich« einen geringeren oder höheren Grad an »Intelligenz« festzustellen, so wäre es in keiner Weise zulässig, daraus irgendwelche Konsequenzen zu ziehen. Dies sollte für jede biologische Untersuchung gelten, selbst wenn ihre Ergebnisse nicht eine ursprüngliche genetische Andersartigkeit leugnen sollten, was die Forschungsarbeiten Luca Cavalli Sforzas zur DNS hingegen eindeutig tun. Für jede soziale Untersuchung sollte das Gegenteil gelten. Unterschiede beim durchschnittlichen Einkommen haben Folgen für Moral und Sozialverhalten; hypothetische Unterschiede des IQ nicht.

110
Vgl. Emanuele Cassarà, *La morte del chiodo. Montagne da ri-conquistare* (Bologna 1983). Ein grundlegendes Werk ist die *Storia dell'alpinismo* von Gian Piero Motti (Novara 1977, im Anhang zu *La montagna*). Der 1946 in Turin geborene und 1983 freiwillig aus dem Leben geschiedene Motti war selbst ein talentierter Kletterer und wurde im Zuge seiner persönlichen »68er-Revolution« zum »Vordenker« des Wechsels vom »Kampf gegen die rauhen Berge« zum freien Klettern. Von Reinhold Messner siehe vor allem *Mein Weg*, a.a.O. Erfunden wurden die Kletterhaken im 19. Jahrhundert von Emil Zsigmondy. Das Seil hatte den Stift nach sich gezogen. Zwischen 1860 und 1865 kam der Eispickel dazu, dann der eiserne Schneckenhaken und die Steigeisen. Otto Herzog entdeckte bei einer Feuerwehrübung den Karabiner. Dann folgten Bohrmeißel, Expansionshaken et cetera. Im »Rückzug« des neuen Alpinismus und in seiner Ausdrucksweise – »die regelrechte Vergewaltigung der von den Haken geradezu ausgeleierten Felsspalten...« – könnte man versucht sein, eine Analogie zum Problem des Stechens und Fixens zu erkennen.

110
Zur Klettertechnik siehe Bernard Amy, Pierre Beghin, Pierre Faivre, *Alpinismes* (Paris 1988), sowie Walt Unsworth, *Encyclopedia of Mountaineering* (London 1992). Italienische Firmen sind weltweit Marktführer im Bereich der Kletterausrüstungen. Die Firma Grivel in Courmayeur hat 1993 20000 Pickel hergestellt und exportiert. Die Firma Cassin aus Valmadrera bei Lecco ist der weltweit größte Hersteller von Kletterhaken. In den fünfziger Jahren produzierte sie jährlich 200000 Stück; 1993 waren es noch 60000.

114
In Marco Polos *Milione* (CLXV) gibt es eine männliche Insel der Arbeit und eine weibliche Insel der drei Monate währenden Vergnügungen.

114
»Wenn du den Yeti siehst...« Es mag nicht viel bedeuten, aber die Regierung Nepals hat den Yeti in die unter Naturschutz stehende Fauna aufgenommen. Von der Ausstellung über die Yetis und der Geschichte des Yeren berichtete Renato Ferraro im *Corriere della Sera*.

Es ist gewiß brillant, wie in Essays nach der Art von Ginzburgs *Spurensuche* den Paradigmen der mittels Indizien gewonnenen Erkenntnis nachgespürt wird – über Sherlock Holmes und Freud (jenen Freud, den dessen Sohn Martin mit dem Befreier aus den Netzen eines Wilddiebes verglich; vgl. Roland Barthes, *Fragmente einer Sprache der Liebe*, Frankfurt a. M. 1984, S. 118f.), bis hin zu den Entdeckern von Kunstfälschungen. Allerdings ließe sich einwenden, daß dabei der Gendarm zuungunsten der Räuber, der Verfolger zu Lasten des Verfolgten, der Jäger statt des gejagten Wildes in gewisser Hinsicht bevorzugt wird: der entgegengesetzte Blickwinkel ist aber für jene querdenkende, hastige Intelligenz mindestens genauso wichtig. (So wie die Verwandlung von Gendarmen in Räuber, von Fälschern in Gutachter, von Teufeln in Engel, von Grabplünderern in Denkmalschützer.)

Ein eigenes Kapitel müßte die Intelligenz der Eifersucht behandeln und ihr Sortiment an Spitzfindigkeiten und Wahnvorstellungen: Schließlich ist der Prototyp aller Indizien das Taschentuch Desdemonas. Freud beschreibt in *Über einige neurotische Mechanismen bei Eifersucht, Paranoia und Homosexualität* (1921, jetzt in dem Band *Zwang, Paranoia und Perversion*, Frankfurt a. M. 1973, S. 221f.) einen von paranoischer Eifersucht befallenen Patienten folgendermaßen: »Sein Material bezog der Anfall aus der Beobachtung der *kleinsten Anzeichen*, durch welche sich die völlig unbewußte Koketterie der Frau, *einem anderen unmerklich*, ihm verraten hatte [...]. Eigentlich reduzierte sich seine Abnormität darauf, daß er das Unbewußte seiner Frau schärfer beobachtete und dann weit höher einschätzte, als einem anderen eingefallen wäre. Wir erinnern uns daran, daß auch die verfolgten Paranoiker sich ganz ähnlich benehmen.« [*Hervorhebung von mir.*] Freud wird es nicht entgangen sein, daß seine Beschreibung des paranoid Eifersüchtigen wie angegossen auf den Freudschen Psychoanalytiker paßte. Schon Jago (*Othello*, III, 3) hatte gesagt: »Kleinigkeiten, leicht wie Luft, / Sind für die Eifersucht Beweis, so stark / Wie Bibelsprüche.«

114
»...es wird der Vorgeschmack jener Höllenstrafe sein, die darin besteht, daß man sein Leben nochmals mit dem Blick der Erkenntnis durchnehmen muß, wobei das Schlimmste nicht die Durchsicht der offenbaren Untaten ist, sondern jener Taten, die man einstmals für gut gehalten hat.« (Franz Kafka, *Briefe an Milena*, Frankfurt a.M. 1952, S. 21.)

115
Eduard Bernstein, *Die Voraussetzungen des Sozialismus und die Aufgaben der Sozialdemokratie* (Stuttgart 1899). Die Akten des Kongresses von Lotta Continua im November 1976 in Rimini, der zur Auflösung der Organisation führte, wurden von der Cooperativa Giornalisti di L.C. in Buchform veröffentlicht.

118
Leo Trotzki, *Über Lenin* (Berlin 1933). Der Abschnitt über die stiftartig eindringenden Ideen befindet sich in *Rund um den Oktober*, »Lenin auf der Tribüne«, S. 135f.

120
Zu den vaterländischen Nagelstatuen und Nägeln im allgemeinen liefert G. Bellucci, *I chiodi nell'Etnografia antica e contemporanea* (Perugia 1919) ein umfangreiches Repertoire. Der Nagel wird zu einem therapeutischen Mittel – er zieht das Leiden an sich und leitet es woanders ab – vor allem bei Zahnschmerzen: man berührt mit dem Nagel den schmerzenden Zahn und schlägt ihn dann ein. Nägel hatten auch die Aufgabe – beispielsweise in Hühnerställen, in denen sich Legehennen befanden –, vor dem Donner zu schützen. (Pfeilspitzen aus Stein werden in Süditalien *tuoni*, Donnerschläge, genannt.)

Bernhard von Clairvaux benutzt für die Übertragung einer wunderbaren Tugend in einem Brief an einen adeligen Novizen folgendes Bild: »Die Nägel, die durch die Hände und Füße des Gekreuzigten bis zu Deinen Händen und Füßen dringen, werden unversehens den Gekreuzigten nicht in gleicher Weise verwunden können.« (*Sämtliche Werke*, III, Innsbruck 1977, S. 541.) Auffällig ist der Gegensatz von Nägeln und Bindungen in dem Satz der heiligen Katharina von Siena: »Mit den durchbohrten und ans Kreuz geschlagenen Händen hat er uns von der Fessel der Sünde befreit.« Sehr viel bodenständiger finden sich Nägel und Knoten in einem Rezept von Piero de Crescenzi gegen Furunkel vereint: »Wenn man sie [die Zwiebeln] in Wein kocht und Öl dazugibt, lösen sie die Nägel und Knoten in den Füßen.« Ebenso bei Giordano Bruno über die Liebe: »Die den Bogen Cupidos wendet, den Pfeil des Liebesgottes lenkt, Knoten, der fesselt, Schleim, der leimt, Nagel, der zusammenfügt, Horizont, der die Hemisphären vereint.«

121
Siehe bei Elsa Guggino, *La magia in Sicilia* (Palermo 1978), den Abschnitt über das Binden. Der von Giuseppe Pitrè für die ethnographische Ausstellung in Palermo 1881–82 erstellte Katalog enthält das Rezept aus Trapani für das *ovu di la magaria* [Hexerei-Ei]. »Es ist ein Hühnerei, in das 75 Nadeln gesteckt sind und an der Oberseite ein Nagel, an dem ein rotes Band befestigt ist... So viele Nadeln, wie darin stecken, so viele Krämpfe kann man bei dem Menschen auslösen, der verwünscht werden soll. Wegen der Heftigkeit der Schmerzen verfällt der und kann davon auch sterben. Der Tod tritt – nach diesem Aberglauben – ein, wenn das inzwischen verdorbene Ei aufbricht. Der Nagel ist demnach der eigentliche Gnadenstoß. Das rote Band hängt daran, um zu vermeiden, daß diejenige, die das Ei präpariert, ihrer eigenen Verwünschung zum Opfer fällt.«

124
Eine suggestive Kombination von Knoten und Nägeln findet sich im Lehrgedicht *Della Caccia* [Von der Jagd] des Friaulers Erasmo da Valvasone aus dem 16. Jahrhundert. Hexen »lassen zuweilen aus unlösbaren Knoten verhängnisvolles Unglück über Jungvermählte und Liebende kommen«, manchmal »lassen sie in anderer Eingeweiden Haare wachsen, die um Nadeln und Stifte gewickelt und gewunden sind«.

124
In Certaldo Alta, wenige Meter von Boccaccios Haus entfernt, hat der Tischlermeister Giancarlo Masini, genannt Beppe Chiodo, in wenigen Jahren ein gut ausgestattetes Nagelmuseum zusammengetragen. Es enthält Nägel für die unterschiedlichsten Zwecke, orthopädische und solche von der Folterbank, Schiffs-, Wappen-

und Reliquiennägel. Beppe, der Möbel und Spielzeug herstellte und Möbel restaurierte, prahlte, er könne ein Möbelstück einzig und allein mit einem Hammer und einem Nagel reparieren, und so fingen die Leute an, ihn »Chiodo« zu nennen. Er ging darauf ein und erfand eine Chiodino genannte Comicfigur, umgeben von einer ganzen Familie aus Schrauben-Müttern, Bolzen-Söhnen und Stecknadel-Töchtern. Seitdem machte er den Nagel zum Aufhänger für sein Leben. Vor allem gefiel ihm die Entdeckung des verborgenen Geschichtenschatzes, der sich hinter diesem banalen und mißachteten Gegenstand verbarg: »*Non vale un chiodo*«, sagt man [Etwas ist keinen Pfifferling wert]; und man sagt auch: »*portare via anche il chiodo*« [den letzten Nagel mitgehen lassen], was noch schlimmer ist, als den Boden vom Faß auszukratzen oder jemandem den letzten Knopf abzunehmen. Begünstigt durch die Anziehungskraft Certaldos führt er nun weltweit Korrespondenz – über Nägel, Formen, Geschichten, Bräuche und Sprichwörter. Wenige Kilometer weiter gibt es in Colle Val d'Elsa eine *Grablegung Christi* mit einer der schönsten Nagelmalereien. Sie zeigt Nikodemus und die wundersamen Zangen, mit denen es später gelingen sollte, den Geizigen das Geld aus der Tasche und den Schüchternen die Worte aus der Nase zu ziehen und denen, die zu alt sind, die Jahre vom Buckel zu nehmen. In Colle nahm die Bruderschaft des heiligen Nagels einen großen Aufschwung, und 1726 widmete ihr Niccolò Mancino gut 130 Sonette (vgl. Can. Pier-Francesco Cateni, *Notizie della reliquia insigne del Sacro Chiodo*, Colle 1821). Beppes Frau hatte von ihrer Großmutter folgende Geschichte als wahre Begebenheit erzählt bekommen: Junge Leute, die sich in Mutproben versuchten, wiesen einen von ihnen an, er solle um Mitternacht auf den Friedhof gehen und einen Nagel in das Grab eines Toten schlagen, der an dem Tag begraben worden war. Der ging hin und schlug den Nagel ein, da spürte er, wie ihn jemand am Mantel zog, und vor Schreck starb er. Er hatte seinen eigenen Mantel angenagelt.

126
Livorno 1921. Resoconto stenografico del XVII Congresso Nazionale del PSI. Im Anhang die Gründungsdokumente der KPI (Mailand 1921). Vgl. Paolo Spriano, *Storia del Partito Comunista Italiano*, I, *Da Bordiga a Gramsci* (Turin 1967), Kap. VII, »Dal teatro Goldoni al San Marco«, S. 108ff.

127
Die »Internationale proletarische Gemeinschaft der sozialistischen Parteien«, Wien 1921, »Wiener Büro« oder ironisch »2½«. Für Otto Bauer »geht es darum zusammenzufügen, was die Ereignisse zerrissen haben«. Die Internationale Zweieinhalb wurde von Friedrich Adler geleitet, der 1916 den Ministerpräsidenten Graf Stürgkh erschossen hatte und Sohn des Patriarchen des österreichischen Sozialismus Victor Adler war. Die »Zweieinhalb« verschmolz 1923 mit der Zweiten Internationale, und Adler blieb bis 1940 ihr Sekretär. Auf dem Kongreß von Tours 1920 – dem französischen Pendant zum Kongreß von Livorno – hielt Longuet den Spaltungsbestrebungen entgegen, daß das österreichische Proletariat den nichtbolschewistischen Führern treu geblieben war, »unter denen sich ruhmreiche Kämpfer wie unser Genosse Fritz Adler befinden (*Beifall*), der sich nicht damit begnügt hat – er nicht – auf einem Kongreß revolutionäre Reden zu schwingen!« Adlers Tat hatte tatsächlich wie eine Bombe eingeschlagen und widersprach dem Stereotyp der Wehrlosigkeit der Reformisten (Annie Kriegel, *Le Congrès de Tours 1920*, Paris 1964).

127
Die spalterische Autophagie der revolutionären Bewegungen findet ihr klassisches und äußerst theatralisches Vorbild natürlich in der Französischen Revolution. Ich erinnere mich an ein vor langer Zeit geführtes Gespräch mit Paolo Viola, der die Hoheitsrituale und jene der Französischen Revolution erforscht hat (*Il trono vuoto*, Turin 1989; *Il crollo dell'antico regime*, Rom 1993) und dem das Vertrauen der Jakobiner in die Veränderlichkeit der menschlichen Natur gefiel: Er fragte sich, warum Robespierre und seine Leute sich den Garaus machen ließen, ohne zu reagieren. Denn alle verhielten sich so. Es hat den Anschein, als spürten alle Revolutionäre – zumindest bis Lenin –, daß sie weit über die Stränge gehauen hatten und früher oder später dafür bezahlen mußten. Spartakus konnte sich der drei Jahre seiner Republik der freien Sklaven rühmen, und die Pariser Kommune ihrer drei Monate. Nach Viola hatte Robespierre gemerkt, daß er sein Programm nicht in die Tat umsetzen konnte, also gab er auf. Faktisch hatte er ja durchgehalten: denn die Art durchzuhalten, wenn man einmal die Macht in Händen hält und damit die Ohnmacht, das eigene Programm umzusetzen, besteht darin, sich auf den Notstand zu berufen, auf die Bedrohung durch

den Feind, und damit dessen eigene Politik gegen den Feind zu kehren. Keiner hält am Ende stand. Es ist spät. Manche sterben gut – Bucharin, Allende, auch Robespierre. Die Jakobiner hätten das Glück gehabt zu verlieren, wenn sie es nicht vorzeitig mit den Brudermorden verspielt hätten. Das hat mit dem menschlichen Abflauen des Kampfgeists zu tun; mit Che Guevara, der nach der kurzen, konfusen Phase an der Spitze der kubanischen Nationalbank alles liegen und stehen läßt, um den Zustand des revolutionären Wartestandes zu verlängern. Der revolutionäre Kollaps – unmögliches Abenteuer, Selbstmord, Frontwechsel, plötzlicher Kampfverzicht einer strengen Ideologie und eines festen Glaubens – hat mit dem Schicksal der Revolutionsführer zu tun, die »die Waffen strecken«: Robespierre, Trotzki.

128
Amedeo Bordiga (1889–1970), ein Ingenieur aus Neapel, war die treibende Kraft bei der Gründung des Partito Comunista d'Italia im Jahr 1921.

130
Zu Seemannsknoten und anderen siehe Clifford W. Ashley, *Das Ashley-Buch der Knoten* (Hamburg 1993). Es werden darin sage und schreibe 3854 Knoten vorgestellt.

130
Man möchte fast den Knoten mit der Liebe zu Katzen in Verbindung bringen und den Nagel mit der Liebe zum Hund: Man kann aber lernen, Hunde und Katzen zu mögen. (»Es gibt doch keine Polizeikatzen, oder?« Georges Brassens.) Genauer ist der Bezug auf das berühmte Gebot in Niccolò Machiavellis *Fürst* (Kap. XVIII): »Der Fürst soll beide Naturen zu gebrauchen wissen, das Tier und den Menschen [...]. Und weil denn ein Fürst imstande sein soll, das Tier zu spielen, so muß er von diesen den Fuchs und den Löwen annehmen; denn der Löwe entgeht den Schlingen nicht, und der Fuchs kann dem Wolf nicht entgehen. Er muß also ein Fuchs sein, um die Schlingen zu kennen, und ein Löwe, um die Wölfe zu schrecken.«

141
Vgl. zu Ahab, »diesen ständigen Verzicht, diese herrische, schnurstracks vorrückende Unruhe«, das schöne Buch von Franco Moretti, *Opere mondo. Saggio sulla forma epica dal Faust a Cent'anni di solitu-*

dine (Turin 1994, S. 31). *Moby Dick* ist eines der »göttlichen Werke«, die Moretti mit einem homerischen Geist ausgewählt hat, der an gewisse Hitlisten des Genies zu Ende des 19. Jahrhunderts erinnert. Moretti nimmt die Werke auseinander und setzt sie auf der Suche nach dem Geheimnis unserer Moderne wieder zusammen.

Cesare Paveses Übertragung von *Moby Dick*, die ich für die Zitate im italienischen Text benutzt habe, erschien 1941 im Verlag Frassinelli. 1993 erschien bei Mursia eine Übersetzung von Ruggero Bianchi, dessen Ansicht nach die andere »eher nach Pavese geriet als nach Melville«. [Die deutschen Zitate sind den Übersetzungen von Thesi Mutzenbecher und Ernst Schnabel von 1946 – in der Diogenes-Ausgabe 1977 – sowie von Alice und Hans Seiffert von 1956 – Aufbau-Verlag 1977 – entnommen.] Der politisch korrekte Satz über Kapitän Ahab wird zitiert in Robert Hughes, *Nachrichten aus dem Jammertal: wie sich Amerikaner in political correctness verstrickt haben* (München 1994). Interessant ist der wirtschaftliche Aspekt in der Auseinandersetzung um den Schutz der Wale. Die Londoner Whale and Dolphin Conservation Society schätzte den Umsatz des Waltourismus für 1994 auf 345 Millionen Dollar – etwa 500 Millionen DM. Paradox ist die Situation in Norwegen, wo der Walfang volkswirtschaftlich ein riesiges Verlustgeschäft ist: 401 Millionen DM allein 1994. Die politische Hyperkorrektheit – kurz: der Fanatismus – des un-humanistischen Ökologismus steht im Mittelpunkt von Luc Ferrys Pamphlet, *Le nouvel ordre écologique: l'arbre, l'animal et l'homme* (Paris 1992). Ferry meint auch bei Organisationen wie Greenpeace solche totalitären Ansätze zu erkennen. Es liegt auf der Hand, daß die Plünderung der natürlichen Ressourcen das Risiko birgt, neue, kräftige Vorwände für eine despotische Machtausübung zu liefern, und daß bereits modernste »Hygienediktaturen« auf dem Vormarsch sind.

140
Antonio Pigafetta, *Il primo viaggio intorno al globo* (1525). *Die erste Reise um die Erde* (Tübingen 1968).

141
James Cook, *Entdeckungsfahrten im Pazifik*, a.a.O. Die großen Nägel ersetzen bei den Polynesiern »vorzüglich« die aus Menschenknochen – im allgemeinen aus den Unterarmen – gewonnenen kleinen Meißel oder Hohleisen für Schnitzarbeiten.

143
Matilde Serao, *Il ventre di Napoli* (1884): »Das Volk von Neapel glaubt an Hexerei, vor allem die Frauen. Zauberei findet glühende Verehrer: Zauberinnen oder Hexen gibt es reichlich. Will eine Ehefrau, deren Mann verreist, daß er ihr treu bleibe? Die Hexe gibt ihr eine Knotenschnur, die sie in das Futter des Jacketts ihres Mannes nähen muß. Eine Frau möchte die Liebe eines Mannes gewinnen? [...] Man möchte einen Prozeß gewinnen? Da muß man im Geist die Zunge des Anwalts der Gegenpartei fesseln: fünfzehn Knoten in eine Schnur knüpfen und den Teufel anrufen, ein fürchterlicher Fluch.«

Hexenmeister verknoten das Korn. Ein assyrischer Exorzismus: »Hexe, du bist verhext, ich bin gelöst... ich bin gelöst.« Marcel Mauss, *Theorie der Magie. Soziale Morphologie* (Frankfurt a.M. 1989), beschäftigt sich ausgiebig mit Bindungen und mit dem Zusammenhang zwischen dem Knoten als Zauber und der lateinischen *religio*, »das im übrigen denselben Sinn hat« (S. 95). »Knotenzauber wird für die Liebe, den Regen, den Wind, die Behexung, den Krieg, das Sprechen und tausend andere Dinge eingesetzt« (S. 103). Die Liebe wird durch einen Knoten dargestellt. In Marokko muß ein Ehemann, der sich mit seiner Frau vereinigen will, zuvor sieben Knoten an ihrem Kleid lösen.

James G. Frazer, *Der goldene Zweig* (3 Bände, Reinbek 1991): »In den meisten Gegenden des alten Italien war es den Frauen durch das Gesetz verboten zu spinnen, während sie auf der Landstraße gingen, oder auch nur ihre Spindeln öffentlich zu tragen, weil beides der Ernte schaden sollte. [...] Bei den Ainus auf Sachalin darf eine Schwangere zwei Monate vor ihrer Niederkunft nicht spinnen oder Seile drehen, weil man glaubt, wenn sie das täte, könnten sich die Eingeweide des Kindes verwickeln wie der Faden« (Bd. III, S. 29). »Ein Gesetz, das Pythagoras zugeschrieben wird, verbot den Menschen, die Fußspuren eines Mannes mit einem Nagel oder einem Messer zu durchstechen« (ebenda, S. 64). Umgekehrt schrieb Plinius vor, an der Stelle, an der ein Epileptiker das erstemal den Kopf angeschlagen habe, einen Nagel einzuschlagen. (Nach Plinius ist es »erstaunlich, wie rasch Wunden heilen, wenn sie mit einem Herkulesknoten verbunden sind«.) »Ein deutscher Jäger schlägt einen Sargnagel in die frische Spur des Wildbrets, da er glaubt, dies hindere das Tier daran, ihm zu entkommen.«

144
Siehe auch Mircea Eliade, »Der Gott, der ›mit Banden bindet‹, und die Symbolik der Knoten«, in: *Ewige Bilder und Sinnbilder*, a.a.O., S. 121–160. Diese Studie geht unter Berufung auf George Dumézil von der Unterscheidung zwischen kriegerischen Gottheiten aus wie Indra, dem Blitzeschleuderer, und den Göttern der Magie wie Varuna, »dem unbesiegbarsten«, dessen Waffe »die Gestalt einer Schlinge, eines Knotens, eines Bandes oder mehrerer Bänder *[pâcâh]* erkennen läßt, wobei die letzteren entweder stofflich vorhanden oder bildmäßig empfunden sind«. Derselbe Gegensatz bestehe zwischen Zeus und dem Binder Uranus in Griechenland sowie zwischen Mars und Jupiter in Rom. Bei Varuna wird ein Zusammenhang mit einer indoeuropäischen Sprachwurzel *uer*, »binden«, gesehen (»im Sanskrit entspricht ihr *varatrã*, Riemen oder Schnur; im Lettischen *wéru*, einfädeln und sticken; im Russischen *verenica*, ununterbrochener Faden«). Varuna wird mit einer Schnur in der Hand dargestellt: Als Gott des Himmels ist er nach Ananda Coomaraswamy der Nacht und den Gewässern zugeordnet – er hüllt ein wie die Dunkelheit und das Wasser. Auch Indra bindet – das Luftreich ist sein »Band«. »Es handelt sich um zweitrangige Wesenszüge, die vielleicht dadurch zu erklären sind, daß in vorgeschichtlicher Zeit die Schlinge als Waffe gebraucht wurde.« Krankheit und Tod sind auch wieder Schlingen, Schnüre und Knoten; Zaubersprüche und volkstümliche Heilmittel, die davon befreien, sind ebenso zahlreich wie die gegen menschliche Feinde in Anschlag gebrachten »bindenden« Zauber. Bei Initiationsriten der Germanen, aber auch des Mithraskults sowie bei kaukasischen Zeremonien schnürten die Teilnehmer ihre Körper ein, banden die Hände hinter den Rücken oder legten sich in Ketten. »Die rituelle Tötung durch Erhängen liefert die Erklärung für Odins Beinamen ›Der Gott mit der Schnur‹.« In der semitischen Welt sind magische Bande verschiedenster Art ein universelles göttliches oder auch dämonisches Attribut. Auch hier stehen sich die Kraft, der »heldenhafte Kampf« und die magisch bindende Herrscherhoheit gegenüber. Knoten als Amulette sind auf der ganzen Welt anzutreffen: Bindungen und Lösungen können Gutes oder Schlechtes bedeuten. In dem ebenso verbreiteten Bild des um alle Lebewesen ausgespannten Netzes, des Lebensfadens, des Kosmos als enormem Gewebe geht die magische (und chthonisch-selenische) Ableitung mit der religiös-existentiellen einher. (»Aber indem sie hin- und herlaufen,

will ich mein Netz über sie werfen und sie herunterholen wie Vögel unter dem Himmel« – *Hosea*, 7,12; freilich ist hier der Anklang an die Jagd klar erkennbar.) Die reiche Vieldeutigkeit des »Bindungskomplexes« ist nach Eliade »wahrscheinlich die notwendige Folge der Tatsache, daß der Mensch in diesem Komplex so etwas wie einen Archetyp der ihm selber in der Welt gegebenen Situation erkennt«.

Die Vorstellung des Grundmusters, des Flechtwerks, des *plot*, überlebt in der Vorstellung des Universums als Geflecht von Strahlen und Strahlungen: die moderne Paranoia verfängt sich darin. Net bezeichnet heute die Kommunikationsnetze.

Vgl. im allgemeinen das Stichwort »Knoten« bei J. Chevalier-A. Gheerbrant, a.a.O. Der Knoten des Herzens (*granthi*) in den Upanischaden: ihn zu lösen heißt, die Unsterblichkeit zu erlangen. Ein tibetisches buddhistisches Buch trägt den Titel *Buch des Knotenlösens*. Im Buddhismus ist das Lösen der Knoten des Seins der Weg der Befreiung, die *Lösung* wird zuweilen ausdrücklich dem Gordischen Alexander gegenübergestellt. Im taoistischen Bambus mit den neun Knoten wird die Rangfolge der Zustände längs der Achse zwischen Himmel und Erde dargestellt, ebenso bei Yoga-Praktiken: der Platz zwischen den Augenbrauen wird Rudra-Knoten genannt. Im alten Ägypten ist der Isis-Knoten ein Zeichen für Unsterblichkeit.

145
Zu Abulafia siehe Moshe Idel, *Abraham Abulafia und die mystische Erfahrung* (Frankfurt a. M. 1994), besonders S. 174f.

146
Katalog der 1983 von Gilbert Lascault in Paris arrangierten und von Italo Calvino rezensierten Ausstellung Nœuds et ligatures. Die Rezension erschien am 21. Juli 1983 in *La Repubblica* (deutsch in *Gesammelter Sand*, München 1995, S. 65–71). In einem ganz anderen Zusammenhang hörte ich in einem Gespräch vom März 1995, wie der Literaturkritiker Geno Pampaloni Calvinos Eigenschaften als Löser imaginärer Knoten lobte.

147
Victor Segalen, *Die Unvordenklichen* (Frankfurt a. M. 1986). Carlo Animato, *Quipu: il nodo parlante dei misteriosi Incas* (Genua 1989).

147
Vgl. Jean Delumeau, *Angst im Abendland: die Geschichte kollektiver Ängste im Europa des 14. bis 18. Jahrhunderts* (Reinbek 1989). Das Buch ist reich an Anekdoten, die gut zu unserem Thema passen: der Magnetberg, der Schiffe mit Metallen und Nägeln anzieht und sie Schiffbruch erleiden läßt; der Mann im Mond, ein Knäuel aus Brombeerstauden und grob genagelten Schuhen; das Netz des Teufels aus dem 15. Jahrhundert; die Vagina voller Schlangen; das Herz der Frau als Netz des Jägers; das Auge der Frau ist eine Spinne; Zahnschmerzen, die mit einem gotteslästerlichen Nagel geheilt werden, und so weiter.

148
Herzens Zitat über Blanqui in F. Venturi, *Il populismo russo*, a.a.O., Bd. I, S. 50. Zum Streit Herzen–Bakunin über Karakosow vgl. Vittorio Stradas Vorwort zur italienischen Ausgabe von Alexander I. Herzen, *A un vecchio compagno* (Turin 1977, S. XLVII). Der Brief über Nélaton ist auf S. LVI, Stradas Bemerkung auf S. LVIII. Die hier zitierten Stellen sind der deutschen Ausgabe *An einen alten Freund* entnommen, enthalten in: Alexander Herzen, *Briefe aus dem Westen* (Nördlingen 1989). Das chirurgische Vokabular der Revolutionäre und Konterrevolutionäre bedient sich der Rhizom-Krankheiten, der Pest mit ihren Pusteln, des Milzbrands, der Tuberkeln, Krebse und Geschwüre: »Das Messer in die faule Beule eintauchen« und so fort. Es ist bekannt, daß sich die Chirurgie sehr frühzeitig entwickelte. Die erste Schädeldurchbohrung geht auf das achte Jahrtausend v. Chr. zurück. Vor allem ab dem fünften Jahrtausend entwickelte sich die Technik rasch weiter. Oribasius (viertes Jahrhundert n. Chr.) beschreibt 18 Knoten aus chirurgischer Sicht.

149
Zur Metapher des Knotens in der Sprache, die später bei Dante häufig vorkommt, siehe Augustinus, *Bekenntnisse*, II, X: »*Quis exaperit istam tortuosissimam et implicatissimam nodositatem?*« »Wer brächte es auseinander, dies heillos verwickelte Knotengewirr?« (Und auch: »*In tuam invocationem rumpebam nodos linguae meae.*« »Durch Deine Anrufung lösten sich die Knoten meiner Zunge.«) *Juvenal*, 8, 50: »*Qui iuris nodos et legum aenigmata solvat*« – »wer die Knoten des Rechts und die Rätsel der Gesetze entwirrt« – läßt den Gedanken an einen Rechtsverdreher mit umgekehrtem Vorzeichen aufkommen. Zur Bedeutung des »Knotens in der Zunge« bei Dante

und im *Dolce stil novo* siehe Guglielmo Gorni, *Il nodo della lingua e il verbo d'amore* (Florenz 1981); vor allem die Betrachtung von Dantes Begegnung mit Bonagiunta (*Fegefeuer*, XXIV). Dante stellt darin die Inspiration seiner Liebesstenographie vor: »*I' mi son un che, quando / Amor mi spira, noto, e a quel modo / ch'è ditta dentro vo significando.*« [In der Übersetzung von Karl Streckfuß (Berlin 1922): »Drauf ich: ›Dem Hauch der Liebe lausch ich sinnend; / Was sie mir immer vorspricht, nehm ich wahr / Und schreib es nach, nichts aus mir selbst ersinnend.‹«] Bonagiunta antwortet: »*O frate, issa vegg'io', diss'elli, 'il nodo / che 'l Notaro e Guittone e me ritenne / di qua dal dolce stil novo ch'i' odo!'*« [»›Die Schlinge, Bruder‹, sprach er, ›seh ich klar, / Die von dem neuen süßen Stil gehalten / Mich diesseits hat, Guitton und den Notar‹.«] Gorni unterstreicht die Anspielungen: »Ein Notar [*notaro*], der nicht merkt [*nota*] und sich damit selbst verrät, da er an einen Knoten [*nodo*] gebunden ist; eine Geschichte der vulgäritalienischen Dichtung, in der sich das Neue [*novo*] aus dem Knoten [*nodo*] entwickelt...« Wie in der biblischen Geschichte vom geheilten Taubstummen (»*et solutum est vinculum linguae eius*«) geht es um den Knoten der Zunge, die hier durch das *Diktat* der Liebe gelöst wird. Man könnte versucht sein – so wie Giorgio Agamben es bei einer halbernsten Unterhaltung zum Thema meines Buches getan hat –, eine andere oder zweideutige Lesart des »*ch'i' odo*«, nämlich als »*chiodo*« für möglich zu halten (mit dem verblüffenden Effekt, daß der *Stilnovismo* zu einem *Novochiodismo* würde!). Die Unterstellung könnte sich auf eine technische Auffassung des Lautes *clou* in der provenzalischen Dichtung stützen. Doch wie wir schon festgestellt haben, kommt das Wort *chiovi* in der *Göttlichen Komödie* nur ein einziges Mal vor. Der Beleg *chiodo* bei Francesco da Barberino gleich nach der Entstehung der *Göttlichen Komödie* ließe bestenfalls, aber immer noch halbernst, auf eine lautliche Zweideutigkeit von »*ch'i' odo*« und »*chiodo*« schließen. (Vier weitere Verse der *Komödie* enden mit »*ch'i' odo*«.)

149
Carlo Pisacane: »Wir werden den Knoten des Problems zerschlagen, da keinerlei Notwendigkeit besteht, ihn zu lösen« (*La rivoluzione*, Turin 1976, S. 48). *Noblesse oblige*, an den Spitznamen Camillo Cavours zu erinnern: Tessitore [Weber] *Contra*, das Schwert Garibaldis.

153
Zu Netschajew vgl. Michael Confino, *Violence dans la violence. Le débat Bakounine – Nečaev* (Paris 1973). Der Text des Katechismus ist z. B. als Anhang enthalten in: *»Gewalt für den Körper. Verrat für die Seele?« Ein Brief von Michael Bakunin an Sergej Nečaev* (Berlin 1973).

154
Zu den angeblichen *Protokollen der Weisen von Zion* empfiehlt sich vor allem Norman Cohn, *Warrant for genocide: the myth of the Jewish conspiracy and the Protocols of the Elders of Zion* (Chico 1967). Zu berücksichtigen sind auch die Forschungen von Léon Poliakov, vor allem die monumentale *Geschichte des Antisemitismus* (Worms 1979–1988); vgl. auch *La causalité diabolique. Essai sur l'origine des persécutions* (Paris 1980). 1992 erschien, ebenfalls in Paris, eine grundlegende Sammlung von Aufsätzen und Dokumenten, *Les Protocoles des Sages de Sion*, herausgegeben von Pierre-André Taguieff. Der kürzlich erschienene Aufsatz von Sergio Romano, *I falsi protocolli. Il »complotto« ebraico dalla Russia di Nicola II a oggi* (Mailand 1992), enthält im Anhang den Text der Protokolle. Darin wird auch dem »Erfolg« nachgespürt, den die Fälschung in jüngster Zeit im russischen Nationalismus, in der arabischen Welt, in Lateinamerika und selbst in Japan verbuchen konnte, was noch einmal bestätigt, daß der Antisemitismus auch dort gedeihen kann, wo es gar keine Juden gibt. Siehe auch Alain Finkielkraut, *Der eingebildete Jude* (Frankfurt a. M. 1984); dort findet sich auch die »unheilvolle Gleichung Diaspora = Mafia« (S. 154).

Im Rahmen eines Exkurses möchte ich hier mein Urteil über die *Protokolle* erläutern und einiges zur Vorgeschichte rekapitulieren. 1797 begann der aus seinem Orden verstoßene Jesuit Abbé Augustin Barruel, die fünfbändigen *Mémoires pour servir à l'histoire du jacobinisme* zu veröffentlichen, die auf breites, anhaltendes Echo stießen. Darin wurde eine kosmopolitische Verschwörung von Aufklärern und Sektenanhängern angeprangert, die die Französische Revolution angefacht und ihr den Weg gewiesen haben sollen. Die These von den »Untergrundbündnissen« der Männer von *liberté* und *égalité* war nicht ganz neu, fand aber nun eine systematische Darstellung in scharfer Form, auf die sich das reaktionäre – und in polemischer Absicht das demokratische und sozialistische – Denken beziehen konnten. Andererseits beließ die These (heute würde man sagen: »das Theorem«) des Abbé Barruel es nicht bei einer einfachen Wiederauflage der Verteufelung der Revolutionäre, die als Kräfte des Bösen identifiziert wurden, wie es beim Hexenwesen oder bei der *haeretica pravitas* der Fall gewesen war. Sie enthielt den Versuch, Belege und Begründungen für eine tatsächliche operative Mitwirkung und Duldung der aufgeklärten Denker und Publizisten und der verschiedenen politischen und kulturellen Vereinigungen Europas zu liefern. In gewisser Weise verkehrte sich nun die revolutionäre Angst vor dem »aristokratischen Komplott« – einem der »Mythen, die echte Geschichte schreiben«, um es mit François Furet-Richet zu sagen – in ihr Gegenteil, in die Interpretation der Revolution, des Volksereignisses schlechthin, als Ergebnis eines »jakobinischen« Komplotts. Der Boden für diese »militante« Interpretation war seit geraumer Zeit durch päpstliche Enzykliken und bischöfliche Edikte gegen die gottlose Presse und die intellektuellen Verschwörungen vorbereitet worden, so daß die revolutionäre Explosion als Epiphanie dessen erschien, was angekündigt worden war.

In einer kurzen Passage eines Artikels von 1958 zitiert Delio Cantimori »den berüchtigten Barruel« und dessen These von der »konkreten, organisatorischen, konspirativen oder doktrinären Beziehung« und stellt dann fest: »Wenn auch viel geheimbündlerische und denunziatorische Phantasie darin steckt, enthält sie doch wesentlich mehr Realitätssinn als die Analogie-Konstrukte der Philosophieadepten.« Cantimori tadelt dann noch »die billige Ironie in bezug auf die dunkle Welt der Verschwörungen und den Formalismus der Geheimbünde« (*Studi di storia*, Turin 1959, S. 607). Gerade Barruels Buch führt uns mitten in das Problem der Ambivalenz des Komplotts. Zurück zu den *Protokollen der Weisen von Zion*. »In seiner modernen Fassung«, schreibt Norman Cohn in seiner meisterhaften Rekonstruktion der Fälschungsgeschichte, »läßt sich der Mythos von der jüdischen Weltverschwörung auf Abbé Barruel zurückführen.« Barruel hatte zunächst den bayrischen Illuminatenorden Adam Weishaupts, die Enzyklopädisten und die Freimaurer in den Mittelpunkt seines Buches gestellt und war nur am Rande auf die Juden eingegangen. Da erhielt er 1806 von einem mysteriösen Simonini aus Florenz ein Dokument, das vermutlich »die erste aus einer Reihe antisemitischer Fälschungen war, die in den *Protokollen* gipfeln sollten«: Darin wurde verkündet, daß die

Fäden aller Komplotte bei den Juden zusammenliefen, die bereits drauf und dran seien, sich unter Mitwisserschaft Napoleons endgültig der Kirche und aller Besitztümer zu bemächtigen. Barruel baute seine Konstruktion von der jüdisch-freimaurerischen Weltverschwörung um und überließ sie denen, die später Lust oder Interesse bekommen sollten, sie wieder aufzugreifen. Bei dem Zeugnis Simoninis hatten wir es mit einer Verschwörungsmanie zu tun, die sich zur eigenen Rechtfertigung auf eine Fälschung stützte. Auf eine zumindest eigenartige Rückwirkung von Barruels Werk stoßen wir aber an einem Ort, an dem wir das am wenigsten erwartet hätten: bei den ersten sozialistischen Verschwörern Rußlands zur Zarenzeit. Vittorio Strada berichtet von einem »merkwürdigen und kaum bekannten« Zeugnis zur Petraschewski-Verschwörung von 1849, die wegen der Teilnahme des jungen Dostojewski bekannt ist. »Das Buch, dem Petraschewski, der Gründer des ersten utopisch-sozialistischen Zirkels in Rußland, die ›größte revolutionäre Kraft‹ beimaß und das er ›allen Bekannten empfahl, wobei er annahm, daß jeder, der es lese, sich so wie er selbst nicht mehr das Problem stellen werde, ob die Revolution in Rußland legitim und wünschenswert sei, und daß es nur noch darum gehe, die Mittel und den Weg zu finden, um sie zu machen‹, dieses erstaunliche Buch war die Übersetzung von Barruels *Mémoires*, ein durch und durch reaktionäres Werk, das die Französische Revolution als Ergebnis einer teuflischen Verschwörung der *Sophistes* darstellte, der aufklärerischen und freimaurerischen Philosophen (die eine Hälfte des Buches befaßt sich mit Spartakus Weishaupt und dem Illuminatenorden). Petraschewski hatte die Interpretation des Abbé ernst genommen und das negative Vorzeichen jener Intellektuellen-Verschwörung in ein positives umgekehrt. So schürte jenes ›fatale Jesuitenbuch‹ in ihm die Überzeugung, ›die Revolution könne das Werk einzelner Personen sein‹, und deshalb ›konnte er nie ganz von der Vorstellung ablassen, eine Geheimgesellschaft zu gründen‹.« Franco Venturi schreibt in einer Anmerkung, es sei N. A. Spesnew gewesen, ein weiterer einflußreicher *petraševec* (Dostojewski nannte ihn »mein Mephistopheles«), »der den Freunden das Werk dieses bekannten jesuitischen Polemikers [Barruel] gegen die Französische Revolution zu lesen gab, das – wie er sagte – eine detaillierte Beschreibung der Verschwörung von Weishaupts Illuminaten enthielt, die er als Modell empfahl. Sein Freund Mombelli nannte es ›das gefährlichste Buch überhaupt, da es Methoden enthält, die einem sonst gar nie in den Sinn kämen‹. Spesnew war immer besonders neugierig auf alle Arten von Verschwörungen. Im Ausland interessierte ihn sogar die Geschichte des Christentums als Beleg für ein gelungenes Komplott!« (*Il populismo* …, a.a.O., Bd. I, S. 165.)

Der auf solchen Umwegen erzielte »Erfolg« Barruels führt uns in ein regelrechtes Labyrinth. Ein streng konterrevolutionäres Werk wird zu einem Handbuch der Anleitungen zur Revolution. Dem Abbé widerfährt dasselbe Schicksal wie vielen anderen Komplotteuren. Urheber und Absichten sind nicht mehr klar zu erkennen, und so werden die Komplotte beliebig verwendet. Verfolgen wir diese Spur weiter bis 1870, als Sergej G. Netschajew, möglicherweise zusammen mit Bakunin, den berüchtigten *Katechismus des Revolutionärs* verfaßte. Dieser aus wenigen Seiten bestehende Text legt die Grundsätze der Organisation mit einer derart herausgekehrten Brutalität dar, daß sie an die provokatorische Brutalität der späteren Fälschung der *Protokolle* erinnert. Der Revolutionär, wird darin erklärt, ist ein Geweihter. Moralisch ist für ihn alles, was den Sieg der Revolution unterstützt. Unmoralisch, was sich ihr in den Weg stellt. Alle Gefühle der Zuneigung, die verweichlichenden Gefühle der Verwandtschaft, der Freundschaft, der Liebe und der Dankbarkeit müssen in ihm erstickt werden. Er wird Verbindungen mit dem sogenannten kriminellen Teil der Gesellschaft suchen; auf hochgestellte Persönlichkeiten wird er über deren Frauen Einfluß nehmen. Er kennt nur eine einzige Wissenschaft: die Zerstörung. Er ist kein Revolutionär, wenn er an irgend etwas, was es auch sein mag, in dieser Welt hängt. Er darf nicht zögern, irgendeine Stellung, einen Rang oder einen Menschen, die dieser Welt angehören, zu zerstören. Er muß alles und alle gleichermaßen hassen. Mit dem Ziel der unerbittlichen Zerstörung muß er vorgeben, ein ganz anderer zu sein, als er in Wirklichkeit ist. Die Doktrinäre, Verschwörer, Revolutionäre, all jene, die nur in Versammlungen und auf dem Papier schwatzen, muß man ständig zu praktischen und gefährlichen Kundmachungen drängen und sie dafür begeistern, wodurch die meisten von ihnen verschwinden werden, während man aus einigen von ihnen wirkliche Revolutionäre macht. Die Assoziation hat natürlich kein anderes Ziel als die vollständige Befreiung und das Glück des Volkes, das heißt der Arbeiter.

Es ist verständlich, daß ein – nicht nur aus polizeilicher Sicht – so kompromittierender Text ein gefundenes Fressen für die zaristische Regierung war, die dann 1871 seine Veröffentlichung im

Regierungsanzeiger beschloß. Die öffentliche Meinung würde auf ein derart abstoßendes und unverschämtes Brevier zweifellos reagieren, rechnete sich das Innenministerium aus. Aber die Dritte Sektion, die berüchtigte Zentrale der Geheimpolizei, legte sofort Protest ein: Diese Ausgabe des Blattes »wird unseren Revolutionären künftig als Anleitung dienen«.

Das Echo ähnlicher Debatten klingt uns noch zu frisch in den Ohren, als daß wir hier im einzelnen darauf eingehen wollen. (Sind die Verlautbarungen der Terrorgruppen echt oder gefälscht? Und die Botschaften der Entführten? Graphologische Untersuchungen, Analysen von Schreibmaschinen-Kugelköpfen, Embleme mit Waffensymbolen, die anderen Emblemen ihre Berechtigung absprechen und selbst die Urheberschaft beanspruchen und dabei womöglich Verfahren zur Überprüfung des eigenen Echtheitszertifikats angeben. Und dann der Streit um das Veröffentlichen oder nicht: veröffentlichen heißt bloßstellen; Quatsch, es heißt, dafür zu werben...)

Eine Regel des *Katechismus des Revolutionärs* schrieb vor: »Der grundlegende Plan jeder Unternehmung, die die Sektion ins Werk setzt, darf nur dieser selbst bekannt sein; die mit der Ausführung beauftragten Personen dürfen nicht den Hintergrund, sondern nur die Einzelheiten der Aktion kennen, deren Durchführung ihnen anvertraut wird. Um ihren Eifer anzuspornen, muß man ihnen über den Hintergrund der Aktion falsche Angaben machen.« 1876 bereitete eine Gruppe zarenfeindlicher Revolutionäre von »Zemlja i Volja« einen Aufstand in den Dörfern vor, wobei sie den Bauern vorgaukelten, sie handelten im Auftrag und auf Geheiß des Zaren. Sie zeigten den Bauern eine »Geheime Reichskarte«: Darin ordnete der Zar an, »Geheimgesellschaften und Milizen im Untergrund zu bilden, damit sie sich auf den Aufstand gegen die Adligen, die Beamten und die gesamte Oberschicht vorbereiten konnten«.

Der Wirrwarr aus willkürlichen Fälschungen und besessener Leichtgläubigkeit, der gegen Ende des 19. Jahrhunderts zur fertigen Fassung der *Protokolle der Weisen von Zion* führte, läßt sich hier im einzelnen nicht nachvollziehen. Fest steht, daß der Text zwischen 1920 und 1945 und darüber hinaus enorme Verbreitung fand, so daß er nach mancher Auffassung sogar zum Buch mit der »weltweit größten Verbreitung nach der Bibel und dem Koran« wurde. Einen wesentlichen Schritt jener Konstruktion scheinen wir jedenfalls einem gewissen Peter Iwanowitsch Rackowski zu verdanken. Als

Chef der Ochrana im Ausland mit Wohnsitz in Paris war Rackowski mit der Dialektik von Echtem und Falschem gut vertraut, da er 1886 beispielsweise die Druckerei der *Narodnaja Volja* in Genf in die Luft sprengen und das Attentat seiner Agenten abtrünnigen Revolutionären jener Gruppe in die Schuhe schieben ließ. Nichts Neues unter der Sonne. Wahrscheinlich war Rackowski um 1897 – mitten in der Dreyfus-Affäre – Auftraggeber, wenn nicht Urheber der in den *Protokollen* gesammelten Plagiate und Einschübe. Er hatte seine Karriere in Rußland als kleiner Beamter begonnen, hatte als junger Mann »sogar mit Studenten mehr oder weniger revolutionärer Anschauungen Freundschaft gepflegt« und war 1879 von der Geheimpolizei verhaftet worden. Mit den üblichen Methoden erpreßt, war er in deren Dienste getreten. So bezeichnend wie der Anfang war auch das Ende seiner Pariser Karriere. 1902 verfaßte er im Namen eines »russischen vaterländischen Bundes« einen falschen Aufruf, der unter anderem einen ebenso heftigen wie gut informierten Angriff auf... Rackowski enthielt. Das war sogar dem russischen Außenminister zuviel, der ihn darauf in die Heimat zurückbeorderte; dort bescherte ihm seine fälscherische und antisemitische Veranlagung weitere ansehnliche Erfolge.

Als er bereits seit Jahren Kanzler war, soll Hitler zu Rauschning gesagt haben: »Ist Ihnen nicht aufgefallen, wie der Jude in allem und jedem das genaue Gegenspiel des Deutschen ist und ihm doch wieder so verwandt ist, wie es nur zwei Brüder sein können? Ich habe seinerzeit mit wahrer Erschütterung die *Protokolle der Weisen von Zion* gelesen. Diese gefährliche Verborgenheit des Feindes, seine Allgegenwärtigkeit! Ich erkannte sofort, daß wir dies nachbilden müßten, auf unsere Weise natürlich.« (Hermann Rauschning, *Gespräche mit Hitler*, Zürich 1940, S. 224.)

Dieser paradoxe Wirbel von Zweideutigkeiten und Doppelspielen hatte einen sprichwörtlichen Vorläufer: Niccolò Machiavellis *Der Fürst*. Hatte Machiavelli die Dinge lediglich so beschrieben, wie sie sind, anstatt wie sie sein sollten (hatte er die Regel »man tut es, aber man sagt es nicht« gebrochen, wie Antonio Gramsci bemerkte), oder hatte er die Regeln erfolgreichen politischen Handelns vorgeschrieben? Hatte er den Tyrannen beraten oder hatte er ihn entlarvt? Hatte er aufgezeigt, wie man das Volk beherrscht, oder daß es sich erheben soll? Der »Machiavellismus« und das »Jesuitentum«, sein stärkeres Synonym (man könnte es als einen Machiavellismus betrachten, der in einer Organisation Gestalt angenommen hat), ziehen sich durch alle politischen und polizeilichen Machenschaften des 19. Jahrhunderts. Das »Jesuitentum« steht im Mittelpunkt der unglaublichen Beziehung zwischen Netschajew und Bakunin. Der Hang zum Komplott und die zwanghafte Angst vor feindlichen Komplotten gehen ineinander über, noch dazu mit der praktischen Legitimation zum revolutionären Zynismus, die, wie so oft, mit der Illegalität des Kampfes begründet wird. Daß das Jesuitentum als Paradigma zur Verteidigung der Staatsräson gegolten hat, ist bekannt und konsequent; daß es für die Revolutionäre und die Patriarchen der Anarchie die gleiche Funktion hatte, ist schon eigenartiger. Wenige Jahre nach Jules Michelets Kampf gegen die Societas Jesu erklärte Bakunin diese ganz offen zu seinem Vorbild: »So wie die Jesuiten, die die am besten organisierten Geheimgesellschaften der ganzen Welt geschaffen und unermüdlich und verbissen daran gearbeitet haben, jede Freiheit auf der Welt zu zerstören, so müssen wir...« (1864). »Wie die Jesuiten – aber nicht mit dem Ziel, das Volk zu unterdrücken, sondern um es zu befreien – hat jeder von uns sogar auf den eigenen Willen verzichtet« (1870). Viele revolutionäre Verschwörer, allen voran Bakunin, nehmen der Verschwörung gegenüber eine im wesentlichen ambivalente Haltung ein. Sie ist nicht nur das zwangsläufige Mittel gegen die Verbote und die polizeiliche Verfolgung durch die Regierungen: Sie ist im Positiven die beste Form, um die Revolutionäre zu erziehen und auf die Probe zu stellen. Die Vereinigung muß auch aus diesen Gründen geheim sein: »Schafft sie öffentlich, bei Tageslicht, und sie wird Worte hervorbringen, nicht Aktionen.« Der Beitritt, der geheimgehalten werden muß, die absolute Hingabe, die Unterordnung und die Selbstverleugnung als Schule der neuen revolutionären Menschheit betonen die »Verwandtschaft« zum jesuitischen Modell. (Diese Merkmale treten bei jedem politischen Terrorismus wieder auf, auch wenn er sich anfangs als von außen aufgezwungene praktische Notwendigkeit rechtfertigt.) Von der Societas Jesu wird aber nicht die Technik, sondern die Ethik und die Asketik der Geheimgesellschaft für die gesellschaftliche Verschwörung übernommen. Hier liegt der Schlüssel für ein weiteres Paradox bei Bakunin und einem breiten Spektrum revolutionärer Führer. Staatsfeindlich, antiautoritär (und daher antimarxistisch), befürwortet Bakunin eine anonyme und gemeinschaftliche geheime Diktatur, »eine Organisation, die überall nach demselben Plan handelt«, die schlagkräftig ist dank der Treue und Hingabe ihrer Anhänger, antizentralistisch dank ihrer Selbstverleugnung und ihrer Entschlossenheit, dezentral und unerkannt für die Selbstbestimmung des Volkes einzutreten. Dieser manchmal entschieden verrückt klingende Wirrwarr (»So stellen Sie sich eine Bruderschaft des Volkes vor, die in ganz Rußland Fuß gefaßt hat und vierzig oder höchstens siebzig Mitglieder umfaßt...«) wurde vom »Jakobiner« Peter N. Tkatschew, der schon Gefolgsmann Netschajews gewesen war, wegen seiner politischen Widersprüchlichkeit kritisiert. Statt den demokratischen und spontanen Charakter zu gewährleisten, wäre die »gemeinschaftliche Diktatur« Bakunins, wenn es denn dazu gekommen wäre, schnell in Verschwörung und zentralistische Machtausübung ausgeartet. Der tiefere Widerspruch lag aber darin, daß Bakunin neben einem beflissenen Kult der Selbständigkeit und der Selbstbestimmung des Volkes gleichzeitig ein ebenso hartnäckiges Vertrauen in die potentielle Wirkung des Handelns winziger Minderheiten hatte. »Zu allen Zeiten«, schrieb Bakunin, »hat eine kleine, unsichtbare Sekte die ganze Menschheit hinter sich hergezogen.« Mit umgekehrtem Vorzeichen wurde die fanatische These des Abbé Barruel zur These der *Protokolle*. Egal, ob man ein Komplott selbst ausheckt, vereitelt oder an die Wand malt: Jede Verschwörungstheorie beruht auf der Vorstellung, daß die Welt sich von einem Zentrum aus beherrschen und auf einen Plan zurückführen läßt. Durch die technische Revolution, die aus der gesamten Welt ein globales Dorf macht, erhält diese Vorstellung einen enormen Auftrieb, nur daß anstelle der Fäden in der Hand des alten Puppenspielers die interkontinentalen Kabel der Konzerne à la ITT treten.

Gerade an der Jesuitenfrage entzündete sich die Polemik, die schließlich zum ruinösen Bruch zwischen Bakunin und seinem Musterschüler Netschajew führte. Bakunin muß nicht nur die Freundschaft zu Netschajew aufkündigen, sondern auch dem hemmungslosen Rückgriff auf das machiavellische und jesuitische Vorbild abschwören: »Dadurch, daß Sie die Methoden der Jesuiten nachahmen, ersticken Sie in ihnen [den für den Beitritt zur geheimen Organisation gewonnenen] systematisch jedes menschliche Gefühl und jeden persönlichen Sinn für Gerechtigkeit (als ob das menschliche Gefühl und der Sinn für Gerechtigkeit unpersönlich sein könnten!), Sie suchen bei ihnen die Lüge, das Mißtrauen, die Spitzelei und die Denunziation zu erhalten, und Sie verlassen sich viel mehr auf die äußeren Zwänge, mit deren Hilfe Sie sie halten, als auf ihre Seelenstärke, so daß es ausreichen wird, daß sich die Verhältnisse ändern, damit sie merken, daß ihre Angst vor der Regierung schrecklicher ist als diejenige, welche Sie ihnen einflößen, und dank Ihrer Lehren zu ausgezeichneten Dienern und Spitzeln der Regierung werden. Denn, mein lieber Freund, jetzt steht absolut fest, daß die meisten Ihrer Genossen, die der Polizei in die Hände gefallen sind, alles und jeden denunziert haben, ohne große Anstrengung von seiten der Obrigkeit und *ohne Folter.*« Die Aktualität dieser Zeilen braucht nicht besonders hervorgehoben zu werden. (Dieses und die vorangegangenen Zitate Bakunins entstammen dem Buch »*Gewalt für den Körper. Verrat für die Seele?*«, a.a.O., hier S. 73.) »Jegliches Jesuitentum muß ausgeschlossen werden...« mahnt Bakunin weiter, an Netschajew gewandt. Was aber mit dem eigenen »Jesuitentum« anfangen? Bakunin glaubt, daß dank der klaren Trennung zweier Welten noch Platz dafür sei: »Hier [gegenüber dem Feind] haben auch das Jesuitentum und sogar die Täuschung ihre Berechtigung [...]. Was Sie betrifft, mein lieber Freund – und das ist Ihr Grundprinzip, Ihr ungeheurer Irrtum –, Sie haben sich verleiten lassen von dem System Loyolas und Machiavellis, von denen der eine sich vornahm, die gesamte Menschheit zu versklaven, während der andere sich bemühte, einen mächtigen Staat zu schaffen (ob monarchistisch oder republikanisch, spielt dabei keine Rolle), also die Versklavung des Volkes wiederherzustellen« (ebenda, S. 84). Mit Netschajew war der »Machiavellismus« in den eigenen Reihen der revolutionären Verschwörung anwendbar geworden, man hatte die »innere Guillotine« gepriesen, und Bakunin hatte im Bann jenes »entzückenden Fanatismus« gestanden, auch nach der Ermordung Iwan Iwanows. Nun versuchte Bakunin, ein neues Richtmaß für die Gemeinschaft der Revolutionäre einzuführen, indem er eine Doppelmoral empfahl. Selbst der Populisten-Forscher Franco Venturi beurteilte Bakunins »Bruch« sehr großzügig (was sich aus heutiger Sicht kaum nachvollziehen läßt): »So brach er endgültig mit den hierarchischen Vorstellungen Netschajews, mit jeder verschwörerischen Geheimhaltung, mit jedem jakobinischen Zentralismus. Er war der erste unter den russischen Revolutionären, der voll und ganz auf Demokratie und Brüderlichkeit nach innen setzte und gleichzeitig auf ein Höchstmaß an Energie und Skrupellosigkeit im Kampf nach außen. Gegen den Feind war alles erlaubt, Geheimhaltung, Gewalt, Attentate und Verschwörungen. Heilig hingegen waren die Rechte und unumstößlich die Pflichten derer, die sich dem Ziel verschrieben hatten, eine andere, bessere Welt entstehen zu lassen.« Venturi trifft diese Einschätzung nach dem Stalinismus, der vor allem als eine Revolution, die ihre eigenen Kinder frißt, betrachtet wird. Das Problem, das diese Einschätzung allerdings nicht berührte – und auf das der alte Herzen gerade damals eine klare Antwort gab –, betraf die ethische und praktische Möglichkeit, das »Jesuitentum« gegen den »Feind« einzusetzen und es gleichzeitig aus den eigenen Reihen zu verbannen. In diesem Sinn wird man feststellen, daß Netschajews Lösung in Wirklichkeit vor Moralismus strotzte, bis hin zum Verdacht eines jeden gegen sich selbst. Nach dem Rückschlag infolge der Netschajew-Affäre, nach den Jahren der moralischen Reaktion und der harten Repression des »zum Volke Gehens« sollte bereits 1878 »Zemlja i Volja« auch folgenden Satz in ihre Statuten aufnehmen: »Der Zweck heiligt die Mittel.«

Wie viele Bilder, wie viele Gespenster brauchte es von den selbsterhöhenden Visionen Netschajews, des »Sohnes einer Magd«, bis zu den zynischen oder paranoiden Schmierereien der *Protokolle der Weisen von Zion*? »Nur die Widerstandsfähigsten«, schrieb, wie wir sahen, Netschajew, »haben Hunger und Kälte, Demütigungen und Schmach unversehrt überstanden, indem sie sich *wie Schlangen* zwischen den Tyrannen wanden, die über die öffentliche Ignoranz wachen; *und nun sind sie überall eingedrungen und haben sich überall festgesetzt.*« Noch wenige Schritte, rezitieren die *Protokolle*, dann »ist der Kreis der Symbolischen Schlange geschlossen«. Geheimhaltung und Lenkung durch einen einzigen Verstand sind die Eckpfeiler des angeblichen jüdischen Komplotts. »Dieses Regierungssystem muß das Werk eines einzigen Verstandes sein [...]. Das ist der Grund, weshalb uns nur erlaubt ist, den Aktionsplan zu kennen, aber wir dürfen ihn in keiner Weise diskutieren, damit wir nicht seine Durchschlagskraft zerstören.« Die Fälschung ist zum Teil als Plagiat und als Umschreibung von Maurice Jolys Werk von 1864, *Gespräche in der Unterwelt zwischen Machiavelli und Montesquieu oder der Machiavellismus im 19. Jahrhundert*, entstanden und versäumt es nicht, die Societas Jesu zu zitieren: »In dieser Art Kunst haben wir keine Wettbewerber... höchstens die Jesuiten könnten mit uns verglichen werden.«

Die mir vorliegende italienische Ausgabe der *Protokolle* ist der von Giovanni Preziosi herausgegebene Nachdruck von 1938. Es handelt sich um jene infame Ausgabe, die im Anhang die »Liste von 9800 jüdischen Familien« in Italien nennt: 1650 Familiennamen. Die Einführung ist von Julius Evola. Evola tut die lästige Plagiatsfrage hastig ab. Sie betrifft die Literatur, sagt er, nicht die Wahrheit. »Diese Wahrheit besteht darin, daß die gesamte Ausrichtung der modernen Welt einem von einer bestimmten, geheimnisvollen Organisation festgelegten und durchgeführten Plan entspricht.« Die Frage der Echtheit erscheint ihm daher müßig; was feststeht, ist, daß die *Protokolle wahrheitsgemäß* sind. Nach Rauschning (S. 225) soll Hitler diesbezüglich gesagt haben: »Ob das nun im historischen Sinne echt ist, das berührt mich gar nicht. Die innere Wahrheit ist für mich um so überzeugender.«

154

Das Dunkel, das moderne Verschwörungen umgibt, hat nichts mehr mit Alptraumnächten und Hexentänzen zu tun, mit den Höhlen und Bergwerksstollen, in denen Kobolde und Unholde hausten. Unheimlich sind jetzt die Eingeweide des Molochs der Großstädte, ihre Tunnel, Schächte und Kanäle, die die Anatomie der Städte ausmachen. Der Untergrund und die geschäftigen Gespenster, die ihn bevölkern, werden zum bevorzugten Ort der Konspiration, zum *portrait intérieur* jener unbedarften und farblosen Menge, die an der Oberfläche herumkrabbelt. Dieser Ort reicht von der Pariser Kloake in Victor Hugos *Die Elenden* bis zur Kanalisation des bombardierten Wien in Graham Greenes *Der Dritte Mann*. *La Russia sotterranea* [Das unterirdische Rußland] ist der Titel eines heiligen Textes des russischen Terrorismus, den Sergej Krawtschinski-Stepnjak (1852–1895) in italienischer Sprache verfaßte, da er im Gefängnis das Wörterbuch Pietro Fanfanis auswendig gelernt hatte. Es wurde zum Modell für eine ganze Folge von »unterirdischen Europas«, einen explosiven *underground* ante litteram. Der Stammtext des Verschwörungswahns, *Die Protokolle der Weisen von Zion*, projiziert alle Ängste vor dem Kosmopolitismus, dem technischen Fortschritt und »modernem Teufelswerk« auf die Juden. Einer der bezeichnendsten Abschnitte der fürchterlichen Fälschung mit der Überschrift »Das Weltenende« lautet so: »... die Untergrundbahnen in den Großstädten. Diese unterirdischen Gänge werden, bevor die Zeit gekommen ist, unter allen Hauptstädten gegraben sein. Und so besteht die Möglichkeit, von hier aus diese Hauptstädte mit all ihren Organisationen und Archiven in die Luft zu sprengen.« Hundert Jahre sollten bis zu den Nervengasanschlägen in der U-Bahn Tokios vergehen.

154
In *Mazzini, profeta di una nuova Europa* (Bari 1935) schreibt Gwylyn O. Griffith, Mazzini »fühlte sich nur dann wohl, wenn er konspirativ tätig war«: ein wahrer und zugleich völlig falscher Satz. Man wird nie genug über das Leiden in Erfahrung bringen, das die Berufung zur Geheimhaltung und zur Verschwörung begleitet. Kaum jemand liest noch Mazzini. Aber gewiß würde man gerne jene Art Krankheitsgeschichte lesen, die er 1836 seinen eigenen Angaben zufolge über seine Beschwerden geschrieben hatte – über Kopfschmerzen, nervöse Zuckungen, Schlaflosigkeit, Verfolgungswahn, einfach die »Faustsche Region nagender Würmer« – und die trotz sorgsamer Aufbewahrung in den römischen Wirren von 1849 verlorenging. Im Tagebuch von Natalja Alexandrowna, der Tochter Herzens, die nach dem Tod des Vaters in die Versuchung geriet, Netschajews Unternehmungen zu unterstützen, ist von ihrem politischen Mißtrauen zu lesen, und dann folgender Passus: »Außerdem besann ich mich meiner Krankheit, und der Umstand, einer geheimen Gesellschaft angehören zu müssen, erschütterte mich; ich erinnerte mich, wie mich während meiner Krankheit alle Arten von Verschwörungen gequält hatten, Visionen und Ähnliches.« »Außerdem«, »Ähnliches«: Wieviel Leid schimmert zwischen diesen beiden aus Scham und Zurückhaltung so flüchtigen Wörtern durch?

155
In Alessandro Manzonis *Verlobten* sorgen Knoten und Nägel für zwei Spitznamen: den des Winkeladvokaten Azzeccagarbugli und den des Wundarzts Chiodo chirurgo.

155
Beim Menschen lassen sich über hundert zirkadiane Rhythmen aufzeigen: das sind Funktionen und Strukturen, die einmal am Tag zwischen einem Maximalwert und einem Minimalwert schwanken.

156
Meine Freunde und ich hatten Jahre damit zugebracht, zu erklären: »Mit den Machthabern wird nicht verhandelt«, und nun (anläßlich der Entführung und Ermordung Aldo Moros) fanden wir uns in den Reihen der Partei der Verhandlungsbereitschaft wieder – der Partei der Nachgiebigkeit, der Feigheit und der Komplizenschaft. Dabei verlangten wir lediglich Schutz für ein wehrloses, bedrängtes

Leben, und daß das eine nicht für das Ganze geopfert werde (und für was für ein Ganzes!). Über *Verhandlungsbereitschaft und Härte* und das entsprechende Nachspiel im italienischen Geschehen schrieb ich *L'ombra di Moro* (Palermo 1991).

160
In *L'inconscient cérébral* (Paris 1992) rekonstruiert Marcel Gauchet den Zusammenhang, der um die Jahrhundertwende zwischen dem Begriff des Unbewußten und dem rassischen Erbe in Verbindung mit den Ahnen besteht, »die den Grundstein für die Rasse gelegt haben«. Der bereits in Erinnerung gerufene Gustave Le Bon, der vom Glück gesegnete Verfasser der *Psychologie der Massen* (Paris 1895), schreibt in *Psychologische Grundgesetze in der Völkerentwicklung* (Leipzig 1922): »Die Toten sind nicht nur unendlich viel zahlreicher als die Lebenden, sie sind auch unendlich viel mächtiger. Sie beherrschen das riesige Reich des Unbewußten, jenes unsichtbare Reich, das alle Erscheinungsformen der Intelligenz und des Charakters beherrscht. Weit mehr als von den Lebenden wird ein Volk von den Toten geführt.« Man lese, wie Hitler Rauschning gegenüber angeblich den »Triumph der Bewegung« beschrieb: »Auf einer ebenen Fläche, soweit das Auge reichte, sah man eine zahllose Menge sich drängen, so wie man beim Jüngsten Gericht die Unzahl der Auferstandenen sieht, die in den Himmel emporsteigen.«

Zur Krise am Ende des vergangenen Jahrhunderts und der Verwicklung von Positionen, die dann nach und nach auseinandergehalten und gegenübergestellt wurden – Positivismen und Idealismen, rassistische Ethnizismen und sozialistische Kollektivismen, Szientismen und Okkultismen – vor allem in Frankreich und Italien – siehe Luisa Mangoni, *Una crisi fine secolo* (Turin 1985). Ein großes Beispiel für diese Überkreuzungen hat man in Cesare Lombrosos Bemerkung zum Spiritualismus (1896): »Was das Medialwesen betrifft, hat die kürzliche Entdeckung Röntgens gezeigt, wie etwas, das absurd scheint, sich plötzlich als nachweisbar herausstellt.« (Und Angelo Brofferio jr., 1893: »Ich glaube daher, daß die Religion des kommenden Jahrhunderts der Spiritismus sein wird und seine Politik des Sozialismus.«) Vielleicht hat die besondere Mischung positivistischer und spiritistischer Anschauungen in Turin am Ende des 19. Jahrhunderts in der farbigen Kombination zwischen Magiern und Managern der Industrie im heutigen Turin fortgedauert. Aus Turin stammt auch Pierluigi Baima Bollone,

Verfasser von *La scienza nel mondo degli spiriti* (Turin 1995). Über Lebende und Tote und das Überlebende siehe Elias Canetti, *Masse und Macht* (Heidelberg 1960).

161
Barnard behauptete hartnäckig, es komme ihm nicht auf die Quantität an, auf die Lebenden und auf die Toten oder auf die Verlängerung des Lebens: bei seinen Transplantationen gehe es um die Qualität des Lebens. (Ich weiß nicht, ob dies mit den Sterberaten seiner gelungenen Operationen zu tun hatte.) Der Chirurg, der Prototyp des Handwerkers, wie schon der Name sagt, wird heute von der Telerobotik bedrängt, der Fernchirurgie, dem Eintauchen in die virtuelle Realität.

Trotz der Verbreitung des Gedankenguts über die »sanfte« Geburt und sogar die Wassergeburt hat sich in Italien die Häufigkeit von Kaiserschnitten zwischen 1980 und 1991 verdoppelt, womit Italien innerhalb Europas in dieser Hinsicht den ersten Platz einnimmt und den fünften auf der ganzen Welt.

164
Die Weberin mag mit beiden Händen geschickt sein, aber bei der Initiation der Maori »sitzt die Anfängerin [...] vor zwei geschnitzten, in den Boden gerammten Stöcken, die einen rudimentären Rahmen bilden. Im rechten Stock haben die heiligen Tugenden ihren Sitz, die die Kunst des Webens ausmachen [...]. Entsprechend ist der linke profan und entbehrt jeder Kraft. Während der Priester seine Zauberformeln aufsagt, beißt die Anfängerin in den rechten Stock, um dessen Wesen aufzunehmen und sich ihrer Berufung zu weihen. Selbstverständlich darf nur die rechte Hand mit dem geweihten Stock in Berührung geraten, dessen Profanation für die Eingeweihte verhängnisvoll wäre, und es darf auch immer nur dieselbe Hand den ebenfalls geweihten Faden von links nach rechts führen. Die unheilige Hand darf den Vorgang lediglich demütig und aus der Distanz unterstützen...« (Hertz, *Prééminence de la main droite*, a.a.O.).

165
Wichtig ist der Einsatz beider Hände beim Zählen. Giovanni Buffa hat dazu ein hochinteressantes Buch verfaßt (*Fra numeri e dita*, a.a.O.), in dem er den Ursprung des Zählens nach dem Zwölfer- (oder Dreizehner-) System darauf zurückführt, daß auf

den einzelnen Gliedern der vier Finger gezählt wurde, wobei der Daumen zählte.

166

Luciano Mecacci, *Das einzigartige Gehirn: Über den Zusammenhang von Hirnstruktur und Individualität* (Frankfurt a.M. 1986), schreibt in leicht verständlicher Form von den »zwei Gehirnen«, der Linkshändigkeit, dem »Gehirn der Japaner« und von Leonardo da Vinci. Ein Handbuch zur Linkshändigkeit, vor allem beim Schreiben, ist das Werk von Marie-Alice du Pasquier-Grall, *Les Gauchers du bon côté: à la maison, à l'école, dans la vie* (Paris 1987). Einen »Leitfaden zur Entwicklung der Kreativität und der künstlerischen Fähigkeiten« verfaßte Betty Edwards, *Garantiert Zeichnen lernen. Das Geheimnis der rechten Hirn-Hemisphäre und die Befreiung unserer schöpferischen Gestaltungskräfte* (Reinbek 1982). Eine amerikanische Studie (Sally E. Shaywitz, *Nature*, Februar 1995) meinte, die unterschiedliche Funktionsweise von männlichem und weiblichem Gehirn beim lauten Vorlesen experimentell nachweisen zu können. (Frauen benutzen Bereiche beider Gehirnhälften, Männer nur einen Bereich der linken Hälfte.) Obwohl sie daraus nicht automatisch auf eine Überlegenheit schloß, darf man nicht unterschätzen, wie damit auf Theorien berühmter Wissenschaftler wie Paul Julius Moebius, *Über den physiologischen Schwachsinn des Weibes* (Halle 1900), gekontert wird.

In den Arbeiten über die »zwei Gedächtnisse« ist das Binden der Schnürsenkel wie das Fahrradfahren ein Musterbeispiel für das assoziativ-ablaufbezogene Gedächtnis, das sich vom kognitiv-semantischen unterscheidet (Steven Rose, *Making of Memory: From Molecules to Mind*, New York 1993). Studien und Nachrichten über die verblüffenden Fähigkeiten der rechten Gehirnhälfte werden immer zahlreicher. Jetzt nehmen sich schon die Tageszeitungen des Themas an. (Ist es nicht beeindruckend, in einer Welt zu leben, in der Tageszeitungen Überschriften enthalten wie »Zwei amerikanische Wissenschaftler haben nach einer gestrigen Meldung im Gehirn den Sitz des Bewußtseins ausfindig gemacht. Der Nobelpreisträger Francis Crick behauptet nicht weniger, als den Sitz des freien Willens festgestellt zu haben«? Franco Prattico, »Anatomia dell'anima«, in: *La Repubblica*, 26. Mai 1994.)

Siehe bei Mecacci, a.a.O., den Fall des verwilderten, mißhandelten und verstummten Mädchens Genie, »das mit der rechten

Gehirnhälfte denkt« und eine außergewöhnliche Fähigkeit besitzt, Physiognomien zu erkennen. (Vgl. zur physiognomischen Intelligenz auch C. Ginzburg, *Spurensicherung*, a. a. O.; und auf seine Weise Otto Weininger, *Geschlecht und Charakter*, a. a. O., Erster Teil, Kap. V.) Forschungen aus jüngster Zeit behaupten eine Überlegenheit des weiblichen Gehirns bei der Interpretation der Gefühlsregungen eines Gesichts. Die Erforschung der physiognomischen Wahrnehmung bedient sich spiegelbildlich zerebraler Pathologien, die Schwierigkeiten beim Erkennen von Physiognomien verursachen (»Prosopagnosie«). Diesen Untersuchungen zufolge drückt die linke Gesichtshälfte Gefühlsregungen besser aus, wie kombinierte Darstellungen zeigen, bei denen jeweils zwei linke oder zwei rechte Hälften aneinandergelegt werden. Oliver Sacks, *Eine Anthropologin auf dem Mars* (Reinbek 1995), hat erst wieder das Thema der Verbindung zwischen geistiger Behinderung und Spätentwicklung und künstlerischem Genie aufgegriffen und schreibt auch von der Vielfalt der Intelligenzen.

Listen der gegensätzlichen Erfahrungsweisen der beiden Gehirnhälften gibt es in großer Zahl. Stammvater ist natürlich die Zweiteiligkeit von Yin und Yang nach dem *I Ging*:

Yin	Yang
weiblich	männlich
negativ	positiv
Mond	Sonne
Dunkel	Licht
Nachgiebigkeit	Aggressivität
linke Seite	rechte Seite
warm	kalt
Herbst	Frühling
Winter	Sommer
Unbewußtes	Bewußtsein
rechte Gehirnhälfte	linke Gehirnhälfte
Gefühl	Vernunft

168

Sigmund Freuds Aufsatz über Leonardo erschien zwar 1910, war aber bereits 1909 konzipiert worden, im Erscheinungsjahr der Studie von Robert Hertz über die Linkshändigkeit. Ich habe keinen Hinweis gefunden, der darauf schließen ließe, daß Freud dieses Werk kannte.

169
Sigmund Freud, *Briefe an Wilhelm Fliess (1887–1904)*, Frankfurt a.M. 1986.

169
Zum Zusammenhang zwischen der Abneigung gegen Juden und der Abneigung gegen Frauen siehe Stefano Levi Della Torre, *Mosaico. Attualità e inattualità degli ebrei* (Turin 1994). Um die drei Subjekte des »existentiellen Außenseitertums« geht es in der Studie von Hans Mayer, *Außenseiter* (Frankfurt a. M. 1975).

172
Weitere Schnitzer in Freuds Aufsatz über Leonardo sind der Name *Mut* der ägyptischen Göttin mit dem Geierkopf, bei der er sich fragt, ob die Lautähnlichkeit zum deutschen »Mutter« nur zufällig sei, sowie die Feststellung, daß das Kind das Euter einer Kuh sieht und daraus die Veranlagung zur homosexuellen Fellatio entwickeln kann – da das Euter laut Freud seiner Funktion nach einer Brustwarze entspricht, seiner »Gestalt und Lage am Unterleib nach« aber einem Penis (!). Die Fellatio müßte demnach aus einer Gesellschaft wie der unseren, aus der der Anblick von Kühen getilgt wurde, verschwinden.

In Leonardos Figuren aus der *Heiligen Anna Selbdritt* scheint die Erinnerung und der Wunsch nach einer Welt der Frauen und Kinder zu leben. (Der Traum vielleicht: »Warum sieht das Auge die Dinge im Traum klarer als in der Vorstellung, in wachem Zustand?«)

173
Ananda K. Coomaraswami, »The Iconography of Dürer's ›Knots‹ and Leonardo's ›Concatenation‹«, in: *The Art Quarterly* (Frühjahr 1944), untersucht die metaphysische Bedeutung der Knoten und ihre Übertragung auf die hohe Kunst sowie auf die Volkskunst. Vgl. auch J. Chevalier-A. Gheerbrant, a.a.O., unter dem Stichwort »Verflechtungen«. Darin wird Marcel Brion zitiert: »Die Verflechtung bildet eine Art symbolischer Form der gesamten Tätigkeiten Vincis auf der Suche nach der verlorenen Einheit, ein Abbild seines Denkens, geradezu ein Bildnis davon, ein Kompendium seiner Philosophie, eine Projektion der Windungen dieser bestechenden Intelligenz.« Das Stichwort verweist auf die heutige Verwendung von Verflechtungen zur symbolischen Darstellung chemischer

und elektrischer Verbindungen im menschlichen Gehirn oder etwa des Zentralsystems eines Telekommunikationsnetzes oder im allgemeinen der Komplexität.

Zu Freud, Leonardos Linkshändigkeit und dem Aufbau des Gehirns vgl. P. G. Aaron und G. Clouse, »Freud's psycho-history of Leonardo da Vinci: A matter of being right or left«, in: *Journal of Interdisciplinary History* (1982).

175
Vgl. Rüdiger Lautmann, »Der rosa Winkel in den nationalsozialistischen Konzentrationslagern«, in: *Seminar: Gesellschaft und Homosexualität* (Frankfurt a.M. 1977, S. 324–365). Massimo Consoli, *Homocaust* (Rom 1991). Siehe auch Wilhelm Reich, *Die sexuelle Revolution* (1936), zur Wiedereinführung der Strafbarkeit der Homosexualität in der Sowjetunion im Jahr 1936, zur zeitlichen Übereinstimmung mit dem Fall Röhm in Deutschland, zur Gleichsetzung Antisemitismus-Homosexualität laut Maxim Gorki et cetera. Zu diesem letzten Gemeinplatz siehe Joseph Roth, *Das Spinnennetz* (1923).

176
Zu den antisemitischen Kampagnen Henry Fords und seinem Glauben an die *Protokolle* vgl. Norman Cohn, *Warrant for genocide*, a.a.O., und sein drastisches Urteil über Ford: »Er verabscheute die Moderne!«

176
Der sogenannte Animalismus der Nationalsozialisten (die Ergänzung zur NS-Verherrlichung des Bäuerlichen), mit einem Göring als Vorreiter, wird manchmal in polemischer, aber meist unangebrachter Weise, da der heidnisch-jägerische Charakter dieses Animalismus außer acht gelassen wird, mit heutigen Bestrebungen für den Schutz und die Rechte der Tiere verglichen. Diese polemische Argumentation, die kaum stichhaltiger ist als der äußerst billige Hinweis auf den angeblich vegetarischen Hitler, wird in dem Essay von Arnold Arluke und Boria Sax »Understanding Nazi Animal Protection and the Holocaust«, in: *Anthrozoos* (1992, V, Nr. 1) ausgeführt. Zum »Reichsnährstand« des Nationalsozialismus und zu seinem Führer Walther Darré siehe Anna Bramwell, *Blood and Soil: Richard Walther Darré and Hitler's »Green Party«* (Bourne End 1985). Es ließe sich auch eine Ähnlichkeit zwischen

dem angeblichen Animalismus und dem angeblichen Arbeiterkult der Nationalsozialisten aufzeigen.

179
Die Diskussion um die biologischen Grundlagen homosexueller Neigungen wurde durch die Thesen des (sich als homosexuell bezeichnenden) Neurobiologen Simon LeVay erneut angefacht. In einem Essay von 1992 in *Science*, und dann ausführlicher in dem Band *The Sexual Brain* (Cambridge 1993), vertrat LeVay die Auffassung, Homo- und Heterosexuelle unterschieden sich in der medialen voroptischen Arche des Hypothalamus. Ebenso wie andere mehr oder weniger zweckbestimmte Debatten – wie zum Beispiel jene über den Intelligenzquotienten von Schwarzen und Weißen – werfen solche Erörterungen die Frage auf, ob Gleichheit an Bedingungen und Rechten von einer angeblichen biologischen Gleichheit abhängig zu machen oder zumindest dadurch zu stützen sei. Dazu ist zu sagen, daß es hochinteressant ist, die genetischen oder »natürlichen«, umweltbedingten oder »kulturellen« Unterschiede kennenzulernen, daß sie aber keinerlei moralische oder rechtliche Konsequenzen haben.

181
Von der feministischen Philosophie, die ich bestenfalls beiläufig verfolgt habe, beschränke ich mich darauf, Rosi Braidotti zu zitieren, *Patterns of Dissonance: Study of Woman and Contemporary Philosophy* (Cambridge 1991). Sie unterlegt die eigene Argumentation mit einer Analyse der »reformistischen« Theorien, der »nostalgischen« – zu denen unsere ideellen Weberinnen gehören – und der radikalen des Geschlechtsunterschieds. (Siehe vor allem den Bericht über die Kritik der dualen Polaritäten bei Forscherinnen wie M. Le Doeuff, Hélène Cixous, Luce Irigaray.) Durch das Festhalten an einem nomadischen Subjekt, das sprachlich flexibel und ganz leibhaftig ist, kann das Buch gewisse Überlegungen über »jüdische Identität« in Erinnerung rufen: was einer aufregenden Nemesis zur rassistischen Gleichsetzung von Frauen und Juden gleichkäme. Ohne jetzt in umgekehrte Gleichsetzungen verfallen zu wollen: Ähnlichkeiten ja, aber. Vgl. R. Braidotti, *Nomadic Subjects: Embodiment and Sexual Difference in Contemporary Feminist Theory* (New York 1994).

Ich schrieb bereits, daß der von Carlo Ginzburg in *Hexensabbat* gesuchte Ausweg aus der dramatischen Frage nach dem Verhältnis zwischen Geschichte und Anthropologie, Prozeß und Struktur und insbesondere der Erfindung *ex machina* der Archetypen über eine Neuformulierung des Begriffs vom Archetyp erfolgt: eine »radikale Umformulierung, da er fest im Körper, genauer gesagt, im Bild vom Körper verankert wird« (*Hexensabbat*, a.a.O., S. 244). Es ist klar, und Ginzburg unterstreicht das, wieviel bei diesem Versuch dem Feminismus zu verdanken ist.

Dem möchte ich noch eines hinzufügen: Bei aller Anerkennung für eine weniger einstimmige und pluralistischere Intelligenz und für die Möglichkeiten eines anderen, offenen Denkens »in einer Zeit, in der der herrschende Theorieansatz in der Kritik der Rationalität besteht« (Braidotti), kommt man kaum um die Feststellung herum, daß die am stärksten verbreitete und einflußreichste gesellschaftliche Auswirkung der Rationalitätskrise sich im herkömmlichen, nun eher altklugen und ordinären Aberglauben zeigt.

182

Es wird nicht genügend berücksichtigt, daß der zunehmende Verzicht auf Nachkommenschaft in den reichen Gesellschaften und die Bevölkerungsexplosion in den anderen Teilen der Welt das häufigste und am stärksten eingefleischte Argument gegen die Homosexualität ausgehöhlt hat: daß sie *widernatürlich* sei, da sie der Fortpflanzung des Menschen im Wege stehe. Ein Argument, das entsprechend auch gegen den Selbstmord verwendet wird. (Dies allerdings zum Anlaß zu nehmen, die Homosexualität als Methode der Geburtenkontrolle anzupreisen, geht dann doch etwas zu weit.)

Laut Platons *Gesetzen* (6. Buch, 22) regeln drei grundlegende Bedürfnisse die menschlichen Dinge: Essen, Trinken und noch eines: »... das dritte und stärkste Bedürfnis und das heftigste Verlangen bricht zuletzt bei uns hervor und setzt durch seinen Wahnsinn die Menschen ganz und gar in die höchste Glut, nämlich das Verlangen nach Fortpflanzung des Geschlechts, welches zum größten Übermut angefacht wird.« Im übrigen veröffentlichte die Zeitschrift *Nature* im Herbst 1994 einen Forschungsbericht über eine seltene Art von Polypen, die im Pazifik in 2500 Meter Tiefe mit einem Tauchboot beobachtet wurden. Die Männchen versuchen, sich mit jedem Exemplar der eigenen Rasse, unabhängig vom Geschlecht, zu paaren. Diese Neigung wurde mit dem Mangel an Weibchen erklärt. Andererseits wurde an die These erinnert, wonach nicht die Befruchtung, sondern die Erotik die natürlichen

Verhaltensweisen bestimmt. (Im übrigen ist es nicht leicht zu sagen, ob und inwieweit Vergleiche mit dem Sexualverhalten anderer Lebewesen dazu beitragen können, unser eigenes besser zu verstehen – so zum Beispiel ein pikanter Aufsatz von Lawrence G. Abele und S. Gilchrist über »Homosexual Rape and Sexual Selection in Acanthocephalan Worms«, in: *Science*, 197, 1977. Vgl. Wolfgang Wickler und Uta Seibt, *Männlich, weiblich: der große Unterschied und seine Folgen*, München 1983.) Die Debatte über den Polypen ist ein alter Hut. In der *Historia animalium* berichtet Aristoteles, von Fischern erfahren zu haben, daß die Kopffüßer mit dem Hektokotylus kopulieren, was in der Tat stimmt; an anderer Stelle aber entledigt er sich dieser Information, die ihm doch allzusehr wider die natürlichen Paarungsgesetze zu gehen scheint (vgl. Vegetti, a.a.O., S. 33).

182
Ich fürchte, daß die Bevölkerungszunahme und die damit einhergehende Platzangst wesentlich für das Festhalten an kollektiven »Identitäten« verantwortlich ist, für den Fetisch des »Weltbürgertums«, eine Variante des alten »Kosmopolitismus«, und für den mörderischen Aufschwung des Begriffs »ethnisch« in den letzten Jahren. Argumente in diesem Sinn führt Levi Della Torre in *Mosaico*, a.a.O., an. Sein Vorschlag einer »Anthropologie der Minderheit« – da das menschliche Wesen tatsächlich Minderheit im Kosmos ist, und zwar »auserwählte« Minderheit, da sie fähig ist, sich selbst zu beobachten, sich ihrer bewußt zu sein – steht vielleicht im Widerspruch zu dieser mehrheitlichen Unterdrückung des Menschengeschlechts auf der Erde.

183
In seinem Buch *Politik* (I, 5) beklagte Aristoteles sich darüber, daß die Natur nicht mehr eindeutig den Unterschied zwischen Freien und Sklaven markiere: »Angenommen, einige wären nur körperlich so sehr überlegen, wie es die Standbilder von Göttern sind, dann dürfte jeder sagen, daß die dahinter Zurückbleibenden verpflichtet wären, jenen wie Sklaven zu dienen.« Kaum ein paar Jahrtausende später muß man zugeben, daß ein solches Kriterium uns im Schnitt wohl ziemlich teuer zu stehen käme – uns mehr oder weniger weißen Menschen aus der alten Welt, meine ich: Man braucht nur zu sehen, wer weltweit in der Leichtathletik vorneweg ist.

190
Zur angeblichen Unkenntnis der Zeitgenossen vom Völkermord an den Juden vgl. Walter Laqueur, *Was niemand wissen wollte: die Unterdrückung der Nachrichten über Hitlers »Endlösung«* (Frankfurt a.M. 1982). Zu den *displaced persons*, den »Deplazierten«, die am Ende des Zweiten Weltkriegs »fehl am Platz« waren, und allgemein über das Judentum von Osteuropa bis zum Staat Israel siehe Wlodek Goldkorn, *Uscire dal ghetto* (Trient 1991). 1946 gab es in Europa doppelt so viele Juden wie heute, und sie zogen nicht nach Israel. Vgl. meinen Beitrag über »La destra, la sinistra e il Genocidio«, in: *Il Mulino* (Januar–Februar 1989). Der bosnische Islamismus, den man nicht als ein Kapitel der heutigen islamischen Frage betrachten sollte, bildet aus folgendem Grund eine Ausnahme: Es handelt sich um eine slawische Bevölkerung, ebenso wie bei den Nachbarn, die dieselbe Sprache sprechen und sich seit dem Rückzug des türkischen Reiches nur durch die eigene Geschichte als religiöse Minderheit von den anderen unterscheiden. Sarajevo ist die Hauptstadt eines europäischen Provinz-Kosmopolitismus, wenn man so sagen kann. Der verbissene Haß der serbischen und kroatischen Rassisten auf die Bosnier (anders als der, den sie gegeneinander hegen und der die wechselseitige Unterwerfung bezweckt) ist die Bestätigung für eine Gesetzmäßigkeit des eingefleischten Rassismus: Nicht an den Unterschieden entzündet sich der Rassenwahn, sondern an den Ähnlichkeiten. Dem Bosnier mit moslemischem Namen läßt sich nicht einmal eine krumme Nase andichten und auch nicht ein Heiliges Buch, in dem er sein Heil sucht – der Koran hat diese Funktion dort nicht. Diese Einzigartigkeit ist es, die beseitigt werden soll. Ihretwegen hat das bosnienfeindliche Wüten Ähnlichkeit mit dem Antisemitismus.

192
Die Trümmer in dem von Walter Benjamin beschriebenen Bild auf die Materialität der Abfälle zu reduzieren, ist nicht respektlos und schon gar nicht unangemessen. Das zeigen zwei der besten Bücher aus jüngster Zeit, das eine von Francesco Orlando, *Gli oggetti desueti nelle immagini della letteratura. Rovine, reliquie, rarità, robaccia, luoghi inabitati e tesori nascosti* (Turin 1993), und das andere von Guido Viale, *MegaMüllMaschine. Über die Zivilisation des Abfalls und den Abfall der Zivilisation* (Hamburg 1997). Der eine stöbert wie ein gieriger Clochard in den Meisterwerken

der Weltliteratur auf der Suche nach den Dingen, die die Welt außer Gebrauch setzt, die Literatur aber in Sicherheit bringt und wieder zu Ehren kommen läßt. Das andere stöbert pedantisch wie ein philippinischer Aasgeier im Müll, auf der Suche nach der wahren Beziehung zu den Dingen. In diesen so grundverschiedenen Büchern sind der Abstellraum und die Müllhalde kein Ort des Abseits mehr, sondern werden zum zentralen Depot unserer Geschichte. Es ist merkwürdig, daß Milan Kundera in *Verratene Vermächtnisse* (München 1994) in einer brillanten Wiederauflage von Benedetto Croces Unterscheidung zwischen Poesie und Un-Poesie, die er im übrigen nicht zitiert, von der in literarischen oder musikalischen Texten enthaltenen Dichotomie zwischen Spontanem und Handwerklichem, poetischen Themen und Füllung, Vordergrund und Hintergrund und so weiter spricht und sich wie Claude Debussy vom »Geräusch der arbeitsamen Spinnen« gestört fühlt (S. 152). Kundera macht sich auch begründetermaßen über die Manie lustig, alles aufzudecken, was sich »hinter« einem Autor versteckt. »Da jeder Autor zu Lebzeiten versucht, alles Wesentliche zu veröffentlichen, sind die *Mülltonnen-Schnüffler* leidenschaftlich für das Unwesentliche engagiert« (S. 181). Schriftsteller (auch andere im übrigen) durch das Schlüsselloch zu beobachten, ist eine schäbige Leidenschaft in unserem Zeitalter der Mikrospionage. Aber wenn man in der offenbaren »Struktur« ihrer Werke stöbert, kann man reiche Beute machen. (Der durch das Schlüsselloch neu betrachteten klassischen Antike ist Maurizio Bettinis *I classici nell'età dell'indiscrezione*, Turin 1994, gewidmet.)

192
Eine Anthologie mit dem Titel *Nostalgia* erschien 1992 in Mailand, herausgegeben von Antonio Prete. Der Begriff Nostalgie entstand erst 1688, als Johannes Hofer ihn in seiner medizinischen Dissertation prägte, um damit das klinische Bild der Schweizer Soldaten in fernen Ländern zu bezeichnen: Ein in jenen Garnisonen gesungenes Lied wurde verboten, weil es zu Heimweh verleitete.

194
In Amazonien wird das Ende des Regenwaldes das Ende der Welt genannt. Man schätzt, daß die letzten zwei Generationen von Menschen mehr natürliche Ressourcen zerstört haben als die achthundert Generationen vorher, daß in den letzten fünfzig Jahren mehr vernichtet wurde als in den fünfzigtausend davor. Anderer-

seits kann Ilja Prigogine behaupten, wenn man die dreihundert Urheber der wichtigsten wissenschaftlichen Entdeckungen der gesamten Menschheitsgeschichte in Betracht ziehe, habe er selbst mehr als die Hälfte davon persönlich kennengelernt. Da muß es einen Zusammenhang geben.

196
Thorstein Veblen unterscheidet zwischen männlichen *gesta*, die den Umgang mit lebendigen Dinge betreffen, und weiblicher *industria*, die sich auf die Handhabung lebloser Dinge bezieht. Schon Platon hatte geschrieben: »Müssen wir von der Weberei sprechen, von der Zubereitung von Brotfladen und gekochten Speisen, worin sich das weibliche Geschlecht auszeichnet? Es wäre überaus lächerlich, wenn es darin übertroffen würde!« (Ganz im Gegenteil Guido Gozzano: »Ich blieb lieber in der Küche.« Ein verkehrter Lenin, die Staatenlenker bei der Hausarbeit.) Knoten und Nagel bilden einen Gegensatz wie das Weben (und das Sammeln und die Hauswirtschaft im allgemeinen) und das Jagen. Das Sammeln bedeutet auch, daß die Frauen Tiere sind, die apportieren, oder Lasttiere (schwere Holzlasten tragen sie beispielsweise bei den Yanoama, die die überzähligen Mädchen töten, sich die Frauen schenken – und wer sie als Geschenk erhält, bringt zum Ausdruck, daß er dem Gebenden einen Gefallen erweist – und die auf grobe Art Geburtswehen simulieren). Die Frauen »sammeln« auch kleine Fische, Krebse und Weichtiere. Frazer berichtet, bei den Huzulen in den Karpaten dürfe die Frau eines Jägers nicht spinnen, während er ißt, sonst drehe und wende sich das Wild wie die Spindel und der Jäger sei nicht mehr imstande, es zu treffen. Bei den fleischfressenden Tieren gehen Männchen und Weibchen nahezu im gleichen Ausmaß auf die Jagd. (Löwen sind bekanntlich faul und überlassen die Nahrungssuche gern der Löwin.) Einigen Forschern zufolge ist der Unterschied bei den Menschen auf die unterschiedlichen »physiologischen Charaktere« oder auf die geringere Mobilität zurückzuführen, zu der die Frauen durch die lange Aufzucht der Kinder gezwungen sind. Gerade die Großwildjagd liege demnach der Arbeitsteilung zwischen Mann und Frau zugrunde, denn die Sammeltätigkeit biete keinen Grund für eine Spezialisierung. Würde dies der Wahrheit entsprechen, so wäre damit erklärt, warum Frauen weniger auf die Jagd gehen, aber nicht, warum sie davon ausgeschlossen werden; und es würde auch nicht erklären, warum

nur die Frauen sich um das Sammeln kümmern. Damit nicht genug, denn beim Übergang zur Landwirtschaft würde man erwarten, daß die auf das Sammeln spezialisierten Frauen die Oberhand gewinnen. Statt dessen findet man auch in der Landwirtschaft eine Arbeitsteilung zwischen dem »spezialisierten« Mann und der als Hilfskraft oder als Ersatztier dienenden Frau (die zum Beispiel den Pflug ziehen muß). Die Buschmänner jagen durchschnittlich zwei Tage in der Woche, wenige Stunden am Tag. Ihre Ernährung besteht zu einem Fünftel bis zu einem Drittel aus Fleisch. Es hat demnach den Anschein, daß ein männliches Vorurteil Forscher wie Claude Meillassoux, die an einer marxistischen Terminologie hängen, dazu gebracht hat, Ausdrücke zu prägen wie den von der »zynegetischen Produktionsweise«. Da sie nahelegt, das Ansehen der Jagd beruhe auf ihrer vorrangigen Bedeutung für Wirtschaft und Ernährung, ist der Ausdruck »ein Volk von Jägern« völlig unangebracht. Im Gegenteil, seit jeher verdankt die Jagd ihr Ansehen ihrem »sportlichen« Charakter: Nach ihr richtet sich der kriegerische Wert, der soziale Rang, eine besondere Art von Intelligenz, Erzählung und Rhythmus. Die Frau, die die Jagd konkret ermöglicht, ist davon ausgeschlossen, sofern sie nicht als ihr Objekt mitwirken darf: Kraft und Geschick werden am Erfolg bei der Eroberung der Frauen gemessen, »der Mann ist ein Jäger«, und die Erzählung von der eroberten Frau wird zur Erzählung schlechthin. (Die *Ilias* und Herodots *Historien* nehmen da ihren Ausgangspunkt.) Die Sympathien der Forscher für die »zynegetische Produktionsweise« erinnern an Urlaubstage am Meer, wenn die Frauen ihre Kinder auf dem Felsen im Zaum halten, während die Familienoberhäupter sich mit Harpunen, Angelruten und anderer Ausrüstung zu schaffen machen. Die Frauen werden einige Zeit vor ihnen den Strand verlassen, um noch Zeit zu haben, bei einem Supermarkt einzukehren, eine Schachtel tiefgefrorener Seezungen zu kaufen und das Abendessen zu kochen. Bei Tisch wird das Familienoberhaupt dann die Erlebnisse des Tages erzählen.

197
In einem Interview im Gefängnis erzählte der frühere Anführer der *Brigate rosse*, Renato Curcio, dem Interviewer Andrea Marcenaro, er benutze die rechte Hand, um in der alten Sprache zu schreiben, und überlasse es der linken, in der neuen Sprache zu schreiben. Eine somatische Dissoziation, ein Spiel mit verteilten Rollen.

198
Die politische Nomenklatur von rechts und links, die sich auszuhöhlen schien, meldete sich urplötzlich wieder kraftvoll und aufdringlich zurück. Man könnte das in Italien für eine Auswirkung des neuen, moderneren, vereinfachten Zweiblöcke-Wahlsystems und des Mehrheitswahlrechts halten. Doch das ist nur die Oberfläche. Darunter liegt der alte Kontrast, der von Ereignissen wie dem Zusammenbruch der systematischen Ideologien, den Schwankungen im Wahlverhalten oder dem zeitweiligen oder partiellen Bedeutungszuwachs parteiübergreifender Schlachtordnungen kaum angekratzt wurde. Der Impuls zu Zugehörigkeit und Ausschließung wird wieder stark: Das Bedürfnis, sie zu begründen, mag später kommen. Der verblüffende Erfolg von Norberto Bobbios Handbuch *Rechts und links. Gründe und Bedeutungen einer politischen Unterscheidung* (a.a.O.) hat mit diesem dringenden, fast schulischen Bedürfnis zu tun, ein Statut wiederherzustellen oder zumindest einen Leitfaden für Linke. Bobbios sprichwörtliche Klarheit erfüllt diesen Zweck. Sieht man vom Wert von Bobbios Definitionen einmal ab, so enthält seine kategorische Art, die Sache abzuhandeln, allerdings zwei Mängel. Der erste ist das Desinteresse oder der Verzicht, die Angelegenheit »historisch« anzugehen – in beiderlei Hinsicht, im Sinne der persönlichen Lebensgeschichte und als Geschichte einer menschlichen Gemeinschaft. Dieser Verzicht hat nicht nur Differenzen im stilistischen und sprachlichen Ausdruck zur Folge: die lebhafteste und vielleicht indiskreteste Erzählung auf der einen Seite, die nach außen gekehrte und systematische Abhandlung auf der anderen. Er impliziert auch die durchaus diskussionswürdige Überzeugung, die Linke – und entsprechend die Rechte – ließe sich über die aseptische und unpersönliche Unterscheidung proklamierter Werte, Programme und Mittel definieren anstatt über die Erfahrung einer mittlerweile äußerst umfangreichen historischen Vergangenheit und ebenso einer persönlichen Vergangenheit, die sich (beispielsweise im Falle Bobbios) auch sehen lassen kann. Ich bin überzeugt, daß der zweite Weg der ergiebigere ist. (Ich meine, daß dieselbe Überzeugung auch Vittorio Foa in dem Buch-Dialog mit seinem Sohn Renzo, *Del disordine e della libertà*, Rom 1995, ausdrückt, einen Titel, den ich erst sah, als ich dieses Buch bereits geschrieben hatte: »Von links oder rechts zu sprechen heißt für mich, zu sehen, wie die Leute, die sich als Linke oder Rechte betrachteten, sich im Lauf ihres Lebens selbst darstellten.«)

Der zweite Mangel besteht in der – gewiß legitimen, um so mehr, wenn wie bei Bobbio bewußten – Einschränkung der Frage auf die im engeren Sinn politische oder politologische Dimension und im Außerachtlassen der psychologischen und symbolischen Tiefenbedeutung. Daß die Politik auf ein klar abgegrenztes, laizistisches und unaufdringliches Maß zurückzufahren sei, ist ein löblicher Anspruch, sofern man nicht die vereinnahmenden Absichten vergißt, die sie bis gestern durchdrungen haben, und sofern man ihr bewußtes oder unbewußtes Wiederaufleben heute und morgen auch bemerkt. Um so mehr, wenn von rechts und links die Rede ist, das heißt von einer der urwüchsigsten und mächtigsten Erscheinungsformen der Bestrebung, sich ein Bild von der Welt nach entgegengesetzten Polen zu machen.

198
Mehrheitswahlrecht, Zweiparteiensystem und so weiter fachen vielleicht unabsichtlich dualistische Vorlieben und Entweder-Oder-Lösungen wieder an, mit manchen leichten Gelüsten nach Bürgerkrieg. Es ist nicht klar, ob das für den Gemeinsinn in Italien, der keine Reformation gekannt und den *esprit florentin* erfunden hat, Kompromiß und Toleranz, Schläue und Lust am Spiel, einen Schritt nach vorne oder nach hinten bedeutet. Vielleicht mag man dabei eine Verarmung feststellen, wie beim Wechsel von Schach zu Dame. Es gibt auch dreieckige, verflochtene Systeme; zum Beispiel das stumme Spiel mit den Händen: Schere, Stein, Papier. Die geschlossene Faust schlägt wie ein Stein die scherenartig gespreizten Finger, wird aber von der offenen Hand umwickelt, die aber ihrerseits wie ein Blatt Papier von der Schere zerschnitten wird: eine Sequenz ohne Anfang und Ende. Die Menschen der Antike ergötzten sich – abgesehen von der Eleganz der Formen – an den wechselseitigen Beziehungen zwischen Languste, Krake und Muräne. Der Krake umschlingt und saugt die Languste ein, die zwickt die Muräne, diese beißt den Kraken und so fort.

DER ROTE UND DER SCHWARZE FADEN

1. Dieses Buch besteht nicht aus willkürlich zusammengewürfelten Passagen. Der Faden, der die unzähligen Fragmente und Erzählstränge zusammenhält, ist die Reflexion über die Erfahrung einer Generation oder eines Teils von ihr, jener Generation, die gegen Ende der sechziger Jahre in verschiedenen Teilen der Welt versuchte, das Leben mittels der Politik zu ändern und umgekehrt. Das Buch ist auch ein Nachdenken über eine Niederlage. Wer es gelesen hat, stellt sich am Ende die Frage, ob scheinbar eindeutige Bezeichnungen wie »Erfolg« und »Niederlage« nicht auch eine andere als die gängige Bedeutung haben könnten.

2. Während ich dies schreibe, sitzt Adriano Sofri, der Verfasser, seit einem Jahr zusammen mit zwei Freunden und früheren Mitstreitern, Giorgio Pietrostefani und Ovidio Bompressi, in Pisa im Gefängnis. Die drei wurden rechtskräftig zu 22 Jahren Haft verurteilt, die ersten beiden wegen Anstiftung zum Mord und der dritte wegen der Ausführung des Mordes an Polizeikommissar Luigi Calabresi, der im Mai 1972 in Mailand erschossen wurde. Dieses Ereignis sorgte damals in Italien aus Gründen, die ich noch nennen werde, für ein enormes Aufsehen. Beschuldigt wurden die drei von Leonardo Marino,

einem sogenannten *pentito*, einem »reuigen« Kronzeugen, der plötzlich, nach sechzehn Jahren, erklärte, als Fahrer des Fluchtfahrzeugs an dem Mord beteiligt gewesen zu sein. Sofri, Bompressi und Pietrostefani haben stets ihre Unschuld beteuert. Es wurden keine Beweise erbracht, die die Anschuldigungen Marinos, ihres angeblichen Komplizen, belegen würden. Marino selbst lebt heute dank einer Reihe von Strafnachlässen, mildernden Umständen und Verjährungen in Freiheit und unbehelligt.

Die rechtskräftige, definitive Verurteilung Sofris, Bompressis und Pietrostefanis erfolgte nach einem neun Jahre währenden Prozeß mit sieben verschiedenen Urteilen – ein aus mehreren Gründen äußerst ungewöhnlicher Prozeßverlauf. Alle drei Verurteilten verfügten bis zum letzten Urteil über einen ordnungsgemäß ausgestellten Reisepaß und hätten ohne weiteres Italien verlassen können. Pietrostefani lebte sogar in Frankreich, einem Land, aus dem er keine Auslieferung zu befürchten hatte. Sofri und Bompressi traten ihre Haft an, und Pietrostefani folgte ihnen nach. Sie taten es, wie Sofri im Gespräch mit einem Journalisten von *La Repubblica* (am 3.10.1997) in Erinnerung rief, »aus Achtung vor den Gesetzen und aus Unmut gegen eine Verurteilung, die gegen die Grundsätze des Rechts, der Logik und des Anstands verstößt«.

Ich bin seit fast vierzig Jahren mit Sofri befreundet. Er selbst bezeichnet sich als einen »Reisenden, der ausgeraubt wurde, aber gezwungen ist, seine Reise fortzusetzen«, als einen, der nichts mehr zu verlieren hat außer seiner Selbstachtung. Aber dieses »außer« ist der springende Punkt. Schon seit Beginn ihrer Haft haben Sofri und seine Freunde es abgelehnt, den Staatspräsidenten um Begnadigung zu ersuchen: sie betrachteten ein solches Gesuch als unvereinbar mit ihrer Unschuld. Hundertfünfzigtausend Menschen unterschrieben in Italien und außerhalb einen

Appell an den Staatspräsidenten, er möge die drei Verurteilten begnadigen. Angesehene Persönlichkeiten (zuletzt Norberto Bobbio) haben ähnliche Appelle verfaßt. Wenige Tage bevor der Staatspräsident die Abordnung empfing, die ihm die gesammelten Unterschriften brachte, erklärte er in einem Schreiben an die Präsidenten der beiden Parlamentskammern – ein wirklich ungewöhnliches Vorgehen –, daß er in diesem Fall keine Begnadigung aussprechen werde. Nachdem sich die Angelegenheit jahrelang wie eine Krankheit dahingeschleppt hatte, erfuhr sie plötzlich eine abrupte Beschleunigung. Schon vor Monaten war beim Europäischen Gerichtshof in Straßburg Einspruch gegen das Urteil eingelegt worden. Vor kurzem hat nun der Verteidiger von Sofri, Bompressi und Pietrostefani einen Antrag auf Wiederaufnahme des Verfahrens gestellt, der sich auf neue, bedeutende Elemente stützt, die in der italienischen Presse für erhebliches Aufsehen sorgten. Bald wird das Mailänder Berufungsgericht über diesen Antrag entscheiden müssen. Viele erachten eine Wiederaufnahme des Verfahrens, hätte man es mit normalen Umständen zu tun, für unvermeidlich. Aber dieses Gerichtsverfahren war, wie ich gleich näher erläutern werde, alles andere als normal.

Was würde geschehen, wenn der Revisionsantrag abgelehnt würde? Sofri hat bereits mehrmals seine, Pietrostefanis und Bompressis Absicht bekundet, in den fristlosen Hungerstreik zu treten, um gegen das ungerechte Urteil zu protestieren, das sie ihrer Hebel beraubt. »Ich erwarte mir von unserem Protest keinerlei Ergebnis«, hat er in dem oben genannten Interview gesagt und hinzugefügt: »Wir müssen aber für unser Schicksal sorgen. Wir haben schon zu viel Zeit verloren.«

Immer wieder lese ich diese Sätze; Erinnerungen an persönliche Erlebnisse und öffentliche Begebenheiten

Adriano Sofri und Carlo Ginzburg.

drängen sich mir auf, ein dichtes Knäuel, das ich zu entwirren suche.

3. Ich lernte Adriano Sofri 1960 in Pisa kennen. Er war achtzehn – er ist 1942 in Triest geboren – und hatte soeben die Eignungsprüfung für die Scuola Normale Superiore

bestanden, an der ich seit drei Jahren studierte. Ich war bereits mit seinem älteren Bruder Gianni befreundet. Aus Gründen, die mir damals nicht recht klar wurden, erinnerte mich Adriano an Figuren aus *Cuore*, dem Ende des neunzehnten Jahrhunderts vom Sozialisten Edmondo de Amicis geschriebenen berühmten Jugendroman: eines der Bücher, das die Einigung Italiens mitgestaltet hat. Heute wird es kaum noch gelesen. Es handelt sich um das Tagebuch einer Turiner Volksschulklasse, in der Kinder aus allen Regionen Italiens zusammenkommen. Ich wußte damals nicht, daß Adrianos Mutter Volksschullehrerin war und aus Triest stammte und sein Vater, ein Marineoffizier, aus Apulien. Zwei sehr eng verbundene, aber auch sehr unterschiedliche Menschen. Von seiner Mutter muß Adriano wohl sein Gefühl für absolute Werte wie Großzügigkeit, Solidarität und Opferbereitschaft gelernt haben – die Welt von *Cuore*; vom Vater die Ironie, die Leichtigkeit und die Fähigkeit, direkt und ohne Umschweife mit den verschiedensten Menschen in Beziehung zu treten.

Erst kürzlich schrieb Adriano: »Ich bin von der antistalinistischen Haltung einer Frau wie meiner Mutter, die katholisch und sehr moralisch war, übergangslos zu einer linken antistalinistischen Haltung gewechselt.« Als Adriano anfing, politisch aktiv zu werden, hatte ich Pisa bereits verlassen. Sieben Jahre lang sahen wir uns nicht mehr, von 1963 bis 1970. Ab und zu erfuhr ich über gemeinsame Freunde Neuigkeiten über ihn. Eine davon betraf ein kleines Ereignis, an das auch kürzlich erinnert wurde. 1963 wurde der KPI-Chef Palmiro Togliatti im Rahmen einer Vorlesungsreihe über die Geschichte der politischen Parteien in Italien zu einem Vortrag in die Scuola Normale geladen. Die Einladung dürfte ihn bestimmt gefreut haben, auch weil sie seiner intellektuellen Eitelkeit schmeichelte. Togliatti sprach über die Resistenza und unterstrich dabei die moderate politische Linie, die die italienische kommunistische Partei damals verfolgt hatte. Zur Bestätigung zitierte er Äußerungen eines hohen amerikanischen Offiziers aus dem Jahr 1944. Dann begann die Diskussion. Sofri sprang auf und sagte in etwa folgendes: »Genosse Togliatti, ich verstehe das Lob des amerikanischen Offiziers: Aber ihr, hättet ihr nicht die Revolution machen sollen?« »Probieren Sie's doch«, gab Togliatti zurück. »Ich probier's, ich probier's«, erwiderte Sofri. Ein Photo zeigt Togliatti vom Alter gebeugt (er starb ein Jahr später auf der Krim), wie er dem gerade den Kinderschuhen entwachsenen Sofri die Hand schüttelt. Eine kleine Anekdote, aus der die Verwegenheit durchschimmert, die lange Zeit ein typischer Zug Sofris blieb. Wenig später sollte die linke Kritik an der Linie der kommunistischen Partei während der Resistenza zu einem der zentralen Themen der jugendlichen Protestbewegung in Italien werden. Diese Kritik zu teilen hieß, die Zwänge der durch den Kalten Krieg entstandenen Blockbildung abzulehnen; es hieß darüber hinaus die Ablehnung der einschränkenden Einflußnahmen, der Kompatibilitätsprobleme und der Versuche, politische und soziale Kämpfe von außen in bestimmte Bahnen zu lenken.

4. Manche der Parolen, die in den Jahren um 1968 in Europa die Runde machten, brachten diesen Drang zur bedingungslosen Selbstbehauptung in fast transzendentaler Weise zum Ausdruck: »Soyez réalistes, demandez l'impossible«, »Wir wollen alles«. Im Osten endete die Ablehnung der durch die Blockzugehörigkeit auferlegten Zwänge auf tragische Weise mit der Besetzung der Tschechoslowakei durch die »Bruderstaaten« des Warschauer Paktes im Sommer 1968. Im Westen gab es keine Breschnew-Doktrin. Aber wenn es einmal dazu kommt, daß eine Geschichte des Kalten Krieges in Europa ohne Beschönigungen geschrieben wird, wird sich herausstellen, daß es auch im Westen nicht an Konditionierungen von außen fehlte, auch wenn sie in den einzelnen Ländern

unterschiedliche Formen annahmen. In der Nachkriegszeit hatte Togliatti vor den ungeduldigen Genossen die Behutsamkeit seiner Parteilinie mit dem Hinweis auf den für die Linke katastrophalen Ausgang des griechischen Bürgerkriegs gerechtfertigt. Die späteren Ereignisse, insbesondere die Errichtung der Obristen-Diktatur in Griechenland (1967), gaben ihm nachträglich recht. In Italien gab es keinen Staatsstreich, weil die kommunistische Partei zu stark war. Es gab aber entsprechende Versuche und einiges mehr. Die Bombenanschläge in Mailand und in Rom am 12. Dezember 1969 prägten direkt und indirekt ganz entscheidend die italienische Politik des folgenden Jahrzehnts, die sogenannten »bleiernen Jahre«. Zu ihren Folgen gehört auch die Ereigniskette, die zur Verurteilung der drei heute in Pisa einsitzenden Unschuldigen führte.

In der als »heißer Herbst« (1969) bekannten Zeit großer Arbeiterkämpfe hatte die neu gegründete Lotta Continua vor allem in Turin eine wichtige Rolle gespielt. Adriano Sofri war der anerkannte Anführer dieser Organisation, Giorgio Pietrostefani eines der Führungsmitglieder, Ovidio Bompressi und Leonardo Marino (ein später entlassener Fiat-Arbeiter) gehörten zu den Aktivisten. Die Bomben von Mailand explodierten mitten im Kampf um die Tarifverträge und beschleunigten deren Abschluß. Ich erinnere ganz kurz an die sich überschlagenden Geschehnisse jener Tage. Am 12. Dezember riß eine Bombe in einer Niederlassung der Banca dell'Agricoltura in Mailand 16 Menschen in den Tod (ein weiterer starb bald darauf). Zeitgleich ging in Rom am Altare della Patria eine Bombe hoch, der glücklicherweise niemand zum Opfer fiel. Die Auswahl der Ziele – eine Bank, das Nationaldenkmal – schien eindeutig genug. Die Schuldigen waren, so ließen die Ermittler durchblicken – und die Presse schloß sich eilfertig an –, unter den Anarchisten zu suchen. Unmittelbar danach kam es zur Verhaftung Pietro Valpredas, eines Anarchisten und früheren Tänzers, den die Mailänder Tageszeitung *Corriere della Sera* zur öffentlichen Brandmarkung als die »Bestie in Menschengestalt« präsentierte, die die Bombe in der Filiale der Banca dell'Agricoltura gelegt habe. Der anarchistische Eisenbahner Giuseppe Pinelli wurde ins Polizeipräsidium gebracht und dort festgehalten, um verhört zu werden. In der Nacht des 15. Dezember, nach Ablauf der gesetzlichen Festhaltefristen, flog der Körper Pinellis aus dem Fenster des Verhörzimmers im Polizeipräsidium. Den eintreffenden Journalisten sagte Mailands Polizeipräsident Marcello Guida, Pinelli habe sich nach dem Eingeständnis seiner Schuld mit dem Ruf »Das ist das Ende der Anarchie« aus dem Fenster gestürzt. Diese Darstellung fand allerdings keine Bestätigung. In Kreisen der parlamentarischen und außerparlamentarischen Linken kam das Gerücht auf, Pinelli sei während des Verhörs infolge eines Karate-Schlages gestorben.

Pinellis Verhör hatte unter der verantwortlichen Leitung des Polizeikommissars Luigi Calabresi stattgefunden. Die Zeitung *Lotta Continua* begann eine knallharte Pressekampagne gegen Calabresi, dem sie in Artikeln und Zeichnungen Pinellis Tod anlastete. Die Ermittlungen um Pinellis Tod, die im Mai 1970 ad acta gelegt worden waren, wurden wieder aufgenommen, als Calabresi die Zeitung *Lotta Continua* wegen Verleumdung verklagte. Das im Oktober 1970 eröffnete Hauptverfahren wurde im April 1971 unterbrochen. Am 17. Mai 1972 wurde Calabresi in Mailand auf offener Straße von einem Unbekannten erschossen. Der Fluchtwagen wurde später unweit vom Tatort gefunden.

5. Die Unschuld Valpredas, für die sich über Jahre hinweg ein breites Bündnis stark gemacht hatte (allen voran Lotta Continua), wurde schließlich voll und ganz anerkannt. Heute weiß man, daß die Bomben vom Dezember 1969 nicht von Anarchisten gelegt wurden, sondern von Rechtsextremisten, die von Geheimdiensten protegiert und vermutlich angestiftet wurden, und zwar im Rahmen der später so genannten »Strategie der Spannung« – kurz, der Provokation. Einzelne staatliche Organe, etwa das berüchtigte »Amt für vertrauliche Angelegenheiten«, bemühten sich, die Ermittlungen fehlzuleiten, und vernichteten sogar mehrere Beweisstücke, die zur Identifikation der für das Mailänder Attentat Verantwortlichen hätten führen können. Derzeit ermittelt ein Richter wegen der politischen Protektion im Zusammenhang mit den Attentaten. Was er nach nahezu dreißig Jahren noch feststellen kann, sei dahingestellt. Doch das, was sich damals im wesentlichen abgespielt hat, ist klar: Es handelte sich um eine Inszenierung, mit der die öffentliche Meinung in die Irre geführt werden sollte. Durch die Schaffung von Sündenböcken bei der Linken, unter den Anarchisten, wollte man das politische Gleichgewicht Italiens nach rechts verschieben. Ist es denkbar, daß die italienischen Geheimdienste damals allein gehandelt haben? Auf jeden Fall ließ sich eine Inszenierung von dieser Reichweite nur unter Einbeziehung Dutzender von Leuten – auch auf höchster Ebene – durchführen. Die Bomben, die in den siebziger Jahren in Italien weitere Opfer forderten, waren wahrscheinlich Akte der Erpressung oder Warnungen im Zusammenhang mit Handlungen, die nicht gestanden werden durften. Die Mißachtung der Legalität durch einen Teil der Staatsorgane trug dazu bei, die blutige und blindwütige Reaktion des linken Terrorismus vor allem in seiner Anfangsphase

heraufzubeschwören – bevor er zu einer ebenso blutigen, aber viel undurchsichtigeren Angelegenheit wurde. In den siebziger Jahren war Italien, das manche bereits als »Flugzeugträger auf Vorposten im Mittelmeer« bezeichneten, ein Grenzposten in einem weit größeren Konflikt.

Der Mord an Calabresi ist vor diesem Hintergrund zu betrachten. Er ist ein Ereignis aus einer vergangenen historischen Phase, über die Klarheit geschaffen werden sollte. Diesen Standpunkt vertritt nun bedeutsamerweise auch ein Artikel in der Septembernummer 1997 der Zeitschrift *Forze civili*, dem Verbandsorgan der italienischen Polizeibeamten. Deren Vorsitzender G. Aliquò schreibt, das Leid der Familien Calabresi und Pinelli »sowie das der Angehörigen aller anderen Opfer jener langen, düsteren Epoche in der Geschichte des republikanischen Italien müßte für uns ein Ansporn sein, nach der historischen und nicht nur nach der gerichtlichen Wahrheit über die Jahre der ›Strategie der Spannung‹ zu verlangen«. Am Ende seines Artikels befürwortet Aliquò eine Wiederaufnahme des Verfahrens, das nach zahlreichen Aufschüben und Schiedssprüchen mit der Verurteilung Sofris, Bompressis und Pietrostefanis als Verantwortlichen für den Mord an Calabresi geendet hatte.

Auch die Verteidiger der Angeklagten verlangen, wie schon gesagt, eine Wiederaufnahme des Verfahrens. Kann es denn sein, mag man fragen, daß ein Verfahren, das bereits sieben Instanzen durchlaufen hat, einer weiteren Klärung bedarf? Die Antwort auf diese Frage findet sich in der Ereigniskette, die zur Beschuldigung und schließlich zur Verurteilung Sofris, Bompressis und Pietrostefanis geführt hat. Ich fasse sie kurz zusammen.

6. Die Zeitung *Lotta Continua* hatte die Ermordung Calabresis als Tat bezeichnet, »in der die Ausgebeuteten

ihr Verlangen nach Gerechtigkeit wiederfinden«. Die Ermittler suchten in der Linken, vor allem unter Lotta-Continua-Anhängern, und in der Rechten nach den Verantwortlichen, aber ohne Erfolg. Plötzlich, am 28. Juli 1988, gestand das frühere Lotta-Continua-Mitglied Leonardo Marino (die Organisation hatte sich 1976 aufgelöst), an dem Anschlag zusammen mit Ovidio Bompressi teilgenommen zu haben, und zwar nach Anstiftung durch Adriano Sofri und Giorgio Pietrostefani. Das Verfahren in erster Instanz vor dem Schwurgericht Mailand endete am 2. Mai 1990 mit der Verurteilung Sofris, Bompressis und Pietrostefanis zu je 22 und Leonardo Marinos zu 11 Jahren Haft. Die Akten jenes Prozesses habe ich in einem kleinen Buch untersucht, das auch in deutscher Übersetzung erschienen ist (*Der Richter und der Historiker. Überlegungen zum Fall Sofri*, Wagenbach, Berlin 1991). Ich glaube, darin nachgewiesen zu haben, daß a) Marino sich häufig vertut, sich widerspricht oder sich nicht erinnert; daß b) seine Beschreibung des Tathergangs oft der entsprechenden Beschreibung der Augenzeugen widerspricht; daß c) die Umstände seines angeblichen Bereuens äußerst zweifelhaft sind; daß d) gegen die Angeklagten nichts außer den oft widersprüchlichen Beschuldigungen Marinos vorliegt. Zu Punkt a): Marino täuschte sich in der Farbe des Tatfahrzeugs; er irrte sich im Fluchtweg, den das Fahrzeug nach der Tat einschlug; er gab an, den Mordauftrag von Pietrostefani in Pisa erhalten zu haben, er rückte davon ab, als man ihn darauf aufmerksam machte, daß dies äußerst unwahrscheinlich war. Zu Punkt b): Mehrere Tatzeugen hatten erklärt, daß der Wagen der Attentäter nicht von einem Mann, sondern von einer Frau gefahren wurde. Zu Punkt c): Während des Prozesses stellte sich durch Zufall heraus, daß die Treffen zwischen Marino und den Carabinieri etwa zwei Wochen vor dem Datum begonnen hatten, das den Ermittlern offiziell genannt worden war, und sich mehrere Nächte lang hingezogen hatten, ohne in den Akten eine Spur zu hinterlassen. Zu Punkt d): Marino gab an, Sofri habe ihn am Ende einer Kundgebung in Pisa am 13. März 1972 zur Ermordung Calabresis überredet, und zwar in einem Gespräch auf dem Bürgersteig, das nur wenige Minuten gedauert habe.

Diese *durch keinerlei Beweis oder Beleg untermauerte* Aussage Marinos kostet Sofri 22 Jahre Gefängnis. Die Anschuldigungen gegen Bompressi und Pietrostefani sind vom selben Kaliber. Dazu kommt noch die Vernichtung der Tatwerkzeuge, die oft mit haarsträubenden Rechtfertigungen einherging: Das von den Tätern am 17. Mai 1972 benutzte Fahrzeug wurde am 31. Dezember 1988 (erst nach Marinos Aussagen) verschrottet, weil in den fünf Jahren zuvor die Verkehrssteuer nicht entrichtet worden war. Handelte es sich um Hirnlosigkeit oder um den Versuch, kompromittierende Spuren zu verwischen, die Marinos Aussagen widerlegen und zur Identifikation der wahren Schuldigen hätten führen können? Diese Frage kann ich nicht beantworten. Ich weiß nur, daß dieser Prozeß und das Urteil, mit dem er endete, nicht nur der »Heimat des Rechts« (wie sich die anmaßende nationalistische Rhetorik ausdrückt) unwürdig sind, sondern eines jeden zivilisierten Landes. Während der Prozeßverhandlungen wurde die elementarste Logik mit Füßen getreten. Ein Beispiel: Als Sofri bestritt, Marino am 13.3.1972 zur Ermordung Calabresis überredet zu haben, fügte er hinzu, daß die von Marino beschriebenen Umstände jenes Gespräch als äußerst unwahrscheinlich erscheinen ließen, da es an jenem Tag in Pisa »sintflutartig« geregnet hatte. Eine Reihe von Untersuchungen in den Archiven der meteorologischen Institute ergab, daß es am 13. März 1972 in Pisa zwar wohl geregnet hatte (es gibt Fotos, auf denen die Teilnehmer an Sofris Kundgebung unter einem Wald von Regenschirmen zu sehen sind), es sich aber nicht um eine regelrechte »Sintflut« gehandelt hatte. Nach sechzehn Jahren waren Sofris Erinnerungen nicht mehr ganz exakt. Sachverständige, Richter, Zeugen und Angeklagte diskutierten öffentlich über in Millimetern gemessene Niederschlagsmengen, über Synonyme für »Sintflut« (»Wolkenbruch«, »Gewitter« usw.). Nun war der Umstand an sich von keinerlei Wert: Es war nicht Sofris Aufgabe, den Beweis dafür zu liefern, daß es an jenem Tag eine Sintflut gegeben hatte, es war vielmehr Marinos Aufgabe, zu beweisen, daß er an jenem Tag von Sofri den Auftrag zur Ermordung Calabresis erhalten hatte. Statt dessen kamen die Richter des Berufungsgerichts Mailand zu dem Schluß, daß Sofri »gelogen« hatte, daß folglich das Gespräch stattgefunden, daß demnach Marino von Sofri den Auftrag zum Mord erhalten hatte – alles nach dem Prinzip: »Wenn man eine Tat leugnet und dieses Leugnen mit Behauptungen stützt, die sich dann als falsch erweisen, ist auch das Leugnen unwahr und die geleugnete Tat ist wahr.« »Es regnete zwar, aber nicht so stark, also hat Marino über sein Gespräch mit Sofri die Wahrheit gesagt«, hatte ich banaler geschrieben, um die abstruse Logik der Mailänder Richter auf den Punkt zu bringen. Ein absurdes Prinzip, hielten dem die Vereinigten Strafkammern des Kassationsgerichts entgegen, die am 23. Oktober 1992 das Urteil des Berufungsgerichts wegen grober Verstöße beim Verfahren und in der Logik aufhoben. Ein neues Berufungsverfahren in Mailand (am 21. Dezember 1993) sprach alle Hauptangeklagten frei. Doch am Ende, nach drei weiteren Verfahren, nach »selbstauslöschenden Urteilssprüchen«, nach Nötigung der Geschworenen bei der Urteilsberatung und weiteren Nettigkeiten kam alles wieder ins Lot. Marino trat von der Bühne ab, die Verurteilungen Sofris, Bompressis und Pietrostefanis zu 22 Jahren Haft wurden bestätigt.

7. Was hat das alles mit dem Buch *Der Knoten und der Nagel* zu tun, wird man einwenden. Es hat damit zu tun. Adriano Sofri fing bereits Ende der siebziger Jahre damit an, Material für dieses Buch zu sammeln und es im Freundeskreis zu besprechen. Der Plan dazu war (obwohl ich das nicht gleich begriff) aus der kurz zuvor erfolgten Auflösung von Lotta Continua entstanden, unter dem zeitgleichen, aber gegenläufigen Druck der Frauenbewegung und des beginnenden Linksterrorismus. Es verging einige Zeit; auf Fragen nach dem Buch *Der Knoten und der Nagel* (der Titel war zusammen mit dem Projekt entstanden) begann Sofri, ausweichend zu antworten. Vielleicht hatte er auf seine Absicht, es zu Ende zu bringen, verzichtet. Dann begann das fast zehn Jahre währende, oben beschriebene Gerichtsverfahren. Sofri gab sich mit Leidenschaft und Sorgfalt damit ab, mit Wut und mit Geduld; er verfolgte alles, überprüfte alles. Wir trafen uns oft, sprachen über den Prozeß und über Dinge, die mit dem Prozeß überhaupt nichts zu tun hatten. Ab und zu fragte ich mich: Wie hält er das aus, wie kann er sich das alles merken, wie kann er diese ganzen Diskussionen über die Millimeter an Regen verfolgen, ohne daß ihn das erdrückt? Eine der Antworten gibt dieses Buch. Bedrängt von einer schmerzhaften, peinigenden Situation, die aber oft auch unerträglich schäbig ist, hat Sofri sich davon befreit, indem er den Blick in die Ferne schweifen ließ und das Geschehen aus der Distanz betrachtete. Vielleicht ist das der Grund, weshalb die italienische Presse, hypnotisiert vom Klischee

vom »früheren Anführer von Lotta Continua« dieses Buch im allgemeinen ignorierte.

Ich kannte Adriano Sofri vor, während und nach seiner Zeit als politischer Führer. Er hatte Charisma (dieses abgenutzte Wort verwende ich nur widerstrebend), und er wußte es. Führer zu sein lag ihm sehr. Der aktiven Politik den Rücken zu kehren fiel ihm überaus schwer. Er fing dann an zu reisen: nach Polen, Tschetschenien, Bosnien. An all diesen Orten knüpfte er enge Beziehungen, half Menschen, rettete Leben; seine Großzügigkeit, sein gutes Herz und sein Mut haben tiefe Spuren hinterlassen. Sein Leben scheint mir heute in zwei Teile geteilt. Der zweite Teil war ein langes Nachdenken über den ersten Teil. Die Niederlage, die den einen Teil vom anderen wie eine Narbe trennt, ist nicht die Ungerechtigkeit, die ihn hinter Gitter gebracht hat: Es ist das Ende eines (von vielen geteilten) Traums von der Politik als Gipfel und als Bewahrheitung des Lebens. Ist aber eine Niederlage, die zur Ergründung der eigenen Person und des eigenen Verhältnisses zur Welt führt, noch eine Niederlage? Ich stelle mir Adriano im Gefängnis als freien Menschen vor, als einen der freiesten, die ich kenne. Ich wünsche mir, daß er und seine Freunde so schnell wie möglich herauskommen.

CARLO GINZBURG
Bologna, Februar 1998

PERSONENREGISTER

ADRIANO SOFRI ist 1942 in Triest geboren, teils dort, teils in Apulien und teils in Rom aufgewachsen und hat in Pisa Philologie studiert.

Von 1967 an engagierte er sich in der Studentenbewegung. 1969 nahm er an den sozialen Kämpfen des »heißen Herbstes« teil und gründete im selben Jahr die außerparlamentarische Organisation Lotta continua [ständiger Kampf], deren anerkannter Führer er bis zu ihrer Selbstauflösung im Jahr 1976 war. Danach lebte er als freier Journalist in Florenz, wo er an der Accademia di Belle Arti Theorie der Massenkommunikation lehrte.

In den folgenden Jahren bereiste er mehrmals Krisenländer (Polen, die Sowjetunion, Patagonien) und Kriegsgebiete (Bosnien und Tschetschenien). Daraus entstanden zahlreiche Zeitungs- und Fernsehberichte. Aber er mischte sich auch jeweils ein, brachte Hilfe und knüpfte Beziehungen. Von 1994 an hielt er sich mehrmals längere Zeit im belagerten Sarajewo auf, brachte Hilfsgüter dorthin und setzte sich für eine militärische Intervention der europäischen Länder zugunsten der bosnischen Bevölkerung ein. 1996 gelang es ihm über tschetschenische Freunde, die Freilassung von drei Italienern einer Hilfsorganisation zu erreichen, die von örtlichen Banditen entführt und als Geiseln genommen worden waren.

Neben seinen Reportagen entwickelte er eine umfangreiche publizistische Tätigkeit als Journalist und Essayist zu kulturellen und politischen Themen. 1985 und 1986 gab er die wöchentliche Kulturbeilage »Fine secolo« der Tageszeitung *Reporter* heraus; danach schrieb er für das Wochenmagazin *Panorama*.

Für den Verlag Sellerio in Palermo leitet er die Reihe »Fine secolo«. Darin erschienen auch seine Bücher *Memoria* (1990) und *Le prigioni degli altri* (1993) zu seinen Prozeß- und Hafterfahrungen sowie *L'Ombra di Moro* (1991) über die Entführung und Ermordung des christdemokratischen Politikers 1977 durch die Roten Brigaden; ebenso dieses Buch, sein liebstes, wie auch aus diesem selbstironischen Zitat hervorgeht: »Das einzige, dem ich meinen Nachruhm anvertrauen möchte. Falls ich ein Grab bekomme (meine Asche ins Meer zu streuen wäre besser), möchte ich es mit der Aufschrift: ›Hier ruht der berühmte Verfasser des Buches *Der Knoten und der Nagel*. Danke für alles.‹ Nur der Gedanke, daß man darauf schreiben könnte: ›Der frühere Führer von Lotta Continua‹ hält mich am Leben.«

1988 war er beschuldigt worden, 1972 die Ermordung des Mailänder Polizeikommissars Calabresi organisiert zu haben. Nach neun kontrovers geführten Prozessen wurde er im Januar 1997 rechtskräftig zu 22 Jahren Haft verurteilt und befindet sich seitdem in Pisa im Gefängnis. 1997 erschien *Lo specchio di Sarajevo*, eine Sammlung seiner Artikel über den Krieg in Bosnien.

Aus dem Gefängnis heraus schreibt er nun für seine tägliche Kolumne »Piccola posta« in der Tageszeitung *Il Foglio* und für eine weitere, »Dopo tutto«, die im Wochenmagazin *Panorama* erscheint.

INHALTSVERZEICHNIS

für die häufige Unduldsamkeit gegenüber der »menschlichen Natur«. Als der Hunger in der Welt noch keine Phrase war. »Die Natur steht rechts.« Jeden Morgen baden wir im gleichen Wasser. »In jungen Jahren Brandstifter, im Alter Feuerwehr?« *Ob man zusehen soll, wie Brandherde sich ausbreiten, in nordamerikanischen Wäldern wie in bosnischen Städten. Der letzte Wunsch des gefangenen Bucharin. Der alte Marx läßt sich photographieren, dann nimmt er Bart und Schnurrbart ab. Die Massen – dies »anmutige moderne Wort« – machen die Geschichte?*

Mein persönliches Begriffspaar: Knoten und Nagel. Als Kind lief ich ständig mit offenen Schnürsenkeln herum. Unglaubliche letztendliche Geschicklichkeit des Bankiers Calvi. Beau Brummell und die tadellos sitzenden Sachen. Taylorismus und Mokassins, um keine Zeit zu verlieren. Taylor ist der Vater Charlie Chaplins. Ein 400-Meter-Hürdenlauf. Tod Charlie Chaplins und Stachanows, als hätten sie sich abgesprochen. Der Reißverschluß und die beiden Hände beim Mauern. Orwell und der Mangel an Schnürsenkeln. Das Kunststück des höllischen Hofrat Behrens. Schleifen und Haken beim Liebesgetändel. Ein Reim, Petrarca und eine kleine sprachliche Entdeckung, auf die ich stolz bin. Alexander der Große war dreiundzwanzig und hatte keine Zeit zu verlieren. Die Perfektion der Dinge ohne Anfang und Ende. Die Frauen ans Flechten, die Männer zum Fechten. Mathematik der Knoten. Das Band der Zeit. Das Indien Gandhis und der Spinnenmenschen. Die Hämmer von Birmingham. Der kleine Fehler im Teppich. Die Schlinge Iokastes und die Fibel des Ödipus. Wie Männer oder Frauen sich das Leben nehmen. Der ungleiche Kampf zwischen Arachne und Athene. Leben, das an einem Faden hängt. Der Rekord einer

anonymen Armenierin. Der Strumpf strickt Agathe. Wer anderen Handschellen anlegt, und wer Reißaus nimmt: Houdini und Conan Doyle. Ophelia und die Frauen, die das stille Wasser bevorzugen. Umstände des Selbstmords von Victor Tausk sowie des Begräbnisses von Majakowski. Heavy metal. *Die Ultimaten der Freier, und Penelopes Knüpfen und Auftrennen. Pasiphaë, das moderne Decken von Rindern und elektronische Melkmaschinen. Die berühmte Tat der mannhaften Jael. Artemisia Gentileschi, Judith und Delila (und Lorena Bobbit). Sie strickten, die verrückten Mütter* (las locas) *der Plaza de Mayo.* Zum Leuchtturm *und der Rhythmus weiblichen Schreibens. Die Feuerländer im* Jardin des Plantes *und Anthropologen, die ihnen hinterrücks die Unterhosen herunterzogen.* Domi mansit, lanam fecit. *Die Hände der Nonnen stechen mit Nadelstichen den Müßiggang aus, um ihn zu töten. Drei Hammerschläge auf dem Jahrmarkt. Angelica und Roland: »Binde mich los, rasch, eh es kann erwachen …« Frauen wie Spinnen? Simson-Tolstoi und »die Philisterin« – Tolstois Frau. »Die Spinnen tun mir leid.« Gandhi beim Spinnen, Tolstoi beim Schustern. Die menschliche Natur im Rätsel der Sphinx und ein Rätsel aus Moçambique.*

Unterschiedliche Intelligenzen. Ein Schiff aus dem Zangengriff der Symplegadischen Felsen befreien und es mit vollen Segeln in eine Flasche laufen lassen. Odysseus kehrt zurück, der Webstuhl ruht, und die Jagd beginnt. Der Mann im Mond von Sumatra. Nägel und Pfeile. Der heilige Sebastian, Schutzpatron der Pestkranken, der Schmiede, der Schwulen und der Drogenabhängigen. Franklin, vom Nagel zum Blitzableiter. Krumme Nägel. Das Lager der Fakire. Philologen, Biologen und intuitive Intelligenz. Haken und

Knoten beim Bergsteigen. »Klettern in der Linie des fallenden Tropfens.« Messner und der Mord am Unmöglichen. Die neuen Barfußkletterer. Deserteure des Kampfes gegen die Berge und das Entnageln der Felswände. Meine Moral in einem Imperativ: WENN DU DEN YETI SIEHST, SO BEHALT ES FÜR DICH. *Der Gipfel, das Oberste Programm und der politische Revisionismus: »Bewegung ist alles, das Ziel ist nichts.« Eine Debatte über den Orgasmus beim letzten Kongreß von Lotta Continua. Der Ort, an dem sich alle Knoten lösen. Gipfelbesteigungen nach Lenin. Der Gipfel ist nahe. Nägel und Hammerschläge in Lenins Rhetorik laut Trotzki. Revolutionäre Leidenschaft für alles, was einschlägt und durchbricht, sowie für alles, was mit Eisen, Stahl und Metall zu tun hat. Vaterländische Nagelstatuen im Ersten Weltkrieg. Von eingeritzten Baumrinden zum Gedenkbaum für Falcone. Die geretteten Nägel der heiligen Helena. Trennungsängste und Spaltungslust in Zweierbeziehungen wie im öffentlichen Leben. Die Spaltung von Livorno: wenn schon draußen keine Revolution stattfindet, hat man wenigstens drinnen eine über die Bühne gebracht. Das traurige Schicksal der 2½-Internationale sowie aller Behelfsbrücken. Arbeiter und Bauern in Madame Bovarys Verzweiflung. Meere und Berge.* Moby Dick, *Geschichte von Leinen und Harpunen. Wale sind nicht böse. Ahabs Besessenheit mit dem ständigen Kampf. Eine schöne Eingeborene besteigt Magellans Schiff, ergreift einen großen Nagel und bohrt ihn sich durch die Schamlippen. Die Seemänner James Cooks stehlen Nägel und überlassen sie den jungen Tahitianerinnen zusammen mit Geschlechtskrankheiten. Calvino und die Pariser Ausstellung über Knoten. Chirurgie und Weberei in der Kontroverse zwischen Herzen und Bakunin, dem Ahab der Verschwörungen. Der Wortschatz revolutionärer Geburtshilfe. Wie es zu den schmählichen* Protokollen der Weisen von Zion *kam. Das weiße*

Blatt Papier des reuigen Sünders, dem die Schuld vergeben wurde, in der Erzählung Jacopo Passavantis und die neuen Papiere reuiger Kronzeugen in der heutigen Justiz. Pfeil der Zeit und Kreislauf der Zeit. Sportlicher Beifall für den weit abgeschlagenen Verlierer. Die stolze Witwe des schnellsten Henkers der Geschichte. Die Toten werden zur wehrlosen, versprengten Minderheit. An ihre Stelle treten die Lebenden der anderen, dritten und vierten Welt. Organverpflanzungen von schwarz auf weiß. Wir essen kein Ahnenpulver in Bananenbrei: Wir setzen Teile von Lebenden und Toten zusammen, und es funktioniert.

Knoten und Nagel und rechte und linke Hand. Neurophysiologie der »zwei Gehirne«. Das Gehirn von Linkshändern und das von Frauen. Linkshändigkeit und Gefahr für die Männlichkeit. Luzidität und Delirium Otto Weiningers. Ein Übersetzungsfehler und die Schnitzer in Freuds Aufsatz über Leonardo da Vinci. Leonardo als Flechter von Knoten und als antiker Weiser: Darin liegt das Geheimnis der Mona Lisa *(oder vielleicht, wie Zeri meint, im Schmutz, der sich darauf abgelagert hat: einmal gereinigt, und es ist weg). Politische Linke und Rechte in ihrer Haltung zur Homosexualität. Unter allen Arten des Rassismus bringt nur der Antisemitismus Haß gegen und Angst vor der Natur und der Moderne auf einen Nenner. Nationalsozialistischer Männlichkeitskult und das schwache Geschlecht. Die »linken« Seiten von Natur, Kultur und Politik knüpfen aneinander an. Der bekannte Kronzeuge Mutolo und die* uominisessuali. *Das Konzert für die linke Hand. Die Hand, die auch wir ein wenig verloren haben. Heterosexuelle als »Kryptoschwule« (und Rechtshänder als »Kryptolinkshänder«?). Bei der sexuellen Identität gilt ebenso wie bei*

DER KNOTEN & DER NAGEL. EIN BUCH ZUR LINKEN HAND *von Adriano Sofri ist im April 1998 als einhundertundsechzigster Band der* ANDEREN BIBLIOTHEK *im Eichborn Verlag, Frankfurt/M., erschienen.* ✩ *Das italienische Original trägt den Titel* Il nodo e il chiodo. Libro per la mano sinistra. *Es wurde 1995 bei Sellerio in Palermo verlegt; © 1995 Sellerio editore.* ✩ *Carlo Ginzburg hat zu der vorliegenden Ausgabe einen biographischen Essay beigesteuert. Die Übersetzung aus dem Italienischen stammt von Walter Kögler. Das Lektorat lag in den Händen von Anna Leube.* ✩

Dieses Buch wurde in der Korpus Poliphilus *und Van Dijck von Wilfried Schmidberger in Nördlingen gesetzt und bei der Fuldaer Verlagsanstalt auf holz- und säurefreies mattes 100 g/m² Bücherpapier von Schleipen gedruckt.* *Den Einband besorgte die Buchbinderei G. Lachenmaier, Reutlingen. Ausstattung & Typographie von Greno.*

1. bis 8. Tausend, April 1998. Von diesem Band der ANDEREN BIBLIOTHEK *gibt es eine handgebundene Lederausgabe mit den Nummern 1 bis 999; die folgenden Exemplare der limitierten Erstausgabe werden ab 1001 numeriert. Dieses Buch trägt die Nummer:*

7481